Capri. Magische Insel ist schon das vierte Buch Werner Helwigs über Capri. Hier schildert er die Felseninsel als Treffpunkt kunstbeflissener Geister aus aller Welt, besonders natürlich aus Deutschland. Rainer Maria Rilke, Theodor Däubler, Melchior Lechter, der Buchgestalter des George-Kreises, werden in genauerem Porträt, im Gespräch und ihren Wirkungen vorgestellt.

»Das von der Natur aus Vollkommene weist die Kunst ab. Die Kunst hat Ergänzungscharakter. Wo nichts zu ergänzen ist, muß sie den Darstellungsgegenstand erst ein wenig beschädigen, um ihn in den Griff zu bekommen. Es gibt keinen glaubwürdigeren Capri-Roman. Und auch die Malerei – welche auch immer – hat der Insel nicht das abzugewinnen vermocht, was sie den Sinnen ganz von selbst bietet.

Es gibt die Dante-Illustrationen von Gustave Doré, darin sie ein übersetztes Dasein fristet. Inferno-Capri wurde später – Wandlung der Anschauungsempfindungen – mit Ischia zusammen zu den ›seligen Inseln‹ Nietzsches. Beides kommt dem wirklich-unwirklichen Charakter der Insel nicht nahe. Die Insel schenkt nämlich schwerelose Heiterkeit – bis zum Selbstverlust. Dies ist zweifellos der wahre Grund des Untergehens aller künstlerischen Impulse auf ihr. Sie nährt die Frage: Wozu! Sie ist der wahre Urgrund der schöpferischen Indifferenz, das personifizierte ›dolce far niente‹«.

insel taschenbuch 390

Helwig

Capri. Magische Insel

WERNER HELWIG
CAPRI
MAGISCHE INSEL

MIT FOTOGRAFIEN VON

BENEDIKT BLATTER, HERBERT LIST

UND WERNER HELWIG

INSEL VERLAG

insel taschenbuch 390
Erste Auflage 1979

Vertrieb durch den Suhrkamp Taschenbuch Verlag
Umschlag nach Entwürfen von Willy Fleckhaus
Satz: LibroSatz, Kriftel
Druck: Nomos Verlagsgesellschaft, Baden-Baden
Printed in Germany

Sarazenische Viehtränke mit Zisterne. Foto: Werner Helwig

Für wen sollte ich dieses Buch geschrieben haben, wenn nicht für Eckart Peterich. Er hätte so gut verstanden, was ich hier über Theodor Däubler mitteile. Aber er ist in diesen Jahren gestorben.

. . . wenn nicht für Gudrun Uexküll-Schwerin. Sie hätte so gut verstanden, was ich hier über Rainer Maria Rilke mitteile. Aber sie ist in diesen Jahren gestorben.

. . . wenn nicht für Will Frieg. Er hätte so gut verstanden, was ich hier über Barlach und Däubler mitteile. Aber er ist in diesen Jahren gestorben.

. . . wenn nicht für Antonio Ballapalla. Er hätte so gut verstanden, was ich über Will Frieg, die Familie Peterich und den Maler Raffaele Castello mitteile. Aber er ist in diesen Jahren gestorben.

. . . wenn nicht für Raffaele Castello. Er hätte so gut verstanden, was ich hier über den Seemann Antonio Ballapalla mitteile. Aber er ist in diesen Jahren gestorben.

. . . wenn nicht für Giorgio Schmidt. Er hätte so gut verstanden, was ich hier über Anacapri und seine Sonderlinge mitteile. Aber er ist in diesen Jahren gestorben.

. . . wenn nicht für den Maler Paule. Er kannte alle, die ich hier nenne. Aber er ist in diesen Jahren gestorben.

. . . wenn nicht für Willy Kluck. Er kannte alle, die ich hier nenne. Aber er weilt, nach fünfzig Jahren Eremitentum auf der Insel, für immer in der Welt, die er sich erdacht hat.

. . . wenn nicht für Edwin Cerio. Er ergründete alle, die je auf der Insel zu gutem oder bösem Ansehen gelangten, und wurde – auf der Insel – neunzig Jahre dabei, um uns und sie dann für immer zu verlassen.

. . . wenn nicht für Marguerite Hoffmann. Sie war die Freundin des Malers Melchior Lechter und hütete in ihrer Einsiedelei am Osthang Capris das Erbe Stefan Georges. Sie hätte alles verstanden, was ich hier über die geheimen Ergänzungen andeute, die auf Capri zu ermitteln sind. Aber sie ist in diesen Jahren gestorben.

Es gibt einen Totengräber auf Capri. Er ist der Mann der inselgebürtigen Malerin Carmelina, die mit bezaubernder Naivität an einem Schleier unzähliger Capribilder webt. Er kennt und pflegt alle Gräber der mir kostbaren Toten, und er schreibt seit Jahren an einem immer mehr anschwellenden Buch »Totengespräche«. Was ich hier in Worten vortrage, das gehört wohl mit zu seinem unendlichen Text.

... Totenbegängnisse werden auf Capri, einem alten Brauch folgend, während der Dauer ihres Zuges von pausenreichen Schlägen einer der Glocken der Kathedrale begleitet. Man nennt das »die Schritte des Übergangs«. Ohne dieses nachdenkliche Ritual verließ mich am 11. April 1978 in Genf meine Frau Yvonne Germaine, Lebensgefährtin mehr düsterer als heller Tage während 38 Jahren. Ich schrieb auf ihre Urne einen Spruch, den ich auf einem alten französischen Dorffriedhof unter einem Frauennamen fand: »Je sais en qui j'ai cru«. Damit bin ich für den Rest meines Lebens »ins Wagnis der einsamen Kategorie geschickt«.

Überfahrt am Vesuv vorbei. Foto: Werner Helwig

1 ALLE WEGE FÜHREN NACH CAPRI

»Wir besuchten zusammen das Kolosseum in Rom. Es war, meine ich, in der Zeit vor 1914 – Kollmann, ein von der Zeit Vergessener, seit ich ihn kannte, flatterte förmlich in seinem alten Mantel. Ein Mantel, wie von Barlachs Bettlern ausgeliehen. Ich drehte mich um, sah die Sitzreihen empor, wollte etwas sagen, daß hier das Motiv der Stufenpyramide umgekehrt, als ihr eigenes Gegenbild, in Erscheinung trete, sagte es und sprach ins Leere. Kollmann war von meiner Seite verschwunden wie vom kalten Windhauch weggetragen. Ich erschrak und fühlte, daß ich blaß wurde. Kollmann stand auf der anderen Seite der Arena, klein, fern, er winkte mit dem Mantelärmel. Und er stand nicht einmal innerhalb der Arena, sondern hinter der Mauer im ersten Umgang. Wie war er dahin gelangt, da ich kaum den Kopf hin und her gewandt hatte? Er hatte sich hinübermaterialisiert. Kollmann konnte zaubern. Der einzige, der es vermochte.« – Wenn Theodor Däubler so über Kollmann sprach, geriet er in Erregung. Er wurde gesprächiger, als man es von ihm gewöhnt war. Er erschöpfte sich dann in Kollmann-Anekdoten. Wie der »unheimliche Graf« (so nannte er ihn) immer dort auftauchte, wo man ihn nicht vermutete. Fuhr man unangemeldet aus plötzlicher Eingebung irgendwohin, stand Kollmann am Bahnhof, lächelte wissend und hatte schon ein Zimmer im Hotel bereit. Hatte er durch Fernbeeinflussung den Reiseentschluß provoziert? Skeptische Zwischenfragen schob Däubler mit einer unendlich verächtlichen Gebärde von sich weg. Kollmann konnte sich – Däubler nahm's auf seinen Eid – verdoppeln, hier und dort zugleich sein. Seine Freunde – diejenigen, die sich für eine Weile als solche betrachten durften – tauschten die Wundermeldungen untereinander aus. Hieß es, er sei gestorben, der oder jener hätte an der Beerdigung teilgenommen, tauchte er, dünn, uralt, beeilt, plötzlich bei Barlach auf. Das Raunen um ihn herum verstummte nie. Und als er wirklich gestorben war, hoch in den Achtzig, wollte niemand daran glauben; Kollmann gestorben? Das lag außer allen Möglichkeiten. Wer war dieser Albert Kollmann? Geboren in Büchners Todesjahr, dessen *Woyzeck* ihm später teuer war, hatte er – ein kleines Vermögen als Existenzgrundlage – sich kaum je mit etwas anderem als Kunst beschäftigt. Ein Meister der Anspruchslosigkeit, immer mit dem ähnlichen abgetragenen Gehrock, der altmodischen Herrenreiterhalsbinde, zog er seine Reiselinien über Europa, ein Zickzackmuster wie auf einem Schnittmusterbogen. Er war der erste, der die Bedeutung des französischen Impressionismus erkannte. Er kaufte in Paris auf, was ihm gefiel, zog mit Gemälden unterm Arm durch Deutschland, orientierte die damals Aufstrebenden, tauchte bei Gabriel Max, bei Wilhelm Trübner, bei Max Liebermann auf, ließ seine Funde als Leihwerke bei ihnen, disponierte um, stationierte seinen Stevens hier, seinen Cézanne dort, gewann spürbar Einfluß auf Malweisen, inspirierte, infizierte wen auch immer, aber so intensiv in Wort und Ausdeutung, daß keiner, dem er je seinen Willen aufdrang, ihn vergaß.

Er war rastlos, ein Reise-Mephisto mit Faust-Allüren, bildersüchtig bis zur Verrücktheit, ein tödlich Treffender, wenn er Kritik übte, ablehnte, von sich wegstieß . . . Er stand hinter dem Maler, wies mit leicht zitternder Hand dem Pinsel den Weg, ohne ihn je zu berühren. In seiner kleinen Lübecker Wohnung entstand, zwischen bezaubernden Biedermeiermöbeln, ganz absichtslos eine Kunstsammlung, die er, als es knapp mit seinem Kapital wurde, zu so hohen Preisen veräußern konnte, daß er während seiner letzten Jahre bequem davon lebte, ohne je zu erschöpfen, was er besaß. Er hinterließ ein beachtliches Vermögen. Ohne Testament. Er wollte keinen seiner hoffenden Erben durch irgend welche Bevorzugungen bekümmern. Es fiel dem Staate anheim.

In seinen Entdeckungen war er unfehlbar. Gauguin wurde von ihm gefördert, Cézanne, bevor dieser Name groß geworden war, desgleichen Renoir, Manet. Van Gogh nahm er wahr, ohne sich für ihn zu entscheiden. Zu Pechstein – und damit zum deutschen Expressionismus in seinen frühen Äußerungen – zog es ihn hin, aber er ließ von ihm ab, als er spürte, daß er da mit seiner Kunstauffassung nicht durchdrang.

Denn er war Esoteriker, hatte Beziehungen zu okkultistischen Kreisen. Überzeugter Verfechter der Reichenbachschen Theorien, glaubte er an fremde Mächte, die mit uns spielen, sprach von den Ausstrahlungswerten des menschlichen Körpers, vom Magnetismus, von Od, von der Aura, die um jedes Ding und aus jedem Ding wirke. Ein Fortleben nach dem Tode jedoch schloß er aus. Er war ein Geisterspürer im irdischen Bereich. Odilon Redon sein Kronzeuge. Sein Wesen: die Lautlosigkeit selbst. So war und blieb er ungreifbar allen, die ihm nachstaunten und sich wie aus einem Bann erlöst fühlten, wenn er, unvorhersehbar, unmotiviert von ihnen ließ. Man begegnete ihm in Paris, Rom, Florenz, München, Berlin. Seine Gesundheit hieß Beweglichkeit. Sein Gang war schwerelos. Er lebte, wie Däubler von ihm behauptete, als »Materialisationsphänomen«. Auch wenn er in Eifer geriet, sein Wort blieb verhalten. Krächen wich er aus, indem er sich »absetzte«, wenn der Zeitpunkt gekommen schien. Seine letzte große Entdeckung war der norwegische Maler Edvard Munch. Er fädelte sich selbst in diese Künstlernatur ein. Man könnte sagen, von dem Moment an, wo Kollmann sich des Norwegers annahm, wurde ein neuer Stil geboren. Der Zeitraum lag zwischen 1892 und 1908, die Periode seiner damals sogenannten »kranken« Bilder, die seine tiefsten waren. Bis ins späte Alter hinein nahm Munch ihre Motive immer wieder auf. Die bevorzugten Couleurs: Braun, Rosa, Lila, Grün, Blau, Gelb. »Bluthaftes Tanggewässer, fieberbraune Blutbrühe: alles ums Weib verschlungen«, schrieb Däubler in seinem ersten Munch-Essay im *Neuen Standpunkt*. In der Tat, da waberte es in seinen Bildern von Od. Geheimnisvolle Materialisationen begaben sich in den Randleisten seiner Grafiken, Embryonales drängte dem Werden zu. Eine »visionäre Farbenmetaphysik« (Däubler) zog sich durch die Erzähl-Gemälde des berühmten *Lebensfrieses*.

Dem goethischen »am farbigen Abglanz haben wir die Welt«, setzte Munch, von Kollmann beeinflußt, entgegen: »Jeder Mensch ist Teil des Farbenringes, der aus der Erde züngelt, der uns bestimmt, uns als Körper zusammenhält im Wechselbad der Stimmungen.«

In eben solcher Gestimmtheit schuf Munch das großartige Kollmann-Bildnis, dem nicht weniger meisterliche Radierungen vorangegangen waren: ein hoffmanneskes Haupt mit Joseph-Conrad-Spitzbart. Zu dieser Zeit entstand das geisterhafteste Selbstbildnis Munchs: ein weißes Antlitz aus Schwarzem tauchend; entstand auch die Lithografie Strindbergs mit dem spöttischen Druckfehler »St i n d berg« in der Beschriftung. Grund, weswegen der erboste Psychodramatiker, Alchimist und Spiritist bei künftigen Sitzungen den Revolver neben sich legte mit den Worten »Ich verbiete mir Freiheiten«, womit er auch die chimärische weibliche Figur meinte, die Munch in eine Umrahmung von nervösen Zackenstreifen hineingeheimnist hatte: »In meinem Geist spielt das Weib keine Rolle.«

Dies geschah um die Jahrhundertwende in Berlin, wo sich die Herren in schwarzen Sakkos zum Umtrunk an einem Stammtisch versammelten und streithafter Rede pflogen. Alles Spökenkieker, die sich in jedem Raum, den sie fremd betraten, erst einmal sichernd umschauten, immer auf der Hut vor bösen Vorzeichen. Unter der nur im Atmosphärischen wirkenden Ägide Kollmanns hatten sie zusammengefunden. Später fügte er dieser Kollektion von schöpferisch Verhexten noch Däubler und Barlach hinzu: seine letzten Entdeckungen.

Und es war Kollmann, durch den Munch, dazumal arm an Mitteln, die ersten reichen Käufer zugeführt wurden. Auftraggeber, die nicht sparten und ihre Bewunderung in ihren Kreisen herumtrugen. Da waren die Kunstmäzene Dr. Max Linde, Rilkefreund Harry Graf Kessler, Dr. Asche, Reinhardt und die Verleger Bruno und Paul Cassirer. Eine Serie hervorragender

Porträts entstand. Unter ihnen Walther Rathenau, Linde, Schlittgen, die Dame Przybyszewski, das berühmte »grüne« Gesicht ihres Mannes, des damals einflußreichen polnischen Dichters und »Angsterotikers« par excellence. Er nannte Chopin den »bedeutendsten Psychologen der hysterischen Seele«, und kennzeichnete sich selbst damit.

Kollmann auch war es, dank dessen Einfluß das größte malerische Bekenntniswerk Munchs (inspiriert vielleicht durch Gauguins Farbenepos *D'où venons nous / qui sommes nous / où allons nous?*) in Angriff genommen und vollendet wurde: jener *Fries des Lebens*, eine dualistische Epopöe, ganz nach dem Sinn des Anregers. Munch berichtet darüber: »während ich daran arbeitete, wurde ich plötzlich Kollmanns überdrüssig, packte meine Koffer und wollte abreisen. Als ich zur Bahn kam, stand Kollmann dort: ›Du mußt zuerst den Bilderfries fertigmalen, bevor ich dich gehen lassen kann.‹ – Ich verstehe nicht, wie Kollmann von meiner Abreise wissen konnte. Es muß etwas daran sein, wenn Strindberg von Wellen redet, die uns umgeben und auf uns wirken. Vielleicht haben wir im Gehirn eine Art Empfänger. Ich habe es nie ertragen können, daß jemand auf mich Einfluß gewinnt. Trotzdem ließ ich es zu, daß dieser Fausttypus mich nach Hause begleitete. Ich malte weiter am Fries des Lebens. Ich muß zugeben, daß Kollmann die auffallende Fähigkeit besaß, ausgerechnet dann mit 500 Mark zu kommen, wenn ich sie am allerdringendsten brauchte.«

Damit nicht genug. Der »unheimliche Graf« brachte Leben in die ersten großen Ausstellungen seines Schützlings. Er hielt sich stundenlang in ihnen auf, meditierte vor seinen Lieblingsgemälden. »Ein Bild ist ein Buch. Man muß es Schicht um Schicht lesen, bevor man sagen kann, man habe es erfaßt. Ein Bild ist ›gepreßter Raum‹. Man muß es zu der ihm innewohnenden Weite wiedererwecken.« Und so gesellte er sich unterweisend den Betrachtern, suchte sie zu gewinnen, ihnen »Lichter aufzustecken«. Aber es kam der Zeitpunkt, wo Munch sich frei machte. Er ließ die Magier und das Magische hinter sich.

Vielleicht hatte der Aufenthalt in der Nervenklinik Dr. Jacobsens in Kopenhagen Anteil daran. Sein Altersstil entstand, ein dem Expressionismus benachbartes Malen in splitternden, »schnellen« Flächen, mit gelegentlich »sozialistischen« Inhalten. Der »Arbeiter« war entdeckt worden.

Der nimmermüde Kollmann aber wandte sich Theodor Däubler zu, der zu jener Zeit einen Verleger für sein großes Gedichtwerk *Das Nordlicht* suchte, eine andere Art »Lebensfries«, ein Bilderstreifen in Worten, eine in Worten gemalte »Geschichte der Seele«. Hatte Kollmann Anteil am Abschluß der ersten Fassung, die, nach den Worten des Dichters, 1898 am Fuße des Vesuvs begonnen und 1910 beendet wurde? Wohl nur im Sinne einer ähnlich gearteten Empfindungswelt. Was sie zusammenführte, dürfte eher in der gemeinsamen Verehrung Munchs begründet gewesen sein. Der Kunstkritiker Däubler fand hymnische Formeln, den Norweger zu preisen. Doch scheint Kollmann entscheidenden Einfluß auf den Verleger Georg Müller geübt zu haben, der das Werk 1910 in drei Bänden in begrenzter Auflage publizierte. Andeutungen zufolge muß er auch Gelder dafür aufgetrieben oder selber gestiftet haben.

Wie Strindberg, und übrigens auch James Joyce, machte Däubler in seinem Leben alles Gelingen von Vorzeichen abhängig, die ihm im geeigneten (erwarteten) Moment vielversprechend ins Auge fielen. Eine an den Straßenrand verwehte Spielkarte, deren Zahlenwert und Symbolik er genau ermaß, eine angekreuzte Stelle in einem zufälligen Buch beim Antiquar, eine unverhoffte Begegnung, alles war ihm Ansage des Schicksals. Und genau wie Joyce sprach merkwürdigerweise auch er von »geweihten Koinzidenzen« im Zusammenhang mit irgendeinem, bis dahin nur innerlich gehegten Vorhaben. Nicht zu den geweihten Koinzidenzen zählte er das zufällige Zusammentreffen mit Joyce im Café de l' Odéon in Paris an einem Märzabend des Jahres 1903. Das optimistische »Sonnenkind« und der pessimistische »Richter der Schatten«, der Mystik nur als Ereignis der Sprache wertete, prallten aufeinander. Däubler forderte den Iren zum Duell heraus (Stanislaus Joyce, *Meines Bruders Hüter*, S. 264). Und Kollmann war's, der ihm sekundiert hätte. Freunde mußten die Streithähne trennen. Später befragt, ob er auf Däublers Forderung eingegangen wäre, antwortete Stephen Dädalus alias Joyce ohne Zögern: »Ich hätte den ersten Zug nach Dublin genommen.« – Er ließ nur die literarische Wahrheit gelten, Däubler aber schwor auf die Alchimie der Werte.

Hier nun scheint es am Platze, etwas über die familiären Hintergründe des wandernden Magus mitzuteilen, da es das Folgende, die Einbeziehung Barlachs in die Kollmann-Däubler-Kombination, erklärt. Albert Kollmann (1837-1915), gebürtiger Mecklenburger, war unter zehn Geschwistern einer der Söhne des aus der Altmark stammenden Pastors und späteren Domänenrats auf Grüssow. Seine Mutter, »klaren Geistes und warmen Herzens«, war die Tochter des Majors a. D. v. Flotow auf Walow. Wie Sohn Albert vor solchem Hintergrund zu seiner Lebensform hinfand, der typischen Lebensform eines Unbehausten, ist aus den Nachrichten seiner Freunde kaum zu erraten. Einzig das Büchlein *Ein Leben für die Kunst* (Kroepelinsche Buchhandlung, Berlin-Friedenau, 1921), in dem Herr v. Flotow die Nachrufe der Freunde des schließlich doch wirklich Verblichenen sammelte, gibt andeutend Auskünfte. Daß sich hier einander entgegengesetzte, aber im Preis des Verewigten übereinstimmende Geister jener Zeit zum Thema dieses Daseins äußerten, macht die Schrift zu einem Dokument.

Die nobelste Würdigung stammt aus der Feder Walther Rathenaus: »Niemand hat so wie Albert Kollmann aus dem Leben und aus den Dingen Konsequenzen gezogen, und wenn er auch vieles verschwieg, sich und sein Dasein dauernd ausstrich, so war doch der Reichtum sichtbar für jeden, der zwischen den Worten hörte. Was er dachte und sprach, war

Ergebnis, das unterschied ihn von allen, die ins Unreine reden. Takt wurde ihm zur Manie. Er war gewohnt, in den Menschen zu lesen, er experimentierte mit ihnen auf Reaktionsfähigkeit. Seine Höflichkeit hatte in ihrer Übertreibung etwas von Menschenverachtung. Rührend war, wenn er erkannte, daß unausgesprochen der Hintergrund seines Wesens erfaßt wurde.« –

Auf Rathenau folgen der Kunstgelehrte Curt Glaser, Edvard Munch, Barlach, Däubler, Dr. Linde, Frhr. v. Schrenck-Notzing, Erforscher mediumistischer Phänomene. Er bezeugte: »Unser Freund liebt es nicht, nach seiner Vergangenheit, nach seinem Lebenswerk befragt zu werden. Unerwartet tauchte er in München auf und verschwand dann wieder ebenso geräuschlos, ebenso unauffällig und ohne Hinterlassung einer Spur auf mehr oder minder lange Zeit.« Den Schluß des Büchleins macht der Herausgeber Herr v. Flotow, Repräsentant der Familie von Kollmanns Mutter, der sich mit dieser Tat als kunstsinniger Mensch erwies. Auf seinem Gutshof überdauerte der Soester Kunstschriftsteller und Lehrer Will Frieg die Hungerzeit nach dem Ersten Weltkrieg. Von dort aus versorgte er seinen darbenden Freund Ernst Barlach in Güstrow mit durch die Hamstererkontrollen geschmuggelten Hirschkeulen. Nachzulesen in Barlachs Erinnerungen (*Prosa I*, Piper 1959). Frieg ist von Angesicht kennenzulernen durch Barlachs Plastik *Der Sänger* aus der Figurentrinität *Die Gemeinschaft der Heiligen.* Er stand ihm Modell dafür. Die Ähnlichkeit ist frappant.

Kürzlich hoch in den Siebzig gestorben, gehörte Frieg zum Kreis jener Kunst-Eremiten, die in den dreißiger Jahren der Sireneninsel Capri geistigen Glanz verliehen. Er war unmittelbar nach der Inflationszeit in Deutschland dorthin übergesiedelt. Daß die namhaftesten Dichter der Epoche für eine Zeit auf Capri weilten und in Wort und Werk davon zeugten, will hier am Rande mit vermerkt sein: Joseph Conrad, Pablo Neruda, Rilke, André Gide, D. H. Lawrence, Huxley, Sartre. Hier nun fügte es sich, daß Frieg dem bereits todkranken, ihm seit längerem befreundeten Däubler beistehen konnte. Der Nordlichtschöpfer erhoffte Heilung, oder wenigstens Besänftigung seiner Leiden durch das Meeresklima und die »solaren« respektive natürlich-radioaktiven Eigenschaften des bizarren Kalksteinmassivs. Ohne Erfolg, wie man sich denken kann. Ein Gehetzter, zog er um von einer Casa zur anderen, überall seines fürchterlichen, von blutigem Auswurf begleiteten Hustens halber schleunigst wieder herausgekündigt. Mit Frieg wiederum wußte er sich in der schwärmerischen Bewunderung eines jungen Soester Malers einig, der zu den Opfern von Langemarck zählte. Frieg, selber aus Soest stammend, hatte in der Reihe *Junge Kunst* (Klinckhardt und Biermann, 1920) eine Würdigung Wilhelm Morgners publiziert, Däubler hatte das Vorwort zum Katalog einer Gedenkausstellung geschrieben.

Morgner, das war nun kein Zögling oder Findling Kollmanns, aber er entsprach ganz dem Kunstgespür des »unheimlichen Grafen« und der letzten Getreuen seines Einflußkreises. Ähnlich wie Redon, Gauguin, van Gogh, Munch – und gewissermaßen auch Däubler mit seiner speziellen »Geist«-Sinnlichkeit – ließ er seine Gestaltungen in den irdischen Farbenflammen einer Art Waberlohe spielen. »Das Kunstwerk ist das Jenseits«, postulierte er in einem seiner Feldpostbriefe. Und unbewußt ganz der Nordlichtlehre vom zunehmenden Sternwerden der Erde verhaftet, fand er vor dem Erscheinen der dreibändigen Buchausgabe Worte, die im Sinne von Kollmanns Telepathie-Ideologie verblüffen mußten: »1909/10 fühlte ich mich einfach als der von der Sonne und der Erde Geborene. 1910/11 schiens mir, als kreise mein Organismus mit der Erde um die Sonne. Heute (1912) weiß ich, daß damals an die Stelle der Sonne das organische Kind der Sonne getreten war.« Däublers Sonnenkindschaft in nuce. »Er war das schönste Irrlicht, das je durch die Malerei geisterte«, schrieb er über diesen Fall von »Koinzidenz«.

In Friegs Caprizeit geriet schließlich ich hinein, als ich in den dreißiger Jahren Deutschland verließ und mich auf die Suche nach einem Exil begab. Durch ihn lernte ich den längst verehrten Däubler persönlich kennen. Durch beide wurden mir Kollmann und Barlach zum lebendigsten Begriff. So fügt sich Ring in Ring zur Schicksalskette. Via Catena hieß, beziehungsvoll, die Gasse in Anacapri, wo Frieg mit seiner Frau Charlotte wohnte und »Hof hielt«.

Daß Kollmann – dies war seine letzte Tat – sich für den frühen Barlach einsetzen, ihm Käufer und Begeisterte zuführen konnte, ist durch Barlachs Notizen und Briefe bezeugt. Barlach, ein überempfindsamer Anspruchsvoller in Sachen Menschenwertung, zeichnete freilich den großen Förderer auf seine spitzfindig-spöttische Weise. Auch die Freundschaft Däubler-Barlach litt ja ein wenig unter einem gewissen Zuviel an psychologischer Scharfsicht von seiten Barlachs. Wenn Däubler von Barlach sprach, wirkte er wie ein Verwundeter. Fast hätte man meinen können, er wolle andeuten, daß sein poetisches Vermögen durch den Einfluß Barlachs gelitten habe. In Wahrheit verhielt es sich so, daß Däubler, der Sternsinger, unter dem Unstern stand, mit seinem Hauptwerk begonnen, statt mit ihm geendet, sich in ihm vollendet zu haben. Seine letzten Worte: »Ich habe meinen Jupiter verpfuscht.« Und Kollmann, der ihm hätte Trost einflößen, neue (magische) Kraft vermitteln oder erschließen können, gab es dann nicht mehr. Um so gewaltiger entwickelte sich sein Andenken in der erinnernden Phantasie des Triester Rhapsoden. In jenem Nachruf schrieb er über ihn: »Gern wäre Kollmann selbst Maler geworden, er versuchte es auch, aber es gelang ihm nicht. Mit seiner Eignung, Bilder zu verstehen, Künstler zu entdecken, konnte er sich jedoch niemals abfinden: er wollte der Maler väterlicher Berater, vielleicht sogar geistiger Beschützer sein. Es ist nicht ausgeschlossen, daß er an magnetische Wirkung, die von ihm ausgehen sollte, gedacht hat.«

So aber zeichnete der gestrenge Metaphysiker Ernst Barlach im *Konto Kollmann (Prosa I)* das Porträt des numinosen Anregers: »Ist sein Kopf ein Fuchskopf? Wenigstens hat er die

Überlaufenheit, das ewige Aufmerken, Spannen, Wenden, Lauschen, Einstellen der Augen, Drehen der Lauscher, Verfolgen, Kombinieren, Verachten des Dummen und Groben. Er schnappt nach Leckerdingen (im Geiste). Sein Kram ist ihm die Welt.«

2 VORBEDINGUNGEN

Ich besinne mich auf die Jahre, in denen für mich noch Welt passierte. In diese Besinnung ist bevorzugt einbeschlossen: der Dichter Theodor Däubler. Wie lernte ich ihn kennen? Durch Will Frieg, in den dreißiger Jahren, auf der Insel Capri. Wie lernte ich Will Frieg kennen? Durch Ernst Fuhrmann, das heißt durch die Nennung seines Namens. Das ging so zu: Mit einem Freund zusammen bereiste ich Süditalien. Im Golf von Neapel fügte es der Zufall, daß wir auf einen Capridampfer gerieten. Unser Interesse an der Insel war gering. Wir fuhren eigentlich nur hinüber, um unsere Vorbehalte bestätigt zu sehen. Sie wurden, fürs erste, bestätigt. Aber dann kam es anders. Nachdem wir uns genügend über das mondäne Gewimmel auf der Piazza der Inselhauptstadt mokiert hatten, empfanden wir Appetit. Auf der Suche nach einer Trattoria mit erträglichen Preisen gerieten wir in einer Tunnelgasse in ein kleines Kellerlokal, wo Gastraum und Küche eines waren. Wir ahnten nicht, daß wir damit den Treffpunkt der Caprisnobs erkundet hatten. Die gewieften Feinschmecker der italienischen Küche gaben sich hier ein Stelldichein mit den Matrosen und Gepäckträgern. Wir speisten hemmungslos, alles was wir probeweise bestellten, war überzeugend. Der Wein so billig wie vortrefflich. Die wenigen Tische waren voll besetzt. Neben uns ein Paar ganz in Weiß, der Sprache nach (sie unterhielten sich im Gegensatz zu den anderen gedämpft, horchten eher eigentlich um sich herum mit der Neugier von Genießern) waren es Deutsche.

Ankunft in der Marina Grande von Capri. Foto: Benedikt Blatter

Auch wir kamen, nach der Wohligkeit der Sättigung, ins Gespräch. Ich entwickelte dem Freund eine der Theorien des Sprachenerschließers Ernst Fuhrmann, damals (und heute manchmal noch) mein Vorzugsthema.

Plötzlich spürte ich den Blick des Weißgekleideten. Er wandte mir sein klug verrunzeltes, lederbraunes Gesicht offen zu. Auch seine Frau schaute interessiert. »Höre ich recht«, sagte er mit Baritonstimme, »Sie sprechen über Ernst Fuhrmann?« Ich nickte Bestätigung. »Jener Ernst Fuhrmann vom Folkwang-Museum in Essen?« – »Durchaus jener«, sagte ich nicht ohne Verblüffung. – »Aber das ist ja der größte. . .«

Will Frieg – er war es – endete den Satz nicht. Aber die Bekanntschaft entwickelte sich nun in Riesensprüngen und endete als eine ernsthafte, man darf sagen freundschaftliche Beziehung, die sich über Jahre erstrecken sollte.

Dank der Erwähnung Fuhrmanns also fand ich Eingang in das Inselmysterium. Der Freund, weniger geneigt, sich davon gefangennehmen zu lassen, setzte die Reise allein fort.

Ich blieb. Dies ist die Art, in der man capri-hörig wird. Der Schlüssel, den man plötzlich in der Hand hält, hat zwar jedesmal einen anderen Namen, eine andere Bedeutung, aber er schließt, er öffnet unfehlbar.

Muß ich klarmachen, was es mit Ernst Fuhrmann auf sich hat? Ich will es versuchen.

3 PARTITUREN ...

Er tippte sich mit Vehemenz durchs Leben auf geliehenen oder ausrangierten Schreibmaschinen. Obwohl er sich gelegentlich über jene mokierte, die sich durchs Leben hindurchläsen anstatt es zu leisten, erzeugte er fuderweise Lesestoff. Die Jahre, während deren man willens und fähig ist, sich von Büchern einnehmen zu lassen, würden nicht genügen, das durchzuackern, was er an Aufsätzen, Sammelwerken, Zeitschriften (jede Zeile von ihm) hervorbrachte.

Immer wieder fanden sich Gönner, Gläubige, Geldgeber, die er davon überzeugen konnte, der entscheidende Geist der Epoche zu sein. Denn er schrieb faktisch über alles, was es gibt. Er äußerte sich autodidakt in sämtlichen Fakultäten, diejenigen über Sprache und Sprachen bevorzugt, weil er glaubte, das Wissen aller Zeiten läge in der Sprache beschlossen. Man brauche sie nur aufzuschlüsseln, um Zugang zu gewinnen. Er schrieb über die biologische Funktion der Metalle, über *Der Mensch und die Fäkalie, Die Erhaltung erworbener Eigenschaften*, über Welt- und Selbstreform, Geldwirtschaft, Industrie, Medizin. Anstelle der Philosophie setzte er Biosophie. Um dieses Thema kreisend, erprobte er sich in Romanen, Novellen, Dialogen und Dramen. Nur, daß er das Seinige auch in Musik gesetzt hätte, fehlt. Statt dessen die Buchstabenpartituren dieses lautlosen, immer tätigen Denkens. Am Anfang seines intellektuellen Entwicklungsganges steht Lyrik. Sie trat gleich mit einer Sammelausgabe von sechs Bänden hervor. Und wurde nicht bemerkt. Was eher bemerkt wurde, waren seine Übersetzungen.

Wer in verblichenen Anthologien aus der Zeit nach der Jahrhundertwende blättert, findet darin Übertragungen von Ernst Fuhrmann. Er übersetzte aus dem Englischen (Robert Browning), aus dem Französischen (Baudelaire, Mallarmé, Rimbaud) und aus dem Spanischen (de Macon, de Arce, de Campoamor). Und bei so anspruchsvoller Auslese noch ziemlich treffend: »Das Glück aus aller vergangenen Zeit, / aus der die Phantasie verjagt, / schenkt mir deines Leibes Ursprünglichkeit, / wenn er nackt und ohne Spiegel mich fragt.« (Mallarmé)

Des Leibes Ursprünglichkeit erfuhr er durch seine erste Frau, Elisabeth, geborene Paulsen. Der Ehe waren Nachkommen beschieden. Auch Elisabeth schrieb, dem Beispiel ihres Mannes folgend, Gedichte. Sie beweisen heute noch eine Art von Charme und erschienen – grünroter Bucheinband von einem der frühesten Expressionisten – im familieneigenen Verlag.

Von Ernst aber gab es – nach früheren Anläufen – bereits 1914 eine erste, fünfbändige Sammelausgabe *Schriften / Auswahl 1908-1913*. Darunter tat er es nicht. Es waren Dialoge, Betrachtungen und – Gedichte: »Schrie meine Unrast durch die Nacht: Angst, Hilfe? Lacht / das muß euch spaßhaft sein. Mein Stolz schlief ein.«

Ein Vers, der als Devise über seinem Leben stehen könnte. Er ahnte, was ihm bevorstand.

Denn er blieb erfolglos. Der Zeitgenosse assimilierte seine Funde nicht. Daß ihn bedeutende Köpfe feierten und in Geburtstagsadressen – so zu seinem Fünfzigsten – seine Verdienste hervorhoben, änderte nichts daran. Theodor Däubler, der ihn pries, bemerkte hinter der Hand dazu: »Verstehen tu ich seine Lehre nicht.« Döblin, Mühlestein, Prinzhorn, Alfred

Brust, Buber, Heinrich Zimmer, Fraenger, F. Ch. Rang, und, immer wieder, Rudolf Pannwitz, vermochten ihm durch ihren persönlichen Einsatz nicht mehr Leser zu gewinnen, als jene kleine Gemeinde zählte, die ihm ohnehin anhing und von der einige bis heute durchhielten.

Mir begegnete der Name Fuhrmann zum erstenmal 1922 im Hause des hamburgischen Philanthropen und Wandervogel-Protektors Graf Westenholz. Dort gab es unter den vielen, die täglich aufkreuzten, einen blutjungen Menschen, Fotograf seines Zeichens. Er lebte, atmete, rieselte Ernst Fuhrmann. Eine ähnliche Betroffenheit durch einen autarken Geist konnte man – damals – bestenfalls unter Anthroposophen antreffen, die die Welträtsel und Weltkonflikte allein durch Rudolf Steiners Lehre zu lösen hofften. (Ich meinerseits erwartete zu jener Frist das ähnliche von Hans Henny Jahnn und seiner Glaubensgemeinde Ugrino. Das waren die Üblichkeiten des Zeitmoments: man wollte etwas für die bessere Zukunft tun und suchte nach Teilhabe in irgendeinem versprechenden Zusammenhang). Seinen Reisesack, in dem andere Leute Wäsche und das täglich Nötige mit sich führten, hatte der Fotograf – es war Fred Koch (Darmstadt) – mit Fuhrmannschriften vollgestopft. Wovon und wie er sonst, bei durchaus adrettem Aussehen, existierte, war und blieb unerfindlich.

Unter diesen Schriften, die durchweg apart und neuartig aufgemacht waren – die Kunst der Buchgestaltung könnte heute noch davon lernen –, befand sich ein 1921 namenlos (im Folkwang-Verlag, Hagen) erschienenes, auf Kriegspapier gedrucktes Werk, *Spiegel des Mahatma. Ein Buch zum altneuen Sinn des Werdens*, das mich bei allem Widerstreben ernstlich faszinierte. In der Art der Langzeilen Claudels verfaßt, stellte es ein Lehrgedicht dar, dessen Abschnitte von Vignetten nach den schwedischen Felsbildern an- und aufregend unterteilt waren. Wer wußte damals schon etwas von Bohuslän? Auch das Felsbilderinteresse hat Fuhrmann – wie manches andere – um fünfzig Jahre vorweggenommen. Indisch war daran nur der

Titel und eine gewisse Bezogenheit auf tantristische Weisheiten. Mahatma, Vermittler der Lehre, später auch Guru, als solcher wollte Fuhrmann wirken. In der Rückschau geht mir auf, daß er mit diesem Buch seinen *Zarathustra* geschaffen hatte. Jede Zeile blieb von immerwährender Verbindlichkeit für seine Denkwege. Es gibt Fuhrmannkenner, die den Spiegel des Mahatma heute noch für seine bedeutendste Arbeit halten. Eine Stelle aus den knapp fünfzig Seiten des atlasformatigen Bandes gibt Auskunft über die Absicht: »Ein Glaube, der den Menschen hierhin oder dorthin verschließt, / der nimmt dem Menschen das Gleichgewicht und so erzeugt er dem Teufel das Leben. / Wenn aber das Leben des Wissenden alles umschließt, alles wandelt, / dann gibt es kein Gesetz der Angst und keinen Abscheu. / Doch nicht nur versuchen lassen soll sich der Mensch, sondern selbst sich versuchen. So will es der Weg. / Was einer kann, braucht er nicht versuchen, aber alles / was er nicht kann, was er nicht essen, nicht ertragen, nicht begehen kann, / das muß hindurch durch sein Leben.« Gewaltige Takte innerhalb der Musik des Gedachten, so schien's mir. Später begriff ich ganz nur aus diesem Buch her die Gesamtheit dessen, was der seltsame Mann anstrebte: Er wollte das Urwissen der Menschheit, die geheimen Kenntnisse der frühen Priestergemeinschaften mit der Moderne verschwistern unter Auslassung der Zwischenstadien der intellektuellen Welterfassung, wie sie heute kulminiert. Die hielt er für Verirrungen, Verwirrungen. Nun, auch mein Wanderrucksack fing in der Folge an, sich mit Fuhrmannschriften zu füllen, wobei sich in Sachen Assimilation Bewunderung und Skepsis die Waage hielten.

Ich erfuhr unter anderem, daß er dem Kunstsammler Karl Ernst Osthaus bei der Einrichtung seines später zu Ruhm gelangten Folkwang-Museums in Hagen beistand. In dem von ihm inspirierten Folkwang-Verlag erschien zugleich eine Reihe von Atlanten zur Völkerkunde, die, ich glaube in fünfzehn Bänden, (1922-1924) alles umgriff und herausstellte, was bis dahin unbekannt, oder unzugänglich geblieben war. Die seitenlangen Einführungen, durchsetzt mit etymologischen und anderen Theorien, schrieb Fuhrmann selbst. Auf Südamerika wurde Gewicht gelegt. Aber auch China, Indien, Tibet, Bali, Ceylon, Polynesien – eigentlich alles Einschlägige – kamen mit jeweils mehreren Bänden zur Wirkung. Vieles davon scheint mir heute noch gültig. Der Clou war eine großformatige fünfbändige Geschichte der Germanen (1922-1924), einschließlich jener schwedischen Felsbilder, wundervoll aufgemacht von dem Expressionisten Johannes Molzahn, eine Pracht dem Anblick und bestürzend durch die völlig neue Auffassung, die Fuhrmann dem »Norden« und seinen weltweiten Ausstrahlungen angedeihen ließ. Letzte Exemplare davon sah man noch um 1950 in deutschen Antiquariaten auftauchen. Ein Schicksal, das aber schon vor dem Zweiten Weltkrieg diese großartige Reihe insgesamt betraf. Daran änderte auch der aus dem Folkwang-Verlag (Differenzen mit Osthaus) entwickelte fuhrmanneigene Auriga-Verlag nichts. Und auch nicht, daß der Großherzog von Hessen, damaliger Protektor des Grafen Keyserling und seiner Schule der Weisheit in Darmstadt, diesen Neuerscheinungen seine »Schutzherrschaft« angedeihen ließ. Fuhrmann kam nicht an, trotz huldigender Widmung an den ambitiösen Potentaten. So geschehen in den Jahren nach 1924.

1928 endlich sollte ich Fuhrmann persönlich kennenlernen. Er betätigte sich damals als Ratgeber von Herren der Großindustrie im Rheinland, die ihre Unternehmen durch die beginnende Wirtschaftskrise zu steuern hofften, die dann in den dreißiger Jahren Deutschland endgültig erschöpfte und für das Wahnsinnsexperiment der Nazis reifte.

Von dem dazumal noch mächtigen Düsseldorfer Industriellen M. unter die Fittiche genommen (er erhielt auf dessen Besitz bei Friedrichsegen an der Lahn eine Wohnung zu unentgeltlicher Benutzung), versuchte Fuhrmann sein inzwischen schon in Dutzenden von Bänden anstehendes Werk vor der

Verramschung zu retten. Selber im Rheinland lebend, vernahm ich davon und machte mich auf, ihn zu besuchen.

Ein in seinem Wesen grau und lautlos wirkender, hochgewachsener Mann, sehr hager, entfernt an Furtwängler erinnernd, nahm mich in Empfang. Übergangslos kam ein Gespräch zustande, in dem schlechthin alles, was derzeit war oder sein konnte, ventiliert wurde. So auch meine Jahnn-Befangenheit, die der Mahatma durch die schlichte Frage aus den Angeln hob: »Wozu braucht Jahnn eigentlich seine Martern, Greuel und Morde? Was will er damit bewegen?« – Ich war, daß ich's gestehe, keiner Antwort fähig.

Und »meinen« Däubler betreffend: »Was will diese Schlußzeile seines Nordlicht-Epos, ›die Welt versöhnt und übertönt der Geist‹, bedeuten? Wie versteht er diesen Geist? Was versteht er unter ihm?«

Heute begreife ich, daß solche Fragen zu seiner Taktik gehörten, Menschen auf sich zu verpflichten. Und das gelang ihm im einzelnen immer wieder. Zum Ereignis dieses Aufenthaltes (er zog sich über Wochen hin) gesellte sich überraschend die Wiederbegegnung mit jenem Hamburger Fotografen, der hier als Angestellter Fuhrmanns fungierte. Und zwar hatte er ein Fotoarchiv sämtlicher erreichbaren Pflanzen zu schaffen, denn Fuhrmann war damit befaßt, eine universale Botanik, respektive Geschichte der Pflanze zu schreiben, und er zeugte in der Folge mit wundervollen Bildbänden davon, deren einer heute noch von der Büchergilde Gutenberg vertrieben wird.

Hier lernte ich Fuhrmanns Frau, Elisabeth, und beider Söhne kennen, die als muntere, sehr eigenwillige Kinder auf dem Gelände herumsprangen und die Sorge des Gutsverwalters bildeten. Fotograf Fred, hier nun völlig zur Kreatur, ja, zu einer Art Eigentum seines erklärten Meisters avanciert, ließ mich an seiner Arbeit teilnehmen. Eine Dunkelkammer, auf das modernste bestellt, ermöglichte phantastische Pflanzenfotovergrößerungen. Tausende von Blättern sammelten sich in

Schubladenschränken (wo sind sie geblieben?). Die darüber hinaus erübrigte Zeit verbrachte man mit der Familie. Elisabeth kochte und schrieb. Die Söhne bauten Eiffeltürme aus Bauklötzern bis unter die Zimmerdecke oder malten Dämonologien. Es waren – meine ich – die friedlichsten Zeiten in Fuhrmanns ständig beeiltem, oder von gravierenden Umstellungen begleiteten Leben.

Fred zeigte stolz seine immer umfangreicher werdende Sammlung von Fuhrmanniana. Er amtete pausenlos, mit jedem Wort, das er äußerte, mit jeder Handreichung, die er tat, in der Folkwang-Aurigawelt. Das Sternbild des Großen Wagens (Auriga) war sein auf die Wand gemaltes Wappen. Die Weisheit aller alten Völker und ihrer Priesterschaften, interpretiert durch unseren Mahatma, regelte die Stunden. Auffallend war, wie Fuhrmann jede seiner Erörterungen mit den Worten, »ich würde denken, daß . . .« anstatt »ich denke, daß . . .« auflockerte. Der Zweifel war ihm inhärent. Nicht zwar den eigenen Funden gegenüber, aber allem, was von außen angeboten wurde. So mußte auch die erste Zeitschrift, die er (1926) gründete, *Zweifel* heißen. Sie erschien im Auriga-Buchversand des Hamburger Druckereiunternehmens Wilhelm Arnholdt, der heute noch Fuhrmann-Nachlässe in jeweils zehnbändigen Reihen ediert. Es war bestimmt die anregendste, verrückteste Monatsschrift, die das Lesepublikum in Deutschland je ignorierte. Jedes Heft galt einem Teilgebiet dieser fieberhaften Deutungsgier, die sich der ganzen Welt und ihrer Probleme bemächtigte.

Ausgezeichnet waren – wirklich in jedem Sinne – die Buchbesprechungen, die Fuhrmann schrieb, um sich jene Werke zu beschaffen, die ihm wichtig waren. So die Sammlung Thule des Diederichs-Verlages, die erste deutsche Ausgabe der Sahagun-Texte, alles, was von Pannwitz vorlag, Kierkegaard, Edgar Dacqués damals spurtende *Urwelt, Sage, Menschheit* und anderes in zunehmender Anzahl. Da Fuhrmann Raucher war, besprach er sogar die *Preisliste Nr. 89* der Tabakfirma Josef

Feinhals. Der ersehnte Lohn in Form von bester Raucherware blieb nicht aus.

Ja, so unentwegt, wie Fuhrmann dachte, sprach, konzipierte, tippte, rauchte er auch. Wenn er sich vor eine seiner altertümlichen Maschinen setzte, leerte er zuerst ein Päckchen Rothändle, das schwärzeste (er nannte den Tabak Kopfnahrung) Kraut, das damals zu haben war, auf den Arbeitstisch. So verschwand Päckchen um Päckchen zwischen Morgen und Mitternacht. Was Fuhrmann in dieser Weise, von kleinen schnellen Mahlzeiten (Eß- und Trinkvergnügen kannte er nicht) unterbrochen zu Papier brachte, wurde nie wieder berührt. Das Feilen am Text verachtete er. Sehr zu seinem Nachteil. Sein Deutsch wirkt streckenweise einfach gespenstisch und macht das Lesen zur Qual.

Auf *Zweifel* folgte die ähnlich angelegte Zeitschrift *Auriga* (Friedrichsegen, 1928). Zwischen beiden gab es eine neue Sammelreihe, die mit botanischen und zoologischen Dingen befaßt war. Die in ihren Insekten weiterbewegte Pflanze, die Pflanze im Menschen, der Mensch als Tierpflanze: man wäre an Visionen von Hieronymus Bosch erinnert worden, wenn nicht das Dämonische gefehlt hätte. Fuhrmann, der in seiner Jugend die Kaufmannslehre absolviert hatte, blieb sein Leben lang ein nüchterner Rechner, jeder mystischen Spekulation abgeneigt (darin D. H. Lawrence gleich), ungeachtet der ungeheuerlichen Phantasmen, die er sich leistete – zum Beispiel als er seinen Lesern jene Theorie als unfehlbar einreden wollte, daß die Welt sich als Innenraum der Erde begäbe, oder daß die Gummisubstanz sich aus den muskulären Überresten vorsintflutlicher Tiermassen herausgebildet und im Gummibaum ihr Wieder-ans-Licht-Gelangen betrieben habe, um dann durch den Zwischendienst des Menschen als Autoreifen ihr Muskelstadium von neuem zu erreichen.

»Kann sein, kann auch nicht sein«, so tröstete ich mich angesichts der ebenso beredten wie weitgreifenden Beweistechnik des Urhebers von so schwierigen Behauptungen.

Übrigens: seine Ratschläge, das Tägliche und seine Meisterung betreffend, waren nicht ohne. Nur sich selber vermochte er den Erfolg nicht zu erfinden. Mir riet er, der ich damals immer in Geldnöten schwebte, in Berlin einfach mit einem Arm voll meiner Manuskripte ins Ullsteinhaus zu gehen, und von Tür zu Tür, von Redaktion zu Redaktion Entsprechendes anzubieten. Es waren die gleichen Manuskripte, die er sehr spöttisch (aber das ging mir erst später auf) mit den Worten »Merkwürdig, wenn man Erlebtes im Wort verdichtet, so scheint es mehr, als es in Wirklichkeit war« beurteilt hatte. Allein, der schlichte Plan gelang. Ich kam auf die Art in die Ullsteinpresse, in den *Querschnitt*, den *Uhu* und die *Dame*. Mein Weg als verdienender Schriftsteller begann. Aber das Ziel, das Fuhrmann damit verband, nämlich, daß man sich von den Existenzsorgen befreie, um gänzlich in der Verarbeitung und Verbreitung seiner Lehren aufzugehen, erreichte ich nicht, oder wenigstens nicht in seinem Sinne. Das Metier zog mich in Bann.

Heute ist das so: Wenn mein Blick auf die zweieinhalb Meter Fuhrmann fällt, die in meiner Bibliothek ihren Platz konstant verteidigen, leuchtet die Erinnerung an den Menschen auf. Lesen das wird immer wieder aufgeschoben. Die Idylle von Friedrichsegen geriet dann bald ins Wanken. Eine jener Erdrutschkatastrophen, wie sie Fuhrmann immer schon – in Hagen mit Osthaus, in Darmstadt beim Großherzog, in Berlin und so weiter – heimgesucht und sein mit Manuskripten, Büchern, Verlagsvorräten, Apparaturen plus menschlichem Zubehör belastetes Dasein in Verlust gebracht hatten, kündigte sich an.

Noch in meine dort erlebte Zeit hinein reicht das Auseinandergehen der Gatten Ernst und Elisabeth. Die Ehe habe »sich leergelebt«, kommentierte er den Vorgang trocken. Aber es war viel Leid, Unordnung, Verzweiflung dabei. Eine junge Russin war ins Spiel geraten, Mascha Schillskaja, ein Mensch von wunderbar geistiger und schöpferischer Energie. Ihre (damals ersten) Übertragungen neuer russischer Dichter erschienen in der Frankfurter Zeitung. Sie entdeckte und übertrug Boris Pilnjak, bevor überhaupt irgend jemand von ihm sprach. *Maschinen und Wölfe, Der eiserne Morgen,* beides kürzlich und verspätet im Deutschen Taschenbuch Verlag erschienen, zeugen von ihrem sprachlichen Können.

Auch diese eheliche Freundschaft scheiterte. Sie scheiterte daran, daß Fuhrmann nicht fähig (oder willens) war, Mensch zu sein. Er war Maschine im Dienst seiner Idee geworden. Und wer sich dem nicht unterwarf, schied aus. Er empfand sich selbst als »wölfisch«, als »Geächteter« (sein bester, der Wiedererweckung würdiger Roman trägt nach dem blutigen Helden der Islandsagas, *Grettir*, diesen Titel). Er zürnte den Freunden und der Welt um seiner Erfolglosigkeit willen.

Noch waren ihm Jahre des Gelingens am schönen Platze vergönnt. Und selbst die ersten Anzeichen einer sich verändernden Lage im Machtbereich M.s schlugen ihm zum Glück aus. Er durfte eine reizende Pförtnersvilla beziehen. Sie wurde leer, weil dem Gutsverwalter gekündigt worden war. Mascha übernahm die Funktionen Elisabeths. Sie schrieb, kochte, nähte herrliche Bilderteppiche aus Flicken, illustrierte das Kalewala mit Hinterglasbildern und verbreitete anregende Behaglichkeit mit Tee und Gebäck.

Daran durfte sich noch der jüngste Fuhrmannjünger, damaliger Student, späterer Anglist und heutiger Dozent in Washington, Hans Hennecke, bei seinen häufigen Besuchen erfreuen. Er verfaßte einen großen Artikel über Fuhrmann, der im *Berliner Tageblatt* stand: »Der Mann, der hundert Bücher schrieb«. Hennecke war damals eine höchst nervöse Potenz und hielt der Fuhrmannschen Beredsamkeit mit der seinen, nicht minder geistgeladenen, stand.

Fotograf Fred hatte sich indessen nach dem elterlichen Darmstadt zurückgezogen. Es kam für jeden der Zeitpunkt, wo er Fuhrmann verließ. Doch ein neuer Gehilfe war zur Stelle. Ein ernster junger Mann, Erzieher seines Zeichens, sehr klug, sehr aufnahmebereit. Fuhrmann übertrug ihm die Aufgabe, Goethes Werke zur Gänze durchzulesen, um das Vorkommen eines bestimmten goethischen Denkbegriffs, der ihm wichtig schien, festzustellen. Der Helfer las Band um Band. Er verfügte aber auch über eine schöne Stimme und sang bald mit Mascha zusammen zweistimmig russische Volkslieder. So entstand eine Freundschaft, die auf Jahre hinaus Folgen haben sollte. Begünstigend kam hinzu, daß Fuhrmann in einer intimen Angelegenheit, die ihn anging, Mascha völlig im Stich ließ. Sie wäre fast dabei umgekommen, als sie – während Fuhrmann rauchend tippte – allein zum Arzt ging und sich völlig erschöpft zurückschleppte. Das große Verhängnis trat ein, als jener Industrielle sich erschoß, nachdem sich herausgestellt hatte, daß sein Unternehmen trotz Fuhrmanns Ratschlägen nicht mehr zu retten war.

Alle verließen alle und alles. Mascha floh dem neuen Freund nach. Fuhrmann weste allein in der Villa, die er räumen sollte. Als letzter Helfer – immer kamen sie ihm ja zu – fungierte ein treu ergebener »Kaspar Hauser« mit dem erstaunlichen Namen Sauerbrey. Er verpackte in Kisten, was an Dingen hinter all diesen Menschen zurückgeblieben war, und sorgte dabei für seine eigene »Fuhrmann-Sammlung«, die ich später noch in seinem Elternhaus in Braubach bewundern konnte.

Fuhrmann initiierte ja – dies nebenbei – eine neue Form der Bücherbesessenheit, nämlich den Fuhrmann-Interessenten, der eher Sammler als Leser dieser ununterbrochenen Hervorbringungen war. Unter anderen Namhaften gehört Carl Linfert dazu.

Solange er noch in Friedrichsegen weilte, hatte Fuhrmann Frau Mascha eine in Paris erscheinende russische Emigrantenzeitschrift, auf die sie abonniert war, an die neue, ihm bekanntgewordene Adresse nachgeschickt. Randherum hatte er mit immer dem gleichen, lesbar geschriebenen Satz »Ich verfluche Dich, Ich verfluche Dich« seiner Enttäuschung Luft gemacht.

Auch Mascha gelangte dazu, an dem jüngeren Freund, mit dem sie nun lebte, magische Praktiken zu erproben. Sie nähte ihm ein mit Bannsprüchen besticktes »Nessushemd«, das seine Treue sichern sollte. Gleichwohl starb sie später als Verlassene an Blutvergiftung, die dank der Fehlbehandlung eines Kurpfuschers eingetreten war.

1933 brach dann das Dritte Reich auslöschend über all diese Hilflosigkeiten bedeutender Menschen herein.

Der weltgewohnte Forscher ging zum erstenmal in seinem Leben außer Landes, um sich nach den USA abzusetzen als der letzten Möglichkeit, den inneren und äußeren Schwierigkeiten zu entrinnen. Dazu gehörte auch wohl die Befürchtung, daß er in seiner geistigen Richtung auf den »Norden« hin mißverstanden werden könnte.

Von da an wurden die Nachrichten spärlicher. Es hieß, er hause völlig allein, im dreißigsten Stockwerk eines Wolkenkratzers, in einem winzigen Appartement, und lebe von Tee und Käsestullen, während sich an allen vier Wänden die neu entstehenden Arbeiten häuften. In der letzten Zehn-Bändereihe, die 1957 bei dem getreuen Wilhelm Arnholdt in Hamburg erschien, wurde mit Band 6 sein Tod mitgeteilt.

Geboren im November 1886 in Hamburg, gestorben im November 1956 – so symmetrisch vollzog sich mit siebzig gelebten, fünfzig durcharbeiteten Jahren dieses Dasein. In Prerow auf dem Darss gab es das Haus des Fuhrmann-Adepten Hertwig. Die weiße Wand der Stirnseite war über und über mit Vergrößerungen der schwedischen Felsbilder bemalt. Die Wirkung war stupend. Diese Wand fällt mir ein, wenn ich mir ein Grabmal vorstelle, das seiner würdig wäre.

Nach seinem Tod stellte sich heraus, daß es mit der Verlassenheit nicht so schlimm gestanden hatte, wie man hierzulande mit düsterer Miene verbreitete. Eine reizende junge Frau hatte drüben seine letzten Jahre begleitet. Einmal mehr hatte er also ein weibliches Wesen zu sich und seiner Lehre überzeugen können. Auch war man in Amerika – und wen wundert das? – auf ihn aufmerksam geworden. Es soll da einiges für ihn geschehen sein. Wieder gab es Gönner und Gläubige.

Es hat eigentlich nie an Versuchen gefehlt, diesen merkwürdigen Autor aus seiner Privatverkapselung zu lösen. Im Verlag Georg Müller erschienen 1922 und 1923 *Das Tier in der Religion, Der Sinn im Gegenstand* in präsentablen Bänden. Auch die *Frankfurter Zeitung* und der Societäts-Verlag waren um ihn bemüht. Auf die Frage des Verlegers, ob er die Summe seiner Forschung in einem Satz zusammenfassen könne, antwortete er wiederum mit einem Buch. Es erschien 1930 unter dem Titel *Wege / Einführung in die Biosophie*. Redakteur Herbert Nette brachte im *Darmstädter Tagblatt* laufend Beiträge von und über ihn.

1963 versuchte die Mainzer Akademie der Dichtung und der Wissenschaften durch Veröffentlichung einer von Franz Jung besorgten Auswahl in der *Reihe der Vergessenen* die Wiedererweckung anzuregen.

Franz Jung war während des Ersten Weltkrieges als »Äternist« in Pfemferts politisch-expressionistischer Zeitschrift *Die Aktion* bekannt geworden. Sein Liebesdienst an dem früheren Freund verpuffte wirkungslos. Outsider Fuhrmann blieb, was er immer schon war: Ein gewaltiges Stück Welt ohne Welt. Was die Öffentlichkeit ihm schuldig blieb, fand sein Äquivalent in seiner nie versagenden, geradezu ätzenden persönlichen Wirkung. Wer einmal mit ihm in Berührung kam, wird ihn ein Leben lang nicht mehr los. Immer wieder werden ihn Zufälle auf den Namen und seine Geschichte stoßen.

Dies ist die Saga vom Großen Wagen und seinem Lenker, dem Fuhrmann. Er selbst deutete seinen Namen im Sinne dieses Sternbildes, das heute noch für die Nachtfischer der Méditerranée mit seiner langsamen Drehung die Funktion des Zeitmessers versieht. Menschen, die ihn ganz aus dem eigenen Vorhaben her verstanden hätten – ich denke an den Strindberg der *Blaubücher*, an den Nikos Kazantzakis der *Rechenschaft vor*

El Greco, an den Ezra Pound der Geld- und Wirtschaftskritik –, begenete er nicht.

Uns ziemt Nachdenklichkeit gegenüber dieser einsamen Selbstverbrennung im einsam gebliebenen und auch wohl einsam bleibenden Werk.

4 DAS HEIMFINDEN ...

1933 sah ihn Frieg zuletzt. 1936 weilte ich zum letztenmal in seiner kleinen weißen Wohnung an der Via Catena in Anacapri. Für mich der Abschluß der ergiebigsten Zeit meines Lebens, oder überhaupt jener Zeit, da man sich leben fühlt, ohne danach zu fragen. Man ist. Und damit basta.

Dann kam die große Zäsur, die alles abschnitt, verwirbelte, auslöschte. Man suchte den Tod, floh ihn, teilte ihn aus, ließ sich von ihm erwischen. Däubler starb. Frieg verließ sein Reduit, weil er in Devisennöte geraten war. Der Krieg war da, nahm einem die Jahre weg, die besten womöglich. Der Freund, der mich nach Capri begleitet hatte, fiel an der Ostfront. Ich wich nach Griechenland aus. Fand in die Schweiz, nachdem in Griechenland die Diktatur ausgebrochen war. Wich nach Liechtenstein aus, nachdem die Schweizer Fremdenpolizei mich als lästigen Ausländer eingestuft hatte. Hatte inzwischen geheiratet. Eine junge Genferin sehr französischen Wesens. Um mein Germanisches darin zu beschwichtigen. Kinder wuchsen an uns empor. Unsere »Wirtschaftslage« war mehr als drückend. Nach dem Krieg setzten wir unter ungeheuren Schwierigkeiten (Yvonne war es, die sie bewältigte) durch, nach Genf zu ziehen. Dort geblieben. Uns mühsam aufgebaut, etabliert, schließlich auf Dauer eingerichtet. Ein geradezu maßloser Fleiß war aufzuwenden. Fruchtete schließlich. Man konnte, durfte reisen. Und meine erste Reise, in die ich Yvonne mit hineinriß, galt Capri. Ich wollte, ich mußte die Spur der alten Tage wiederaufnehmen. Ich nahm sie auf.

Was mich dazu bestimmte, war Däubler. Mit ihm, und einigen Zugehörigen, hatte ich mich immer wieder beschäftigt in den Zeiten der Großen Zäsur. Sein Schicksal, das Schicksal seiner Dichtung, schien mir maßgeblich. Das Ziel seines Denkens und der Untergang dieses Ziels schienen mir der intensivsten Erkundung wert. Hinweise auf ein Tagebuch seiner letzten Einsichten, auf Capri geführt, vielleicht mit anderen Dokumenten zusammen in der Via Catena – hinterlassen – belebten, lenkten meine Wünsche, nährten meine Hoffnungen.

In dieser Stimmung langte ich, langten wir in Neapel an. Ein kühler Oktobermorgen. Die Bahnfahrt – in einem Rutsch geleistet – hatte nur Yvonne erschöpft. Ich war »gespannter Bogen«. Und das sollte so bleiben vom ersten bis zum letzten Tag unseres Aufenthaltes mit schlaflosen Nächten, nervenhafter Unermüdbarkeit, pausenloser innerer und äußerer Erörterung.

Einstweilen auf dem Capridampfer, der nachmittags hinüberfährt. Gespräch über den Sohn, der nun, zum erstenmal ohne uns, bei Freunden in Genf aufwacht, wo wir ihn untergebracht haben. Er wird von dort aus seine Kunstschule weiterbesuchen, wird – in diesem Moment – zum Migros-Buffet hinübergehen, um Mittag zu halten. Ich denke mit Herzlichkeit an ihn, wie wir ihn immer mit durchgeschleppt haben bis zu diesem Augenblick, in dem endlich etwas wie Freiheit entstand. Genug, um eine Reise anzutreten. Unsere erste zusammen. Und ohne ihn.

Die Wogen, eine nach der anderen, treiben dem weißen Schiff in schrägen Rollen entgegen. Der Vesuv, ohne den gewohnten Qualmwimpel, vergeht im Dunst des späten Nachmittags. Die Sonne endet braun, tief hinter der Insel Ischia, in einer Schicht von Industriegewölk. Der Himmel hat jene runde Höhe, die für den Süden charakteristisch ist. Allmählich verwandelt sich die Luft. Die Gestankzone bleibt zurück.

Yvonne hat sich einen Deckstuhl in den Windschatten des Schornsteins gezogen und schaut – unsere Gepäckstücke zu

Füßen – mit nachtmüden Augen vor sich hin. Werde ich ihr die Insel, und das, was mich an sie bindet, nahebringen können?

Spaziergang über alle Decks. Kein Zweifel, wir sind die einzigen Fremden an Bord. Die Italiener haben die Köpfe in ihren Zeitungen geborgen und dösen. Mich allein treffen die Schlagzeilen der Titelseiten. Ob es *Il Giorno* ist, oder *Giornale d'Italia*, oder der *Messaggero*, die Nachrichten sind unerfreulich. Sie betreffen die eben anlaufende russische Experimente-Serie, die mit der Zündung der Megatonnenbombe, der stärksten aller bisherigen, enden soll.

Wird der Caprizauber stark genug wirken, um uns frei zu machen, frei für uns selbst? Der Verdacht, schon lange nicht mehr gelebt zu haben, wird er sich lösen? Mir fallen all die Titel ein, die ich einst für die Insel erfand:

Vereinzeltes Chorgestühl auf blauer Flur
Wunder, oder handgeschöpft
Lieblicher Unfug der Götter
Traum der Traumlosen
Hades-Schnörkel, der ins Licht ragt

Der Wunsch nach Hinkommen, der dem nach Entkommen entspricht und mit der Frage nach dem Angekommensein endet. Denn nie weiß man sich auf Capri, weshalb alle echt Betroffenen immer wieder zurückkehren, um vergessenes Gepäck, liegengelassene Stücke Ich, unvollendete Hoffnungen einzusammeln, auszubessern oder zu ergänzen.

Auch der reizvolle Umstand, daß man auf der Insel, trotz Gewimmel, stets einsam ist, also sich selbst wie nirgends sonst besitzt und darin tätig wird, tätiger vielleicht als im innersten Bezirk des angestammten Zuhause . . .

Ein pränatales Urstadium, in das man eintaucht, still und fertig, alle Erfahrung auf einer Spule aufgewunden . . . Trauer als Kunstwerk, eitel Ruhe – die ideale Welt ist die Welt der Toten . . . der Hades also. Aber wenn man dort ist und sich zum Bleiben entschließt, wird's zur trostlosen Stätte verdammter

Seelen. Gustave Doré, der dort die Anregung zu seinen Dante-Illustrationen empfing. Er sah nur die Hölle in den uns kostbaren Steinwildnissen. So ändern sich die Bezüge. Schon mit Nietzsche änderten sie sich, der Capri und Ischia als die »Seligen Inseln« feierte. Sibelius wiederum, der die Todessüchtigkeit seiner *Valse triste* mit den Zypressen von Capri gleichsetzte: die einzig wirklichen »Toteninsel«-Zypressen. Asche und Grünspan, ihre Farben . . . Insel der abgelebten Träume. Die versteckten Villen melancholischer Millionäre, verfinstert von den Niederschlägen ihrer Selbstvorstellung, vergessen von den Erben, aufgelassen, ausgeleert, leergestohlen, im Umkreis verwucherter Gärten.

Und inmitten der späte Theodor Däubler, wie ich ihn dort 1933 kennenlernte, von Wut verstimmt über den Mißerfolg seines Lebenswerkes. Unsere schnell aufblühende und bald scheiternde Freundschaft. Er verübelte es mir, daß ich die »Ewigkeit« seiner Dichtung bezweifelte, oder doch nur die ihn allein betreffende gelten ließ, die innere vor der äußeren Ewigkeit.

Däubler, eine deutsche Monade, das Universum spiegelnd, unfaßbar, kolossalisch und molluskenhaft zugleich. Eine Monade, aber sie hat keine Fenster. Sie hat einen Kosmos, aber keinen Nomos. Wer vermag ihn heute noch, oder wieder, zu sehen? Mit unbefangenem Blick. Wo öffnen sich Tore in der dicken Finsternis organisierter Ideologien. Wo wird die Spur eines menschlichen Maßes sichtbar? Die jahrtausendalten Verzweiflungen, die so viele Götter, so viel Form erschaffen halfen, banalisiert in trockenen Ausgleichssystemen, zu deren Verwirklichung nicht weniger Blut vergossen wird.

Langsam schaukelt mir der abendliche Schattenriß des Inselkörpers ins Herz. Alles in mir wird weit. Das beklemmende Erhabene seiner Gestalt. Das Im-Voraus-Kennen jeder Felsenhöhe, jedes Ufers, jeder Treppenstufe.

Warmer Landwind weht dem SPAN-Dampfer entgegen. Vor einem grün-gläsernen Himmel strebt das Inselprofil um so

Blick von der Kathedrale auf Piazza und Uhrturm. Foto: Werner Helwig

höher empor, je näher wir ihm kommen. Lichtglitzernester in den Höhlungen, Laternenketten zeichnen die Linien der Serpentinenstraße, die vom Hafen emporführt zu der kleinen orientalischen Stadt, die in einer Senke zwischen den Anhöhen liegt.

Das wäre also der 13. Oktober. Noch dazu ein Freitag. Aber bis jetzt hat alles gut geklappt. Der großmächtige Portier vom Manfredi Pagano hat uns am Schiff abgeholt. Ich hatte die Verabredung zuvor schriftlich getroffen. Ein Freund von mir aus den alten Zeiten, ein Hängengebliebener, ist Sekretär des Hotels.

Wir passieren die abendliche Piazza. Nur wenige Fremde lagern in den Korbsesseln vor den Bars. Wir werden also Alleinherrscher sein. Die Wege, Bäume, Grotten, Häuser, die Mauern, in denen so viel für mich zu lesen steht, werden uns gehören. Der Herbst der Weingärten wird uns gehören. Der laubrüchige Wald um Villa Fersen herum wird uns gehören. Das Wesen Capris wird uns anrühren, da wir es sind. Man kennt mich.

Nach vollkommen stiller Nacht – im Zentrum der Stadt erstaunlich – weckt uns morgens weißgoldene Helligkeit. Yvonne nach einem Erschöpfungsschlaf, mich nach einem »Heimat«-Schlaf ohnegleichen. Sonne strömt breit durch die Terrassentür unseres Zimmers. Eine riesige Palme nickt über die Balustrade der Terrasse. Der Park steht in dunklem Herbstgrün. Es ist knapp neun und schon zu heiß, um draußen zu frühstücken.

Wir lassen das Tablett im Vorzimmer abstellen. Yvonne zögert, sich in dem kleinen Sofa anzulehnen. Sie sei noch nicht richtig »angekommen«, stellt sie fest. Sie empfindet in der heißen Stille draußen ein Zuviel an Wirklichkeit. Ich kenne das, und so kann ich es ihr überlassen, es an ihr beobachten.

Der Espresso schmeckt nach Metallkanne. Ich packe den Nescafé aus, den wissend mitgenommenen. Fühle mich als »Fremdenführer«, der nun in seine Rolle einsteigt.

Ist's möglich, daß Yvonne Eifersucht auf Capri empfindet, als sei da eine frühere Geliebte von mir unversehens in unsere gemeinsame Gegenwart geraten?

Sie fröstelt. Die Kälte der dicken Mauern weht sie an. Sie schaut ein wenig blaß vor sich hin, benagt zögernd den Toast, den ich ihr bereite.

Danach gibt es kein Halten mehr für mich. Ich betreibe, »organisiere« den Aufbruch nach Anacapri.

»Muß es denn gleich sein«, hatte sie gefragt.

»Ja, es muß.«

Trotzdem ist es zehn geworden, als wir endlich den Autobus erreichen. Sogar den Fahrer kenne ich wieder. Aber er mich nicht. Damals war er ein Jüngling. Die Flut der Besucher hat ihm das innere Auge getrübt.

5 DER KELLERFUND

Anacapri . . . die feuchtkühlen Gassen . . . in den Auslagen frisches Grünzeug . . . die maurisch weiße Chiesa unter ihren vielen Kuppeln . . . War das nicht »mein« Schneider, der dort in seiner Ladentür hockte, war's nicht der Dorfnarr von damals, der da hergehumpelt kam, ins Leere gestikulierend; und der Priester in seiner verstaubten Soutane, uns zunikkend, jedem zunickend – alt geworden sie alle, aber noch vorhanden.

Plötzlich erfaßt mich eine Strömung. Ich lasse all die sentimentalen Überraschungen hinter mir zurück. Yvonne kann kaum folgen. Es trägt mich in den Bezirk der hohen Weinbergmauern, den kleinen Pfad hinan, der zur Via Catena führt. Jeder Stein ein alter Bekannter, der mir etwas von dem jungen Mann erzählt, der ich war. Angst befällt mich, ein Gefühl, als ob im nächsten Moment verschwunden sein könnte, was mir innerlich vor Augen steht.

Erinnerungsbericht, wie ich damals von meiner Weinberghütte täglich zu Friegs Wohnung pilgerte, ganz erfüllt von der morgendlichen Campagna, geborgen in einer nicht mehr vorstellbaren Zufriedenheit. Da flammte in der gewölbten Küche der Primuskocher unterm Suppentopf. Die beiden Friegs stritten sich über die Zutaten. Denn so eine landeseigene Minestra ist ein Kunstwerk. Frau Frieg entschied nach Gutdünken. Das gelingende Gericht bewies, daß sie recht hatte. Will Frieg beschied sich und gab sonderbare Weisheiten zum besten, die mir jetzt, da ich mich so ganz auf ihn besinne, wieder einfallen:

– daß Mensch und Baum einander wesentlich entsprächen und daß der Mensch sich selber mindere im Maße, wie er Bäume vernichte (in diesem Glauben seinem Freunde Ernst Barlach ähnlich) . . .

– daß die Sonne ein elektrisches Kristall sei (darin mit seinem Freunde Däubler einig) und sich mit der Menschenwelt im Gegenseitigkeitsverhältnis befinde. Der Mensch lüde die Sonne auf wie umgekehrt . . .

daß man keine Feinde haben dürfe. Von irgendwoher feindlich umwittert zu sein, störe, ja berühre die Geometrie des inneren Menschen. Man müsse streben, sich mit allen, auch den Außenstehenden, im Gleichgewicht gegenseitiger Zustimmung zu befinden . . .

– daß die wahre Bedürfnislosigkeit einem Kunstwerk gleiche. Indem man sich selbst ins Bild (der Welt) setze, werde jeder Moment zu Gold. König Midas, dem alles zu Gold wird, was er angreift, sei nur falsch, weil moralisch interpretiert. Er sei vielmehr das Sinnbild der geleisteten Bedürfnislosigkeit . . .

Beispiel dessen, was Frieg unter Bedürfnislosigkeit verstand, war sein Wohn- und Lebensstil. In seiner Wohnung lebten die Wände nur von ihrem Weiß. Der Freund der Maler verschmähte es, Kunstgebilde um sich zu haben. Alle Gegenstände, Stuhl, Bett, Tisch, Flasche bekamen dadurch eine merkwürdig unvergeßliche Wucht des Vorhandenseins. Er besaß nur einige Leinenhemden, immer frisch aus der Wäsche, zwei Hosen, eine blaue und eine weiße. Die weiße für festtags.

Sie hing in seinem Schlafraum, streng in die Bügelfalte gelegt, über einem dicken Rohrstock, der in die eine Wandecke geklemmt war: sein Kleiderschrank, wie er stolz demonstrierte. Sommers wie winters Sandalen an den nackten Füßen. Das Geheimnis seiner immer erkältungsfreien Gesundheit waren Sonnenbäder auf der hochummauerten Terrasse, wo er, Zeitungen über den nackten Leib gehäuft, mittags auf einer Strohmatte lag und alles ausschwitzte, was seiner Natur gefährlich werden konnte.

Kein Buch, aus dem er nicht Gewinn zog, da es ihm einfallen konnte, irgendein wunderliches Wort darin plötzlich etymologisch aufzuspalten und »in die Tiefe« zu lesen, statt an der Satz-Linie entlang. Seine Erläuterungen zur geheimen und offenbaren Bedeutung der Worte gingen davon aus, daß man mit jeder Faser, die man im Geweb der Sprache anhebt, schlechthin alles berührt und bewegt. Erquicklich waren seine Meditationen über Jean Paul. Auch darin mit Däubler einig, daß er dessen Roman *Titan* für ein bisher unerschlossenes Diamantenlager hielt.

Meine Frau beklagt meinen reichlichen Erinnerungen gegenüber, daß die ganze Insel anscheinend trächtig sei von deutscher Zauberromantik. Ich nenne Namen, die erweisen, daß auch andere daran teilhätten: Gustave Doré inspirierte sich hier zu seinen Dante-Illustrationen. Der Baron Fersen erneuerte den Mithraskult. Tristan Corbière schrieb hier seine von romantischer Ironie erhellten Gedichte. Camille du Locle, ein saintsimonistischer Mystiker, Dichter und Anreger von Verdis *Aida*, suchte und fand auf Capri jene Vergessenheit, die seine Philosophie forderte.

Erliege ich meinem Erinnerungstraum, oder ist Wirklichkeit, was ich erblicke? Das Friegsche Haus steht da wie immer, einstöckig, mit Bogenfenstern. Und im Garten, in den Kartoffelbeeten, wirtschaftet jemand, hebt auf meinen Anruf hin den Kopf, schaut ohne Erkennen: es ist der Padrone, der Besitzer des Anwesens. Er kommt, öffnet die Gittertür und erfaßt in

Will Frieg (Piazzasitzung).
Foto: Werner Helwig

Ernst Barlach, Selbstporträt.
Foto: Aus der Sammlung von Werner Helwig

plötzlicher Erhellung, wer ihn besucht. »Giovanotto«, sagt er gedehnt und reicht die Hand.

Wir werden hineingeleitet. Die Familie ist in der Campagna, dort bei der Steinhütte, die ich damals bewohnte.

Wir sitzen beisammen, und die Aufarbeitung der Jahre, die hinter uns liegen, nimmt uns in Anspruch. Alles Frieg Betreffende, der jetzt ein Einsamer ist in einem Altmännerheim in Deutschland, alles mich und meine Wünsche Betreffende im Zusammenhang mit dem Poeta, mit Däubler. Meine heimliche Vermutung bestätigt sich, das kaum Glaubliche ist wahr. Es sind noch Dinge vorhanden von damals her.

Der Padrone schenkt uns Roten ein, tischt Äpfel und Nüsse als Zukost auf. Mir fällt es schwer, meine Ungeduld zu verbergen. Endlich ist's soweit, und er führt uns ins Kellergewölbe. Sellerieknollen sind gelagert. Leere Kaninchenställe mit verbeulten Drahtgittertürchen. Eine weißschmutzige Henne flüchtet und läßt den stinkigen Geruch ihres Gefieders zurück.

Unter riesigen, grünglasigen Flaschen eine mit weißen Feuchtigkeitsflecken bedeckte Kiste. Er räumt sie frei. Drinnen Papiere, Bücher altmodischer Art.

Im Licht der vergitterten Birne, die mit langer Schnur bis hierher reicht, erkenne ich eine alte dreibändige *Wilhelm-Meister*-Ausgabe. Dann eine Humboldtausgabe des *Kosmos*, etwa des gleichen Jahrgangs, aber vom Schimmel zusammengeklebt. Unrettbar. Auch allerlei Unterhaltungsliteratur der zwanziger Jahre: Bonsels, Hesse, Dauthendey, zuunterst aber eine Reihe Jean-Paul-Bände, darunter der *Titan*, der Spuren intensiver Lektüre aufweist. Sorgfältig sammle ich Zetteleinlagen mit handschriftlichen Notizen. Mitnehmenswert ist der *Wilhelm Meister* wegen der unzähligen Anstriche neben den Druckzeilen. Überraschung: ein anscheinend unabgeschickt gebliebener Brief Däublers ist mit dem Buchdeckel verklebt. Läßt sich ablösen. Ist adressiert an die Schwester des Dichters, vertrauteste Gestalt am Rande seines Daseins: Edith.

Unbekümmert um den Padrone, der meinen Eifer gelangweilt beobachtet, stöbere ich weiter. Bündelweise Zeitungsausschnitte mit Kritiken über das *Nordlicht*. Einige Pakete Kunstzeitschriften: Westheims *Kunstblatt, Der Querschnitt, Die literarische Welt*.

Schließlich die dreibändige Erstausgabe des *Nordlichts* (bei Georg Müller, 1910), kreuz und quer bekritzelte Zettel zwischen den Seiten. Zuletzt die *Attischen Sonette* mit einem Lesezeichen an der Stelle, wo sich das Will Frieg zugeeignete Gedicht befindet. Wie ich den Papiermüll auch durchforste: das erhoffte Anacapreser Tagebuch Däublers will sich nicht zeigen. Der Padrone wird ungeduldig. Er hat die Kiste aufbewahrt, weil er ahnte, daß man eines Tages danach fragen würde. Jetzt will er das Zeug los sein. Meine Funde in unserem Einkaufsnetz schichtend, gebe ich seinem Drängen nach. Wir verabschieden uns, er lädt uns für einen beliebigen Tag zum Essen ein. Hinter uns fegt er die zerwühlten Reste zusammen. Er wird mit ihnen ein Autodafé veranstalten.

Anschließend Auffahrt mit dem Sessellift zum höchsten Gipfel der Insel, dem Monte Solaro. Das klickende Mahlwerk der großen Räder. Hinter mir im 25-Meter-Abstand Yvonne. Mit dem Steigen vermehrt sich die Sicht, verdichtet sich die Strahlkraft der Sonne. Aber im Grün der Baumwipfel, die wir mit den Füßen streifen, ist Herbst zu spüren. Die Bücher schwanken im Einkaufsnetz ... Oben die Rundsicht. Sie reicht bis an die Küstenränder dessen, was einst Großgriechenland hieß.

Wir besetzen schnell eine der Schaukelbänke mit dem rotweiß gestreiften kleinen Sonnendach, denn trotz der Mittagsstunde sind Gäste da. Der Cameriere der kleinen Kaffeebar eilt mit vollem Tablett umher. Wann ist man auf Capri »Alleinherrscher«? Zarter, gespinsthafter Dunst zu Füßen unseres Felsenthrons. Wir bestellen Cappuccino, lassen uns in den Augenblick versinken. Sind bald vom Nebentisch her gequält, wo sich eine Gruppe schwäbischer Teenager niedergelassen hat und dialektfroh draufloslärmt.

Sie reden von »Ratzen« und von Seidenpreisen. Die Ratten wollen sie – dumm, daß Yvonne das hört – nachts in den Gassen von Capri beobachtet haben.

Flucht in die Bücher. Ungewohntes Vorhaben an diesem Platz. Von den drei Bänden Goethe sind nur zwei *Wilhelm Meister*, der andere enthält die *Wahlverwandtschaften*. Schwärzliche, grauüberstaubte Preßdruckeinbände mit verblichenen Goldornamenten im Stil der Neo-Renaissance der siebziger Jahre. Aus den *Wahlverwandtschaften* fällt ein Zettel mit Notizen in Däublers fliegender Handschrift. Ich entziffere unter der Überschrift »Pindar« die Worte: »Kaum zusammenhängende Sätze, die uns nötigen, vermittels eines umgekehrten Findens und Erfindens rückwärts zu gehen und uns die Filiation solcher Gedanken von weither, von unten herauf womöglich zu vergegenwärtigen.« Dem folgt dick unterstrichen »Geist- und Sinnforscher«. Dann: »Ihr unvermutetes Erfassen der tiefsten

Blick auf den Monte Solaro und Capri. Foto: Werner Helwig

Geheimnisse. Gleichnisweise reden und sich auf diese Weise helfen. Die Verhältnisse unseres Sonnensystems in uns erst ruhend entwickelt, dann, deutlicher belebt, gründlich eingeboren. Wie dem Dichter die Ganzheit der Welt, die er entdeckt, nur mit seinen Ahnungen übereinzustimmen braucht, um sein eingeborenes Vorwissen zu beleben.« Auf der Rückseite des Zettels fragmentarisch: ». . . das ganze Sonnensystem in sich trage und sich geistig als ein integrierender Teil darin bewege«. –

Während ich die Sätze entziffere, sehe ich Däubler vor mir, von Husten geschüttelt, die strähnige Mähne nach hinten streichend, den Bleistiftstummel übers Papier bewegend. Und wie ihm alles Däubler wurde, was er berührte. Sogar Goethe paßt plötzlich in die große *Nordlicht*-Konzeption.

Vergeblicher Versuch, Yvonne durch Vorlesen der wunderlichen Zetteleinlagen von ihrem unfreiwilligen Hinüberhorchen zum Nachbartisch abzubringen. Inzwischen trafen auch Wirtschaftswunder-Touristen ein. Mann wie Weib behängt mit

Fotogeräten, die nun klickend und surrend in Funktion gesetzt werden, manche wie Schußwaffen geformt. Über das Fernrohr finde ich im *Wilhelm Meister* von Däubler dick angestrichen: ». . . als ich Venus vorhin sah, stand sie im Verhältnis zu allen anderen Sternen und zu mir selbst. Jetzt tritt sie unverhältnismäßig in meine Einbildungskraft, und ich weiß nicht, ob ich die übrigen gleicherweise heranzuführen wünschen sollte. Sie werden mich einengen, beängsten.« – Und etwas weiter unten: »Die Mittel, durch die wir unsern Sinnen zuhilfe kommen, haben keine sittlich günstige Wirkung auf den Menschen. Wer durch Brillen sieht, wird mit seiner inneren Urteilsfähigkeit außer Gleichgewicht gesetzt. Die schärfer künstlich gesehene Welt harmoniert nicht mit meinem Inneren.« Es gelingt mir, Yvonne zu erheitern mit dem gleichfalls dick unterstrichenen Satz: ». . . Eigenschaft der Deutschen, daß sie über allem schwer werden, daß alles über ihnen schwer wird.« Dann lese ich, gleichsam als meinen, an sie adressierten Vorwurf: »Das Feinste betrügt sich oft, gerade weils zuviel sichert.«

Nun beteiligt sich Yvonne an dem Suchspiel in den Büchern. Sie liest mir vor: »Ängstlich ist es, zu suchen, viel ängstlicher, gefunden zu haben, weil dann das Verlassenmüssen kommt.«

Ich antworte ihr mit einem anderen von Däubler angestrichenen Satz: »Laß uns die Welt zwecklos hinspielen, so gut wir können.« Worauf sie aus dem *Wilhelm Meister* antwortet: »Echte Sprüche erscheinen dem, der sich keiner Erfahrung erinnert, leer und dunkel.«

Wir haben da plötzlich zwei große deutsche Dichter an unserem Kaffeetisch zu Gast. Wir erleben und sehen den einen durch den andern. Aber die Gegenwart Däublers wird schärfer durch Goethe belichtet als umgekehrt. Ich erinnere den stoffigen Geruch seiner verschossenen Jacke mit den seiner Beleibtheit wegen immer kürzer gewordenen Ärmeln. Erinnere mich der ständigen Freudigkeit seines Wesens, die eigentlich nur durch Geldsorgen gedämpft wurde. Das an ihm wirkende Gleichgewicht zwischen Heiterkeit und Phantasie. Die Ge-

Die Faraglioni vom Monte Solaro aus gesehen. Foto: Werner Helwig

duld, mit der er seinen Husten ertrug. Seine gelegentlichen Versuche, den Husten durch Zorn zu übertreffen und auszulöschen, was ihm manchmal gelang, worauf er erschöpft und mit einem Ausdruck unendlicher Zufriedenheit in sich selbst zurücksank, wie in ein unendlich von seinem Willen erobertes Gelände.

Ich finde für Yvonne: ». . . viel Reden, wodurch immer eine Art Verlegenheit und Gärung unter Liebenden entsteht«. Worauf Yvonne, von ihrer Spürnase gut beraten, aus dem Buch antworten konnte: »Die Seele hat nur Fühlhörner, keine Augen. Sie tastet, sieht nicht. Daß sie schauen könnte!« Und ich: »Alles trägt unmerklich zu unserer Bildung bei.« Worauf Yvonne mit Däubler-Goethe antworten konnte, ich sei – »ein Agathon, der in den Hainen von Delphi erzogen, das Lebenslehrgeld noch schuldig geblieben war und es nun mit schweren rückständigen Zinsen abzahlte«. Worauf ich: »Nicht nur das Unmögliche versagt sich, auch das Mögliche manchmal.«

Aus den *Wahlverwandtschaften* fällt mir beim Durchblättern noch ein Däublerzettel entgegen: »Die vier Hauptpersonen bilden ein Quadrat der Beziehungen. Eigentlich vorweggenommener Kubismus auf Psychisches bezogen.«

Absichtlich bis zuletzt habe ich mir das Inselbuch der *Attischen Sonette* aufgespart. Von Däubler selbst erfuhr ich, daß Privates, ja Intimes versteckt darin untergebracht sei.

Die meisten der 59 Sonette sind Menschen gewidmet, die Däubler nahestanden. Da sind seine Schwestern Edith und Elena bedacht. Erhard Buschbeck und Carl Schmitt. Rudolf Pannwitz und Florens Christian Rang. Toni Sussmann und Alice Berend. Max Sidow und Graf Matuschka. Schließlich Elsbeth Peterich, die Mutter von Lukas Peterich, dem der Dichter liebend ergeben war. Eine ganze Daseinsgeschichte ist in den Strophen mythisch verklausuliert. Das Will Frieg zugeeignete Gedicht heißt *Die Göttin der Gestirne*. Und da Däubler Frieg zu den »acht« Eingeweihten des *Nordlichts* rechnete, ist dem Freund auch das Schwierigste zugetraut:

> Wir müssen, als Mond, zu der Sternen-Vertrauten,
> – uns funkelnde Göttin – den Aufschwung beflügeln,
> gehimmelter Weltwunsch entwand sich aus Zügeln,
> die blitzlich in schlingernde Schiefen verblauten.

Yvonne kann ich damit nicht gewinnen. Aber ein Satz aus dem *An Plato* gerichteten Sonett erreicht ihr Verständnis sofort:

> Kein Mann erschritt Vollzug so klug den Ahnen . . .

Dann finden wir in dem Sonett *An die deutsche Sprache* die den Wesenskonflikt Däublers kennzeichnenden Worte:

> Was wolkt, als ob Sprachen ums Mondwort sich ballten?
> Ich lächle bloß EINER: da stürzt sich ihr Segen
> aufs Fühlen aus Glück, daß ich Mensch bin, herab,

dann tret ich dem Monde bekennend entgegen:
Er schirrt ein Gespann mir zu rhythmendem Trab.

Und so begab sich in seiner eigenen Rückschau sein Hauptwerk. Wie es scheiterte, mußte er in diesem mehr als zehn Jahre später erschienenen Buch auch schon bekennen. *Aus Verlorenheit* ist der vieles umgreifende Titel eines Sonetts, das »an den Vater« gerichtet ist. Es beschäftigt sich mit eben dem Land, dessen Sprache er vergeblich »gelächelt« hatte:

Einst wähnt' ich . . .
dort gehört zu sein;
Ein Horn so vollen Sonnenüberschwanges, –
daß altes Licht, aus Magierhand am Ganges,
– auf Gletscher überstülpt – zu Urgedeihn
aus Finsternis, euch fordern sollte und befrein,
beschloß ich deutsch zu bringen. Wohl gelang es.

Die Melancholie des »einst wähnt' ich« rührt uns an. Wir finden dann noch auf der Fährte der Worte:

O Land, geliebter Sprache mein, wie weit
vermochte Schickung mich aus dir zu wenden.

Als wir die Köpfe von den Büchern heben, sind wir wirklich Alleinherrscher. Kühler Wind hat die Besucher vertrieben. Der Dunst über allem Sichtbaren unten ist dichter geworden. Das Meer: eine Fläche geriffelten Silbers. Yvonne zieht sich den schwarzen Wollschal um die Schultern. Im Westen schwillt eine braunrote Wolkenbank. Düsenjäger haben Linien in den Himmel gerissen. Wir schaukeln mit dem Sessellift, letzte Passagiere, in ein Bad dunkler, zunehmender Kälte, darin es von Hunden kläfft, von Kindern lärmt und von der Kirche an der Piazza her fünf schlägt. Zweimal, damit man weiß, was die Stunde kündet.

Mit dem Autobus nach Capri zurück. Der Fahrer »stemmt«

sich förmlich in den Motor, reißt den Wagen um die Kurven, daß die capresischen Frauen im Wagen »Madonna« murmeln und sich bekreuzigen. Dabei schärfster Durchzug, der die Augen zu spalten scheint. Unten glitzert die Stadt.

7 DÄUBLERS BEKENNTNIS

Das Wetter hat sich verschlechtert. Die Wolkenbank, die wir abends vom Monte Solaro aus sahen, hat sich über Nacht verbreitert. Der Himmel ist grau. Kälte weht an. Wir haben den Kaffee wieder ins Zimmer bringen lassen und nehmen uns den Däublerfund vor. Zuerst natürlich den Brief.

Adressiert ist er an Frau Edith Bell, die am 12. Mai 1955 in Berlin gestorbene Schwester des Dichters. Es ist somit Totenpost. Und dies hat uns bisher gehindert, das Sakrileg des unbefugten Öffnens zu wagen. Bei näherem Betrachten erwies sich aber, daß der Brief nicht normal zugeklebt wurde, sondern daß ihn die Feuchtigkeit in Padrones Keller zugebacken hatte. Ich fahre mit einem Löffelstiel unter dem Klappenrand einher, und so gelingt ein unbeschadetes »Aufsperren«.

Drinnen finden sich Schulheftseiten, liniert und von jener schnell-vergänglichen Beschaffenheit, für die meine Frau sofort das Wort »Mussolinipapier« erfindet. Es stammt aus der Zeit des Diktators. Auch ist eine gelbliche Postkarte unbeschrieben angefügt, die in Kupfertiefdruck ein Bild der Piazza zeigt. Deutlich steht dort noch auf dem Torbogen, der zur Via Vittorio Emmanuele führt, das Mussoliniwort:

CAPRI, L'ISOLA CHE NON SI SCORDA MAI.

Aber die Schulheftseiten sind, das stellen wir mit einiger Überraschung fest, kreuzweis durchgerissen und dann in das Kuvert geschoben worden. Es war ein Briefentwurf, den Däubler nicht abschicken, aber auch nicht vernichten wollte. In schlichter Gebrauchshandschrift, nichtssagend wie diejenige

Goethes, ohne dekorativen Duktus, sie ist die Magd des Gedankens, bringt nur ihn, nicht zugleich sich selbst zum Ausdruck, etwas, was zum Beispiel von der Handschrift Rilkes nicht zu behaupten wäre. Der malte und kringelte mit der Feder und brachte etwas gemäßigt Verziertes mit hinein, ohne freilich deshalb den vorgetragenen Gedanken weniger genau zu umschreiben. Im Gegenteil. Sein Gedanke kringelt sich ähnlich; in geschmeidiger Umständlichkeit umzieht er das zu Sagende mit Kurven.

Schwierig, die zerrissenen Teile aneinanderzufügen. Wir bedecken das breite marmorne Fensterbord mit den Stücken, und es gelingt uns schließlich, erst die Vorderseiten, dann die Rückseiten als solche zu ermitteln und in Zusammenhang zu bringen.

Was geschrieben steht, ist ohne Anfang und ohne Ende. Will sagen, die erste und letzte Seite wurden vernichtet und weggeworfen. Auf ihnen berichtet der alte Poet anscheinend von seinem trostlosen Zustand. Aber auch in dem Übriggebliebenen ist das Mitgeteilte von finsterer Ehrlichkeit. Wenige erlebten ihn so. Er, der sich wie ein Kork vom Meer tragen ließ und neptunisch triefend an den Strand stieg, Gelächter über sich schwingend und Verse dröhnend. Wir lesen auf den Blättern:

... habe ich Dir eine Anmerkung Goethes zu Pindar herausgeschrieben. Sie ist das Treffendste, das ich je über P. las. So ist mein Kranksein von mancherlei Wiederbegegnungen begleitet, vor allem Goethe, wie Du Dir denken kannst. Wie anders las ich ihn damals. Auf welch neue Art kommt er mir heute unerschöpflich und unausdeutbar vor. Der einzige unter den großen Deutschen, dem ich noch nicht genügend gehuldigt habe.

Freunde erzählten mir übrigens, wie ich früher unter visionären Wallungen litt. In Berlin, an meinem Vortragsabend, als der anwesende Rilke ein so unglückliches Gesicht machte, soll ich plötzlich geschrien haben: »Feuer fällt vom Himmel. Die

Städte brennen. Rettet euch in die Berge« um danach ganz ruhig weiterzulesen. Ich weiß es nicht mehr, weiß nur, daß dies Schauen, das mich früher manchmal anfiel, verloschen ist mit den Jahren. Mein Leben fing mit dem Gipfel »Nordlicht« an und läuft jetzt in bescheidener Nachlese aus. Anders als Goethe, der seine Pyramide bis zuletzt fügte und von ihrer Spitze aus den Abflug antrat. Andere müssen mich mir selbst erklären, und oft empfinde ich ein bitteres Staunen darüber, was alles ich an Welt hergegeben habe und wie weit es heute von mir entfernt ist. Dichten ist Tilgen. Vor allem auch wohl Selbstaustilgung. Mein Freund Buschbeck mußte mich daran erinnern, wie ich ganze Gesänge früher absichtlich unter die Regentschaft eines Vokals zu stellen pflegte, der eine Erleuchtungsbeziehung zu dem angesungenen Gegenstand hatte.

Frieg macht mich darauf aufmerksam, wie ich das »und« als zwischen den Worten verbindenden »Hund« durch das Hundebellen deutlich gemacht habe, mit dem mein Versstück »Can Grande delle Scala« ausklingt:

Die Wölfe: Ich reiße, zerbeiße, zerfetze dich, Hund.
Die Hunde: . . . Und ?
Die Wölfe: Ich störe, zerstöre und stürme den Bund.
Die Hunde: . . . Und . . . Und?

Ich komme mir selbst abhanden, Edith. Ist es wahr, daß ich mein Dudelsackgedicht in der »Hymne an Italien« ganz auf »u« abgestimmt habe. Auf »u« und »au«. Frieg bewies es mir:

Vertraut und traurig summt ein Dudelsack im Haine,
Das ruft wie Brunft, voll guter Brunst, aus dumpfer Schlucht.
Die Rosen bluten schwerbetaut im Mondenscheine,
Verliebte Junikäfer blitzen durch den Duft.

Denke nicht, daß ich allzutraurig oft bin. Es bleibt mir doch das eine: ich altere in meine Jugend hinab. Du fragst nach dem Griechenlandbuch. Viele fragen danach und mahnen mich. Erspüren sie, daß es mit mir zuende geht? Sieht man es schon, fragte ich Frieg. Er lachte und sagte, daß mich das, was ich noch zu sagen hätte, nicht sterben lassen würde. Es wäre zu stark. Stärker als das »Nordlicht«. Aber ich, weißt du, . . .

Jetzt müssen wir das ganze Puzzle kehren, um auf den Rückseiten die Zeilen eines anscheinend anderen, damit nicht zusammenhängenden Briefentwurfs zusammenzubringen. Mir fällt bei unserem rekonstruierenden Tun ein, daß es sonderbarerweise keine einzige Publikation von Däublerbriefen gibt. Er erlebte sich kaum je im Brief. Das war nicht seine Art der Selbsterkundung. Das Kopulieren mit dem Du gelang ihm nur im Gedicht.

Habe ich ihn eigentlich je einen Brief schreiben sehen? Nein. Er empfing nur welche. Und er ging unachtsam damit um, wie mit Geldscheinen. Ich sah ihn, wie er einen ganzen Stoß Post zerknüllt in seinen unmöglichen Hosentaschen unterbrachte. Er lachte dazu und sagte: »Das ist ja doch alles schon vorbei, das lebte nur, solange sich die Feder rührte. Muß ich diese Bestatteten wieder ausgraben, indem ich sie lese und mich anstrenge, sie wiederzubeleben?«

Jetzt strengen wir uns an, seine Hiobsbotschaften wiederzubeleben. Und es ist wie die Auferweckung einer Zeit, die Zeuge seines Atems war, eines bereits röchelnden Atmens, darin sich ihm sorgenhaft das Ende ankündigte. Und düster vor sich hinstarrend mag er all dessen gedacht haben, was unvollendbar hinter ihm zurückbleiben sollte.

Das große Hellas-Buch, mit dem er den Athener Archäologen und ihrer Pirsch zuvorkommen wollte. Ihrer Pirsch auf fehlende Glieder in der sozusagen amtlichen Hellas-Schau. Er sah voraus, was jene später aus den Funden bestätigen konnten. Sie ahnten, was in ihm steckte, und ließen ihn in der Portiersloge des Archäologischen Instituts wohnen. Das gestanden sie ihm zu, Ernst Buschor voran, Wrede in ahnungsvoller Freundschaft.

»Auch dich zerfleischt dereinst die Wolfbrut nimmersatter Zeit«. Die Rückseite der Fetzen verrät uns noch mehr von der inneren Lage des Dichters. Zweifel zersetzen ihn. Wer erlebte ihn in solcher Hinfälligkeit? Meine Frau wird warm über so viel Grabeswilligkeit, wie sie aus den Zeilen haucht und uns einen Menschen, einen eigentlich noch jungen Mann, vergegenwärtigt. Achtundfünfzigjährig sollte er sterben. Er war nicht weit davon entfernt, als er dies schrieb. Meine Jahre hatte er, meine jetzigen, in diesem Moment sich begebenden, unter welchen anderen Sorgenhimmeln, als er sie kannte, aber doch wohl ahnte. Ragnarök sah er kommen. Das Wort vernahm ich oft von Frieg. Aber sie sahen es als eine Notwende, die das von Däubler ausgerufene Sonnenreich als »Neue Zeit« erst ermöglichen werde.

Die Zeit ist ganz anders »neu«, sie schließt die Däublers aus. Sie wandelt sich zum Daseinsinstrument des Raums. Und die Zukunft, wenn überhaupt eine da ist, gehört den Instrumenten und denen, die auf nichts anderes hin leben, als sie zu bedienen. Und nun der letzte Teil des Briefes:

... zu Ende geht. Ich liege hier in Capri im Spital, das nicht gerade das modernste ist. Es war ein schlimmer Anfall, ein Überfall, fast hätte er mich gefällt. Du weißt, was mich bedroht, aber es ist doch wohl ernster, als wir alle dachten.

Wie gut, daß ich hier Will Frieg habe. Sie sind sehr besorgt um mich. Besonders seine Frau Charlotte widmet sich mir wie eine gute Mutter. Ich fühle mich aber immer ganz verloren, wenn die beiden, braungebrannt und wunderbar gesund, mit mir beschäftigt sind. Sie ist sehr jung, Frieg ein reifer Mann. Sie haben sich hier kennengelernt. Er hat sie ganz in seine Kunstphilosophie hineingezogen. So verstehen wir uns alle recht gut, denn er ist ja ganz in meiner Lehre von der Sonne aufgegangen. Er lebt sie. Ihn stärkt sie. Und ich, der Spender, verbleiche vor seinen strahlenden Augen zum Mond.

Er hat eine große Gabe: er erklärt mir mich selber. Meine Worte, wenn er sie zitiert, wenden sich in seiner Beleuchtung in sich selbst um und enthalten viel mehr, als ich in ihnen verstand, da ich sie niederschrieb. Sie haben mir einen ganzen Karton Bücher neben das Bett gestellt und so lese ich zum ersten Male hintereinander Goethes Wilhelm Meister. Auch die Wahlverwandtschaften. Auch Humboldts Reisebericht aus Südamerika, der mich durch seine vielfältige Kenntnis verblüfft. Flora, Fauna, Geologie, in allen Gebieten ist er grundlegend gebildet und kennt die Dinge beim Namen. Und indem er sie sieht, erkennt er sie in ihrer Wirklichkeit, weiß sie in Beziehung zueinander zu setzen und bestätigt mir mein eigenes Bild von der anderen Wirklichkeit, die seine Schriften widerspiegeln. Wenn mich nicht der Husten martert, der sich nicht darum kümmert, wie lahm ich in gewissen Teilen meines Leibes bin, dann sehe ich Welt, Welt und wieder Welt in Humboldts tiefen Spiegeln. Beide Humboldts, der Reise-Kosmiker und der Sprachen-Anatom, bekommen in der Auslegung Friegs sofort mystische Züge. Er weiß alles auf mein »Nordlicht« zu beziehen und sieht in allen Werken der Vorangegangenen Bausteine, die für meinen Tempel bereitgelegt wurden. So gibt er mir viel Festigkeit zurück, die ich in den Jahren verlor, als ich anfing, die Hoffnung aufzugeben, daß ich ein deutscher Dichter sein könnte. Ein Dichter der Deutschen, dem die Wirkung beschieden wäre, die er beabsichtigte.

Denn, Edith, das ist doch die wahre Ursache meiner Erkrankung, daß die ganze Last der Aussage auf meiner Schulter verblieben ist. Ich breche unter dem Druck meines Tempels zusammen. Keine Leser bevölkern ihn. Und der Opferdienst, der in ihm zu leisten wäre durch Verständnis, findet nicht statt. Du hast mir das immer ausgeredet, so wie die Friegs versuchen, mir das andere einzureden. Du sagtest, daß man sein Schicksal nicht widerrufen kann, wenn es schon hinter einem liegt, und Friegs sagen mir, daß meine Stunde kommen wird. In der Welt ginge etwas vor sich, behauptet er, das auf mein

Theodor Däubler. Foto: Aus der Sammlung von Werner Helwig

Werk zueile wie im Traumzwang. Die große Suche nach Antwort würde sich wie mit Kompaßnadeln auf das Nordlicht ausrichten, weil es nichts anderes gäbe. Weil mein Nordlicht der einzige wirksame magnetische Pol aller Suchenden sein müßte und weil die Deutschen das einzige Volk wären, das der inneren Beschleunigung fähig sei, die einzig und allein imstande ist, den Geist durch das Leben emporzutragen.

Doch ich komme nicht davon los, eine falsche Wahl getroffen

zu haben, als ich mich für Deutschland, statt für Italien entschied. Für Goethe wäre die Wahl schlecht ausgegangen. Faust als Italiener, das kann es nicht geben. Ich aber hätte das Meine in der Sprache Giordano Brunos oder Campanellas besser sagen können. Bruno, der große Wissende, der den Kristall im Vers gefunden hat. Campanella, der mir als Jüngling mit seiner Città des Sole die ersten Ahnungen meines Auftrags bestätigen konnte. Als ich am Fuße des Vesuvs die ersten Verse des »Nordlicht« niederschrieb, war mir das Italienische nicht weniger nahe als das Deutsche. Indem ich der deutschen Sprache italienischen Wohlklang einflößte, wähnte ich, beides in Übereinstimmung zu bringen. In mir und im Gedicht. Und damit vermehrte Heilkraft und Überzeugungskraft zu gewinnen. Die zwei Völker, die sich in mir begegnen und vereinigen, sollten näher als alle anderen der Sonne zugeordnet werden. Dem Kristall in der Sonne. Dem Christ-All, wie Frieg mich mir selber erklärt.

Unser aller Heimkehr in das Licht wollte ich mit arkadenhaften Versen begleiten. Die Verherrlichung der Sonne aus dem Herzen des Franz von Assisi mußte mir in endgültigen und abschließenden Gedichtformeln gelingen. Daß unsere Sonne, die uns aus der Nacht in die Gestalt emporgezwungen hat, nur zur Erruhigung des Urlichts da sei und in dessen Gerechtsame fällt wie ein Belehnter, der seinem Lehen das Schönste abgewinnt, um es dem Urheber zuzuleiten, das habe ich der deutschen Sprache als eine ganz neue Wendung ihrer Möglichkeiten »eingeboren«, wie Frieg sagt. Es tröstet mich nicht über die Tatsache, der ungelesenste aller Dichter zu sein. Und wenn ich nicht so aussähe, wie mich Gott geschaffen hat, wäre ich auch noch der unbemerkteste.

Das hatte mein einziger verständnisvoller Lehrer, der brave Umberto Gerin, Du erinnerst Dich seiner, nicht im Sinn, als er mir beibrachte, daß nur das Absolute lebendig sei: die Klassik in Hellas, die Renaissance in Italien. Was sich aus beiden ergibt, versuche zu vereinigen, war seine Forderung. Die

Sonne wirkt der Schwerkraft entgegen. Was die einen herabzieht und mit der Nacht verbindet, lockt die anderen empor, um ihnen das Licht zur Heimat werden zu lassen. Nun bin ich leiblich zwischen beide Wirkungen gestellt, und das Schwere in mir zersetzt mich nach unten hin, während das Geistige in mir ohne die Beihilfe der Anerkennung zu schwach ist, mich in Schwebe zu halten.

Husten, Schlaganfall, die Rächungen aus der Nacht her, das Rebellieren der niederen Natur in mir, die sich meine Unbeholfenheit, mein körperliches Behindertsein zunutze machen, um meinen Flug im Fluge zu zerbrechen, das hätte nicht zu sein brauchen, wenn ich mich in Wirkungen hätte verströmen, »erleichtern« (Frieg) dürfen.

Ein sehr böser Verdacht will mir überdies noch eingeben, daß ich mit der Sprachenwahl gegen meine Gesundheit gesündigt hätte. Hätte ich mich im Italienischen heimisch gemacht, wäre mir eine andere Leiblichkeit beschieden gewesen. Denn die Sprache bildet sich den Körper, wie der Ton nach Instrumenten sucht, um sich zu erleben. Statt eines Cembalos, wie Carducci, bin ich eine deutsche Kinoorgel geworden. Alles hatte den richtigen Zuschnitt für mich, auch astrologisch. Aber ich habe meinen Jupiter verpfuscht. Ich habe irgendeinen inneren Befehl falsch aufgefaßt. Ich ahnte es schon immer, aber einmal wußte ich es endgültig und mit unwiderstehlicher Genauigkeit: Als ich – es war in der Zeit um 1930 herum – mit Toni Sussmann in Delphi weilte. Ich lag etruskisch aufgestützt auf der Terrassenmauer, und plötzlich überkam mich die ungeheure Verdunkelung der Gewißheit. Von der Scena des Theaters mit dem Blick auf den Tempel verfluchte ich Apoll. Verfluchte in ihm meine Dichtung. Verfluchte sie als Bruch-Marmor. Wußte, daß die ungeheure Anstrengung, die gewaltigste, die seit Dante durch einen Menschen zustande kam, vergeblich gewesen war. Wußte es mit schauerlicher Endgültigkeit.

Und sieh, seither ist es bergab mit mir gegangen. Meine Selbstverfluchung war nur das Offenbarwerden der Wahrheit.

Sowenig wie ich, wird mein Werk je diesen Fluch wieder loswerden. Es war, wie wenn es in der Bibel heißen würde: Und Gott sah an alles, was er gemacht hatte, und siehe, es war mißglückt. – Nimm dies alles, gutes und verständnisvolles Schwesterherz, als den Ausbruch eines Mannes, der . . .

Trümmer meiner Gedichte wirbeln in mir empor wie Fremdwerk. Sie klagen mich an. »Italia, dir zu strahlt der Stern im Blut« steht in den »Attischen Sonetten«. Das vergessenste meiner Bücher. »Nordlicht«, da hat man wenigstens noch von gehört. Aber die Sonette . . . Und wie sie mir gelangen, in einem einzigen Nachrauschen der alten Nordlichtharfe. Mir war, sie müßten unvergänglich sein wie jene des Petrarca. Und genausoviel Privates hat sich in ihnen sonnenwärts gedoldet:

»Dem Baum verwandt, mit seinen Frühjahrstrieben . . .
. . .
Ein Heimatwind wird unsre Wipfel lieben . . .«

Was dazwischen liegt, hab ich vergessen. Du wirst es kennen. In Dir bin ich vor Selbstvergessen bewahrt. Und was ich Homer zuhielt, war das, was ich für mich erhoffte:

»Dein Rufen schürte der Verwegnen Wucht,
die Ruhm, in heilem Sang, zum Tod, erkoren:
dann ruhtest du – wie Meer – in runder Bucht.«

Ach, es ist ein hartes schmalrückiges Bett nur, in dem ich elend vergehe, nach allen Seiten überhängend, wie eine Lawine, die sich vor ihrem Sturz fürchtet.

8 AUSKUNFT

Aus dem Inhalt der Däublerzettel, aus dem zerrissenen Brief waren Aufschlüsse zu gewinnen gewesen. Auf das erhoffte Anacapreser Tagebuch wies nichts hin. So kam ich auf die Idee, an Frieg nach Deutschland zu schreiben. Ich teilte ihm mit, wie und unter welchen Umständen wir seine frühere Wohnung angetroffen und was wir darin gefunden hatten. Bat um Hinweise. Express aufgegeben. Seine Adresse besaß ich. Wie war ich dazu gekommen? Wir hatten uns ja vor dem Ausbruch des Zweiten Weltkrieges aus den Augen verloren.

Nur ein Kartengruß von Helgoland erreichte mich auf allerlei Umwegen, versehen mit dem Stempel der Zensurbehörde. Der wunderliche Mann, gewohnt nur noch in Insel-Vorstellungen zu denken, teilte mir mit, daß er dort das Capri des Nordens entdeckt habe. Weiteres war nicht ersichtlich, und mir damit die Möglichkeit des Antwortens genommen. Da wäre nun weit auszuholen, um aufzudecken, wie neue »Koinzidenzen« entstanden. Auf einer Vortragsreise durch Nachkriegsdeutschland geriet ich zufällig nach Stuttgart. Bevor ich meine Lesung beginnen konnte, ließ sich jemand bei mir melden. Will Frieg hatte die Anzeige im Blatt gelesen. Nun war er nicht mehr der »Herr in Weiß«, als welchen ich ihn in den dreißiger Jahren auf Capri kennengelernt hatte. In zwei alten übereinandergezogenen, großmächtigen Ulstern, barhäuptig, der dichte Haarschopf grau bis weißlich, das Gesicht verwittert, mit einem kleinen nervösen Zucken um den Mund herum, trat mir der »Singende Klosterschüler« Barlachs als ein vollendeter Bettler Barlachs entgegen. Vergammelte Schuhe an den Füßen. Eine angebrochene Flasche Wein und Brotstücke in den ausgebeulten Taschen. Auf den Händen, um die Schläfen herum noch Reste seiner mittelmeerischen Bronzebräune: es war ein erschütterndes Wiedersehen. Als ich vor meinem Pult stand, konnte ich nicht umhin, den Versammelten mitzuteilen, daß einer der letzten Freunde des großen Theodor Däubler lebend unter uns weile. Kaum einer wußte, wer das war, aber der Applaus kam reichlich. Frieg erhob sich und dankte. Es war der erste und der letzte öffentliche Applaus, der ihm je zuteil wurde.

Später saßen wir mit einigen Hörern zusammen in einer kleinen Wirtschaft beim Wein, und ein endlos sich wiederholendes »Weißt du noch« nahm uns gefangen. Frieg lebte seit Jahren getrennt von seiner Frau Charlotte. Sie sei in Rom, erfuhr ich, leite eine Geflügelfarm. Sein Bericht war absichtlich komisch akzentuiert. Wir lachten viel, um der Rührung Herr zu werden. Er sei durch Zufall – was heißt Zufall, Koinzidenz ist alles – auf einen Capri-Artikel von mir gestoßen, erzählte er. Wie wurde er darauf gestoßen? Ganz absichtslos (d. h. einer »inneren« Weisung folgend) hatte er sich in Stuttgart, am Kiosk, die Samstagsausgabe der FAZ gekauft. Um sie in Ruhe lesen zu können, hatte er sich nach einem Lokal umgeschaut. Da fiel sein Blick auf ein Schild »Café Arkadien«. Und mit dem Däublervers »Ein Mann ging nach Arkadien« auf den Lippen, betrat er den Wirtsraum. Als er die Zeitung neben seiner Tasse entfaltete, fiel sein Blick als erstes auf meine Däubleranekdote, in der er namentlich genannt wurde. Als er von der Lektüre aufschaute, meldete sich vom Nachbartisch ein Herr, den das ausdrucksvoll zerklüftete Gesicht Friegs irgendwie bekannt berührte: das war der damalige Feuilleton-Redakteur der FAZ. In dem Gespräch, das sich nun entwickelte, kam zutage, daß ein weithin gemeinsamer Bekanntenkreis festzustellen war.

Friedrich O. Regner (er war's) versuchte dann, Will Frieg zu Aufzeichnungen seiner Erinnerungen für das FAZ-Feuilleton zu gewinnen. Stieß aber damit auf keine Gegenliebe. Der Meister des Gesprächs wußte, was er seinem Schicksal schuldete, um in dem Beziehungs-Geheimnis zu verbleiben, das ihn ein Leben lang mit »magischen« Begebenheiten beschenkte.

Während ich mich darüber amüsierte, wie die Herren der »Literarischen Gesellschaft«, die nach meinem Vortrag mit uns zusammensaßen, den alten Frieg als »Herr Däubler« anredeten, notierte ich seine Anschrift: Delecke / Möhnesee / Altersheim. Eine Maßnahme, die mir jetzt auf Capri nützlich werden sollte. Meine briefliche Anfrage (verbunden mit der Einladung, uns nachzukommen) beantwortete er umgehend in der ihm eigenen abstrusen Art:

Lieber Helwig.

Das Anacapreser Tagebuch hat Däubler 1932-33 für Nike Peterich geschrieben, Tochter des Lukas Peterich, Bruder des Eckart Peterich. – Däubler sprach früher auf Capri mit Gerhart Hauptmann, Waldemar Bonsels, Hanns Heinz Evers, Andreas Haukland, Marinetti, Vasari, Prampolini, Cardarelli.

Wir hatten Däubler in Anacapri in der »Bella Vista« untergebracht. Am nächsten Vormittag holte ich ihn ab. Wir stiegen auf zum Weg zur Migliara. Ich will Dir gleich etwas anvertrauen. Mit weitoffenen Sinnen umfing er beim Anstieg die Schönheit des Golfes: Ischia, Vesuv, Monte Angelo; beim Friedhof blieben wir stehen. An der rechten oberen Ecke. Er sah hinab auf die Gräber, sich gleichsam einbohrend: »Hier sollst du mich begraben. Ich bin gekommen, um in Anacapri zu sterben. Lange geht die Maschine nicht mehr. Pflanze eine Zypresse auf mein Grab. Und denk an das Lied von der Zypresse im Nordlicht. Sag es teilweise oder ganz. Du kannst es. Hast Nordlicht geschaut . . .« – Und als ich nun sagte: »Dort daneben liegt Haug Haukland begraben, der fünfzehnjährige blonde Sohn von dem norwegischen Dichter Andreas Haukland, der hier durch Steinschlag tödlich getroffen wurde«, wurde sein Auge leuchtend. »Da habe ich mir ja ganz von selbst den richtigen Platz ausgesucht. Fünfzehnjährig, blond blauäugig, ein in seiner Jugendgestalt verewigter Genius des Nordens.«

Aber ich selber habe diese Grabwahl vereitelt, ohne es zu wollen. Als Däubler kränker und kränker wurde, mußte er ins Hospital in Capri. Schließlich holte ich Professor Cicconardo von der Universität in Neapel. Urteil: Wenn Däubler hierbleibt, stirbt er in einem bis zwei Monaten. Geht er sofort in den Schwarzwald, in den Harz, wird er noch ein Jahr leben. Er hatte recht gesehen. 1. Juni 34 ist er in St. Blasien gestorben. Und auf dem Friedhof Bahnhof Heerstraße in Berlin am damaligen Reichssportfeld begraben. In seiner Nähe liegen Arno Holz, Ringelnatz, Cassirer.

Einmal schritten wir nachmittags durch Caprile. Plötzlich bleibt Däubler stehen, zeigt mit dem Stock: »Dort. Ein wahrer Daumier.« – Axel Munthe wars. Er wurde von einer Frau förmlich geschleppt. Entsetzlich. Däubler: »Nun hat er die schönsten Stellen Anacapris aufgekauft und kann sie nicht sehen.«

Eines Morgens ging ich wie immer hin zu ihm. Von weitem hörte ich schon den Husten, der in Anacapri bekannt und gefürchtet war als teuflische Sache. Deshalb hatten alle Angst und Furcht vor ihm. Keiner wollte ihn aufnehmen. Auch »Bella Vista« kündigte ihm. Ich fand ihn rot wie ein Puter und alles vollgespuckt, die Badewanne, alle Zeitungen auf dem Boden, die ich ihm jeden Tag kaufen mußte. Er stand auf, Bart voller Spucke. Er warf sich zwei Hände Wasser ins Gesicht, riß den Kamm durchs Haar, schaute dann erstarrt in den Spiegel und sagte, sich zu mir wendend: »Seit langer Zeit mich wieder einmal ›gesehen‹.«

Däubler war dreimal auf Capri. Zum erstenmal 1925 bei der Heimkehr von Griechenland und Ägypten. Wohnte in Villa Olivetti bei Peterichs. Da er das Klosett etc. beschmutzte, wollte das Dienstpersonal streiken. Dann wohnte er bei den Grauen Schwestern. Ich holte ihn am anderen Morgen ab. Die Schwestern meinten, sie hätten den Teufel im Hause. Dann wohnte er in Anacapri, Villa Fiore, an der Via Catena. Ich entsinne mich besonders eines Ganges mit ihm durch ein Asphodelosblütenfeld am Monte Solaro: Munchhaftes Bild. Am 17. 8. 26 feierten wir seinen 50. Geburtstag.

1) Vormittags in der Blauen Grotte, Phantasmagorie in Silberblau.
2) Mittagessen in der Osteria Roma. Ich fand in einer verstaubten Ecke 15 Flaschen Barbera . . .
3) Café Morgano. Zusammensein mit Marinetti, Vasari.
4) In der Osteria Las Palmas. Tanz unter Zitronen- und Apfelsinenbäumen.

Das zweitemal kam Däubler 1930 nach Capri. Villa Fiore.

Sommer. Er diktierte mir »Bestrickungen«, »L'Africana«. Danach 14 Tage in Positano. Blicke vom flachen Dach. Sonne versank zwischen Ischia und Capri im Meer. Ischia war sichtbar durch den Sonnenschleier. Ich hatte Däubler auf Ernst Fuhrmann aufmerksam gemacht. Er hatte ihn in Berlin kennengelernt. Mir ließ er die zehnbändige Sammelausgabe Fuhrmanns, die gerade unterm Protektorat von Loerke, Pannwitz, Däubler usw. herausgekommen war. Wir beide beschlossen, eine magische »Naturgeschichte« zu schreiben. Jeder sollte bestimmte Gebiete bearbeiten. Er Vögel und Pflanzen. Ein Plinius der Zukunft. Eine Astrologie im biologischen Sinne.

Kannst Du, wenn Du mich in Deinem Buch erwähnst, mich von Fuhrmann zeichnend abheben, vergleichend in Beziehung setzen? Nahverwandt sind wir sicher. Was verbindet mich mit Däubler? Was verbindet Dich mit ihm, mit mir? Und Barlach dazu? Däubler, Frieg, Helwig, Barlach, Fuhrmann, alle verflochten, magisch über Capri hinkristallisiert: durch Monte-Solaro-Radium, Grotta azzurra – Emanation durch die ganze Welt verstrahlt und zurückgestrahlt: mineralogisch, vegetativ, zoologisch, human-kaustisch. Welch ein Roman könnte das werden! Über aller Dichtung in der Zukunft aufstrahlend: in biologisch-vegetativer Sprache tönend zum ERSTEN Pfingstfest.

So endet Will Friegs Brief. Er enthält mehr Worte, als dieser »Schlüsselbewahrer des Nichtstuns« je im Leben zu Papier gebracht hat. »Ein Buch schreiben, Helwig, – tu ich doch nicht. Ich bin doch nicht verrückt.« Nein, das überläßt er mir. Aber steuern möchte er mich im Sinne seiner Vorstellungen.

9 JENE DÄUBLERANEKDOTE

Als Theodor Däubler – ein damals mehr berühmter als gelesener Dichter – eines Nachmittags vor der Bar Tiberio, seinem Stammlokal an der Piazza von Capri, saß, konnte man ihn weithin schimpfen hören:

»Dieser Zeilenschinder vergreift sich an den heiligsten Dingen – und hat dabei noch Erfolg.« Däubler schlug mit der Faust auf die Zeitung, in welcher er die Seite der Buchrezensionen aufgeschlagen hatte. Dort war ein Buch von Waldemar Bonsels besprochen, der auch gerade, von wandervogelhaft gekleideten Verehrerinnen umschwärmt, auf der Insel weilte. Sein Freund Will Frieg, der ihm gegenüber saß, fragte: »Erfolg, – das würde Ihnen genügen?«

Der große, viel beachtete und wenig gelesene Dichter machte »Hm«. Seine Miene verriet im Sekundenhusch, daß er seinen Zorn durch sein Werk hindurch betrachtet und – entmündigt hatte.

Schuldbewußt zahlte er den Kaffee des Herrn Frieg mit einer viel zu großen Note, die zerknüllt aus seiner Hosentasche zum Vorschein kam, und ging.

Daraufhin machte Herr Frieg »Hm«. –

Es war nämlich das Geld gewesen, das er dem ewig Mittellosen heimlich zugesteckt hatte.

10 GESPRÄCHE MIT DÄUBLER

Mein letztes Zusammensein mit ihm. In Caprile, auf der Dachterrasse des alten Domenico. Auf dem kleinen eisernen Tisch eine Flasche Vino giallo. Wir aßen heißes Weißbrot, das heißt, wir »brachen« es, wie es sich gehört. Große Lappen Mortadella lösten wir von dem Zweihundertgrammhäufchen, das wir gekauft hatten. Wir? Ich.

Das Gespräch hielt bei Rilke. Sein schrecklicher Tod, der

dem Nordlichtautor nur ein verächtliches Schnauben entlockte: wie kann man so jammerhaft sterben?

Rilke war kein Äternist. Däubler sah in ihm so etwas wie den verführerischen Luzifer altadliger Damen. Er nannte ihn den Antichrist der Literatur. Rilke hatte gesagt: »Aller Aufschwung meines Geistes beginnt in meinem Blut.« Däubler hatte gesagt: »Im Heiland geschieht die Rückwälzung des Menschen in die Geborgenheit.« Rilke hatte für seinen Grabstein den Spruch vorausbestimmt:

»Rose, oh reiner Widerspruch, Lust,
niemandes Schlaf zu sein unter so viel Lidern.«

Auf dem Grabstein Däublers würde der letzte Vers des *Nordlichts* stehen:

»Die Welt versöhnt und übertönt der Geist«.

Uns beiden gelben Wein einschenkend, fragte ich Däubler, was er von Rilke halte, ob sein Gedicht in die »Sternwerdung« der Erde helfend und fördernd eingehen würde. Däubler hatte geantwortet: das Werk Rilkes sei wie ein Mundspülen mit lauer Sprache vor der eigentlichen Aussage.

»Die eigentliche Aussage«, hatte ich weitergefragt, »dir war sie vergönnt?« Er hielt im Kauen inne, was er selten tat. Er sah mich neptunäugig an. Lange. Er mußte erst das Erstaunen überwinden, in das meine Frage ihn versetzt hatte.

»Ist es Scherz oder zweifelst du wirklich«, war sein nächstes Wort. Ich setzte dagegen: »Du zweifelst nicht?«

Und jetzt überwältigte ihn die Fassungslosigkeit. Erst später habe ich begriffen, daß ich unsere junge Freundschaft damit zertrümmerte. Wir blieben noch zusammen, auf Capri, wie sich so die Tage und Nächte fügten. Es geschah noch diese und jene Rede zwischen uns. Aber die Folgen blieben aus. Nie hat er mir geschrieben. Nie mich erwähnt, mich in Umlauf gebracht wie ein Beweisstück, was er mit allen seinen anderen

Freunden und Verehrern häufig und geläufig tat. Ich existierte nicht mehr für ihn.

Dort oben aber auf der Dachterrasse ging unser Schmausen und Zechen vorerst weiter. Ich versuchte, ihm Rilke zu erklären. Ich raffte Verteidigung um den Meister der *Sonette an Orpheus.* Ich entwickelte ihm das Schicksal Rilkes gleichsam nach rückwärts, sein Leben von seinem Tod aus betrachtend.

Däubler nickte schwer mit dem Kopf. Es war, als hätte Rilke ihm die Sprechmuskeln gelähmt. Sein sonst wie in Katarakten überstürztes Sprechen, sein minütliches Mythosspinnen, sein ununterbrochen tätiges Entwerfen von Weltbildern – ich hätte sein Eckermann werden sollen, warum gibt es eigentlich keine »Gespräche mit Theodor Däubler«?, er war der ergiebigste aller. Oder war er allzu ergiebig? – kurzum, Däubler schwieg. Und ich sah darin eine Ermutigung, in meiner Rilke-Erörterung fortzufahren.

»Ich weiß, was du einwenden willst«, sagte ich zu Däubler, seine Fassungslosigkeit ausnutzend für meinen Vortrag, »seine rankenhaft emporgewundenen Gedichte, seine weiblich schmeichelnde Sprache machen dir Mißbehagen. Aber es gibt einige Verse von ihm, in denen die Erfahrung der Misere ganz ausgehärtet hervortritt. Misere. Er nannte sie einmal das ›schrecklich Genaue‹, mit dem uns das Leben zusetzt. Das unausweichlich schrecklich Genaue, das sich nicht wegfälschen läßt mit Lehren, Tröstungen, Entwürfen, Selbsterläuterungen. Das schrecklich Genaue, die tiefen Beleidigungen unseres Wesens, das unausweichlich jedem Menschen Zugemutete, der Tod, und alles, was zu ihm hinführt. Die Leiden. Die Krankheiten. Das Wegsterben derer um uns herum, mit denen wir uns ›auf Zeit und Ewigkeit‹ eingerichtet haben. Die dumpfen, die fällenden Schläge, die unserem Meinen und Wähnen, unserer Selbstsicherheit oder unserer Eitelkeit zugefügt werden. Ihnen war Rilke nicht gewachsen.«

Däubler krampfte die dicke kleine Hand um sein Glas und schwieg verstimmt. Er machte sein ablehnendes Poseidongesicht, mit den um die Nasenflügel zusammengezogenen Backen, ein Wasserspeiergesicht, ein Vorspielgesicht, welches das Wüten mit dem Dreizack anzukündigen schien. Aber er schwieg horchend. Ich nutzte diese Seltenheit.

»Rilke«, fuhr ich fort, »kam zu früh zur Welt. Er wurde als Siebenmonatskind geboren. Diese zwei fehlenden Monate Austragung machten ihn wärme- und muttersüchtig. Der Mangel wollte ergänzt werden. So suchte er in Ritterrüstungen Schutz für seine algenhafte Weichheit, seine Molluskennatur. Deswegen der Adelsfimmel. Deswegen das Streben nach Eingezogenheit, nach Burgen, Schlössern, nach der rettenden Einbettung in die Kontinuitätsreihe einer stolzen Ahnengalerie. Versteh das oder tu ihm Unrecht.«

Däubler trank, schenkte sich nach, spitzte die Lippen, daß der Bart sich sträubte, schnalzte mit der Zunge, als sei er ausschließlich mit dem Abschmecken des Weins beschäftigt. Aber ich wußte, er hörte ganz genau zu. Er suchte die brüchige Stelle in meiner Darlegung, gegen die er das Seine mit niederwalzender Gewichtigkeit loslassen könnte. Ich sagte: »Sieh ihn dir von seinem Sterben her an. Da hatte er sich endlich eingeholt und war in der entsetzlichsten Prüfung so groß, wie er es sich sein Leben lang gewünscht, wie er Größe ein Leben lang gespielt hatte. Da war er gezwungen, es zu sein. Ich kenne kein in dieser Welt auf dem Sterbelager geschriebenes Gedicht, das, wie sein letztes, ungeheuerlich und schlackenlos ist. Endlich wird die Wahrheit ausgesagt. Die Wahrheit, der wir alle ein Leben lang ausweichen, weil wir ihren medusischen Charakter ahnen. Ein Leben lang machen wir uns die Dinge zurecht, blasen ihnen mit unserem leiblichen Atem Bedeutungen ein, die ihnen nicht zukommen, die wir ihnen zusprechen, damit unsere Sucht nach dem Sinn Bestätigung erhält. Und dann ist es plötzlich mit alledem aus. Für Rilke war es aus, als er wenige Tage vor seinem Tod in sein Taschenbuch eintrug:

Ganz rein, ganz planlos frei von Zukunft stieg
ich auf des Leidens wirren Scheiterhaufen,
so sicher nirgend Künftiges zu kaufen
um dieses Herz, darin der Vorrat schwieg.
Bin ich es noch, der da unkenntlich brennt?
Erinnerungen reiß ich nicht herein.
O Leben, Leben; Draußensein.
Und ich in Lohe. Niemand, der mich kennt.«

»Darin«, sagte ich, indem ich Däubler am Handgelenk packte, »ist angekündigt, was uns allen bevorsteht. Darin anerkenne die Gewaltigkeit dieses schmächtigen Mannes, der ein Leben lang versuchte, die Eingeweide der Wirklichkeit zu erforschen, ihre sonderbare peristaltische Arbeit. Es war nicht der Geist allein, dem er seine Kraft widmete. Er ging vom Blut aus. ›Aller Aufschwung meines Geistes beginnt in meinem Blut‹, hatte er behauptet. Seine Blut-Metaphysik ist mit der selbstverräterischen Stelle in den *Duineser Elegien* belegt:

Eines ist, die Geliebte zu singen. Ein anderes, wehe,
jenen verborgenen schuldigen Fluß-Gott des Bluts.
Den sie von weitem erkennt, ihren Jüngling, was weiß er
selbst von dem Herren der Lust, der aus dem Einsamen oft,
ehe das Mädchen noch linderte, oft auch als wäre sie nicht,
ach, von welchem Unkenntlichen triefend, das Gotthaupt
aufhob, aufrufend die Nacht zu unendlichem Aufruhr.
O des Blutes Neptun, o sein furchtbarer Dreizack.

Und dann die Widerlegung aus ihm selbst. Nimm sie als Bestätigung, wenn du den Mut hast. (Däubler schüttelte müde ablehnend den Kopf und gab sich die Form und Fassung eines schlafenden Gebirges gegenüber meiner regenähnlichen Beredsamkeit. Ich hielt mich nicht an.) Ausgerechnet er mußte einer Blutzersetzungskrankheit erliegen. Er, der immer auf der Fährte des Blutes war, der es ›blau‹ wünschte, nur um sich in seiner Strömung bis zum Anfang der Anfänge hin geborgen zu wissen, der immer beklagte, warum kein Adelssitz hinter ihm anstünde und ihn in seiner Blutverfangenheit legitimiere, ihm mußte es sich ergeben, daß sein Blut das kränkste war. Das infizierbarste. Das anfälligste, unzuverlässigste. Denn womit – hör zu, Däubler – begann denn seine Bluterkrankung? Damit, daß er Rosen züchtete in seiner letzten Zufluchtsstätte, dem kleinen, stummelhaften Schloßturm von Muzot im Wallis. Um diese grauen Mauern her, die ihm in öfteren Momenten seines dortigen Einsamseins ein zu strenger, zu dicker, zu schwerer Harnisch um seine muttersüchtige Figur zu sein schienen, dort in dem mageren, unfreudigen Boden (sieh ihn dir an, Däubler, ich hab' ihn mir angesehen, ich hab' mir seine graue Krume durch die Finger rinnen lassen), der um dieses fast quadratisch aufstrebende Bauwerk kümmert, versuchte der Rosendichter Rosen zu züchten. Und schwächlich nur kamen diese Gewächse seiner rosenmystischen Bezogenheit empor. Sie mochten nicht. Sie blieben dürr und enttäuschten ihren Züchter, der sich alle Mühe gab, ihnen ein reiches, ein sinnentsprechendes Wachstum und Gedeihen beizubringen. Und dort bei der Arbeit an diesen undankbaren Pflanzen ritzte er sich am Finger, am Schreibfinger, mit so einem schwärzlich boshaften Dorn. Dem Dorn einer kränkelnden, dünnstämmig aufstrebenden, nicht gelingenwollenden Rose. Und auf diese Dornverletzung antwortete Rilkes Blut. Da ereignete sich der Anstoß. Da war sein Zerfall, sein Tod beschlossen. Darin beschloß er sich. In diese Prüfung mußte sich der Dichter schicken, der zuvor für seinen Grabstein die Zeile entworfen hatte: Rose, oh reiner Widerspruch, Lust, niemandes Schlaf zu sein unter so viel Lidern. – Friert dich das nicht an, Däubler, diese bitterste Widerlegung eines lebenslang genährten poetischen Denkgefüges? Keiner noch sah diese Zusammenhänge so, wie sie sich ergaben. Sieh du sie mit mir zusammen und ›bitte für seine arme Seele‹. –«

Däubler lehnte sich zurück, immer mehr versteinernd in seiner Unzufriedenheit. Er lehnte es ab, sich so sterben zu sehen, so in sich selbst widerlegt zu werden. Ihm würde es nicht zustoßen. Und auch ihm sollte es zustoßen. Ich, von heute aus, seinen Tod betrachtend, sehe den großen Rhetor des *Nordlichts* am Atem ersticken. Er, der alles dem Atem zuschrieb, ihm alles zugute hielt – der Kosmos war ihm »Atem«, und im menschlichen Atem war ihm der große ständig rege Austausch mit dem kosmischen Atem gegenwärtig. Er, der Atmer, starb an seinem Atmungsorgan, an seiner Lunge, er, der den Worten Atem eingab – und wunderbar gelang ihm das –, verlor ihn hustend, sich aushustend, sich selbst aushustend, sich zu Tode hustend. Seine Lungen waren ausgezehrt, weg, verbrannt, zernichtet, als er nach bitterstem Ringen die Augen für immer schloß, als Bekenntnischrist, als der Einiger aller Götterkohorten auf den einen Christus hin, den er über Gott erhob, seinen Christus, der die Rückversternung der Erde mit seinem Opferleben auf der Erde begonnen hatte: »Im Heiland geschieht die Rückwälzung des Menschen in die Geborgenheit.« Erde. Arme Erde. Stern Erde. Mit Atommüll an Bord. Ausverkaufte Erde. Preisgegebene Erde. Preisgegebener Neptun des Blutes. Preisgegebener Geist, der »die Welt versöhnen und übertönen« soll. Das waren die letzten Sekunden deiner Dichter. Das waren die letzten Dichter. Wir sind ohne euch. Eure Verkündigung ist verblaßt. Ihr habt uns, wir haben euch verlassen. Wir sind in die »neue ewe« hinein beschäftigt. Wir werden ausfahren mit Raumschiffen, auf der Suche nach neuen, unvergifteten Lebensplätzen. Und mit uns die Gifte dorthintragen. Um den Kosmos zu infizieren. Um nach der Verteufelung der Erde den Kosmos zu verteufeln. Atombastler. Erst entgöttert. Dann entgottet. Dann verteufelt. Dann erlöschend. So sieht es heute aus.

Damals aber hatte Däubler, indem er sich gnädig erweisen wollte, nach meiner Rilkeverteidigung doch noch eine Frage gestellt. Er wollte wissen, was denn nun Rilke eigentlich »verkündigt« habe. Und ich hatte, um auch ihm wiederum zu Gefallen zu sein, mit einem kleinen scherzhaften Unterton, oder soll ich es gestehen: Augenzwinkern, geantwortet. »Rilke«, sagte ich, »will im Sehen die eigentliche Leistung des Geschöpflichen erkannt haben. Durch Erblicken, so meinte er, werde das Sichtbare unsichtbar. Der Sehende nimmt die Welt von außen nach innen. Es geschieht da also ein Umsatz. Was dabei frei wird, ist eine Art elektrischen Stoffes, aus dem der Weltgeist höhere Wesen bildet: die Engel. Nein«, sagte ich, »du mußt nicht lachen. Es ist ganz ernst gemeint. Rilkes Vermutung soll mit meiner Erklärung kein Abbruch getan werden. Ehren wir seinen Wahn. Du erwartest ja auch, daß man den deinen anerkenne. Laß dir wenigstens zitieren, wie er es selbst erläuterte: ›Unsere Aufgabe ist es, diese vorläufige, hinfällige Erde uns so tief, so leidend und leidenschaftlich einzuprägen, daß ihr Wesen in uns unsichtbar wiederaufersteht. Ständig sind wir am Werke dieser fortwährenden Umsetzung des geliebten Sichtbaren und Greifbaren in die unsichtbare Schwingung und Erregtheit unserer Natur, die neue Schwingungszahlen einführt in die Schwingungssphären des Universums. – Da die verschiedenen Stoffe im Weltall nur verschiedene Schwingungsexponenten sind, so bereiten wir in dieser Weise nicht nur Intensitäten geistiger Art vor, sondern, wer weiß, neue Körper, Metalle, Sternnebel und Gestirne!‹«

»Wer weiß, so fragte Rilke sich – in diesen einschränkenden Worten liegt alles«, sagte Däubler und hielt die leere Flasche ins Licht der untergehenden Sonne. »Aber«, fügte er hinzu, indem er mich mit geringschätzig verkniffenen Augen anstarrte, »du hast deinen Rilke gut im Kopf.«

»Vergiß nicht«, antwortete ich, »daß unsere Freundschaft damit begann, daß ich dir Stellen aus dem ›Nordlicht‹ zitierte, auf die du dich selbst erst besinnen mußtest.«

»Weil du sie in einer Weise aus dem Zusammenhang gehängt hattest, daß sie plötzlich selbständig geworden waren. Und das Nordlicht lebt und wirkt nur in seinem Gesamtzusammenhang.«

Damit hatte er das Thema seines Zorns erreicht und hielt sich an ihm fest. Nichts erboste ihn so stark wie die Tatsache, daß es kaum einen Leser, außer Willy Kluck, gab, der sein *Nordlicht* als Ganzes aufnahm. Alle hielten sich an einzelne Stücke, suchten nach Grund im Treibsand der Worte und waren nicht bereit, aufzunehmen, was ihr Verständnis überstieg. Ich lenkte das Gespräch auf Rilke zurück, indem ich ihn fragte: »Seine Kosmologie überzeugt dich also nicht?«

»Nein«, antwortete er dröhnend. »Meine beruht auf Glauben. Seine auf Vermutung. Das ist der Unterschied.«

»Und den Umsatz des Sichtbaren in Unsichtbares haben wir heute an die Apparate abgetreten«, sagte ich, um uns beide auf das rettende Ufer des Humors zu ziehen.

»Die Apparate leben für uns. Wir brauchen uns nicht mehr.« Däubler lachte, und in seinem Lachen brach der Husten mit hervor, der schon lange auf einen geeigneten Moment gewartet hatte, um sich auszutoben. Däubler knöpfte seinen Bratenrock zu, stellte den Kragen auf, erhob sich. »Es wird kalt«, sagte er und ging mir voran die enge, kalkrüchige Treppe hinab. Unten nickte uns der Domenico zu. Ich trat auf ihn zu mit dem Gesicht dessen, der weiß, daß er – zahlen muß.

Durch des Leibes Blutbusch zweigt
Ursprünglichkeit des Herzens, bis zur Firne
Kristallhafter Gestalten überm Hirne,
In dem sich der Erbrachtheit Spiegel zeigt.

11 DÄUBLER-ANEKDOTE II

Im Mai 1930 trug sich auf der Piazza von Capri dieses Gespräch zu: Der Philosoph der Eremitage von Migliara trifft mit dem Dichter Theodor Däubler zusammen. Der Philosoph – er heißt Willy Kluck – hat gerade große Teile von Däublers tausend Seiten starkem Epos *Das Nordlicht* gelesen, und der Dichter wartet gierig auf Äußerungen dazu.

Mittagsstunde auf der Piazza. Foto: Aus der Sammlung von Werner Helwig

Kluck läßt ihn ein wenig zappeln und nimmt dann die Unterhaltung auf: »In Ihrer Dichtung ist ziemlich viel von Geist die Rede.«

DÄUBLER »Ja, freilich. Warum auch nicht?«

KLUCK »Sagen Sie, Herr Däubler, können Sie mir erklären, was eigentlich ›Geist‹ ist?«

DÄUBLER »Das ist natürlich nicht so einfach, da kommt es auf den Gesichtspunkt an. Was soll man sagen? Geist ist – ja, es ist schon schwierig, alles, was einem dazu einfällt, entgleitet, sowie man es ins innere Auge faßt. Wenn ich mich so ausdrücken darf: Geist ist. Ja, inwiefern er ist, womit könnte man das beweisen. Nehmen wir an, Geist sei identisch mit jener Kraft, die . . . Also, Sie stellen mich da vor eine Frage. Entschuldigen Sie, das ist schon, als ob einem eine echte Pistole, eine wirklich geladene Pistole, meine ich, vorgehalten würde. Geist, nun – wir wissen doch alle, was wir darunter verstehen.«

KLUCK »Nun, was verstehen Sie darunter, wenn Sie es wissen, wie Sie meinen?«

DÄUBLER »Ich, ja, ich verstehe darunter, was man eben darunter versteht, wenn man das Wort anwendet. Das sind doch Übereinkünfte.«

KLUCK »Die wechseln mit den Moden und Gezeiten der Geistesgeschichte, wollen Sie sagen.«

DÄUBLER »Ja, vielleicht verhält es sich so. Genau so eine schwierige Sache ist es ja mit den ewigen Wahrheiten, da weiß man auch nie, welche gerade dran ist, und doch ahnt man es.«

KLUCK »Also, Sie können keine Auskunft geben, was Geist ist?«

DÄUBLER »Nicht in wenigen Worten. Aber . . .«

KLUCK »Wenn Sie wüßten, was Geist ist, hätten Sie Ihr *Nordlicht* nie geschrieben.«

DÄUBLER »Gut, daß ich's nicht wußte. Oder würde Ihrer Meinung nach das andere schwerer wiegen, es wissen und dafür das *Nordlicht* nicht geschrieben haben?«

KLUCK »Wenn Sie diese Frage geklärt haben, werden Sie wissen, was Geist ist.«

12 ERINNERN

Da Friegs Brief, außer der Erwähnung von Lukas Peterichs Tochter Nike (deren Vorhandensein sich, Gerüchten zufolge, Däubler dankte), keine brauchbaren Hinweise enthielt, suchten wir auf anderen Wegen weiter. Ohne Ergebnis, wie man sich denken kann. Mächtig aber war die Erinnerung aufgerufen. Ich schrieb auf, was sie mir zutrug.

Die unentwegt erwartungsvolle Stimmung, die den bärtigen Dichter umgab. Als ob entscheidende Weltwandlungen unmittelbar bevorstünden. Und dabei waren es nur die Nazis, die aufkamen. Ihr Krieg. Ihr Kahlschlag im Urwald der Illusionen. Ihre Vorbereitung dessen, was heute lastet.

»Gehen wir essen«, lud Däubler mich ein, indem seine neptunischen Augen suchend über den Horizont streiften. Es geschah, um die Stunde festzustellen. Kein Zweifel, es war Mittag. Blendend lag das Licht auf den Mauern der weißen Häuserkuben, auf denen in riesigen schwarzen Lettern (alle Architektur zunichte machend) DUX stand. Wir befanden uns im Werbe- und Machtbereich des Duce, Dämon und Gott Italiens, dem Däubler verhalten zustimmte, weil er die Futuristen und mit ihnen die junge Kunst gelten ließ. Ich nickte Einverständnis, und wir gingen die Serpentine der Via Krupp empor zur Stadt. Wir hatten in der Nymphengrotte geweilt, deren heutiger Name – Überbleibsel aus den kriegerischen Zeitläuften des 18. Jahrhunderts – ganz prosaisch Grotta dell' Arsenale lautet. Wir hatten in der Grotte ein buntes, am Bug mit Augen bemaltes Fischerboot angetroffen, hatten lange an seiner Wandung gelehnt und die steinkühle Höhlenstimmung auf uns wirken lassen.

Tief eingekerbte Schleifspuren im schräge ansteigenden Felsenufer vor dem Grotteneingang schienen zu beweisen, daß hier schon immer Boote, vielleicht seit Jahrtausenden, hinaufgeschleift wurden. Nach Däublers Meinung nicht nur zum Zweck der Bergung, sondern der Weihung. Begehungsort prähistorischer Schiffsmysterien. Wohnung dunkler Gottheiten. Und, wie es seine Art war, ins Visionäre übergehend, hatte er das Idol geschildert, das möglicherweise den Hintergrund der Grotte bestimmte. Eine Kalksteinstatuette, Rumpf ohne Gliedmaßen mit angedeutetem weiblichem Geschlecht, spitzen Brustwarzen und dazu ein Vogelgesicht, das nur Auge war, darüber eine Art Hahnenkamm. Ein Kultsymbol, wie es ähnlich überall im Mittelmeergebiet (vor der Heraufkunft der antiken Götter) verehrt wurde.

War's möglich, daß die Mulden im Gestein, auf die Däubler zeigte, einst schwarz waren vom Blut der Opfer?

Er zeigte, als sei er dabeigewesen, auf Löcher und Spalten in der Höhlenwand, und behauptete, dort hätte man die Harzfackeln eingesteckt. Tatsächlich waren sie wie mit Harz überschmolzen. Meinen Einwand, das könne auch jüngeren Datums sein, tat er mit selbstherrlicher Bestimmtheit ab. »Wo würden *wir* das Licht anbringen, wenn wir nachts hierherkämen und den Hintergrund in Sicht bringen wollten?«, fragte er.

Ich hatte mich beschieden. Man beschied sich immer gegenüber seiner Eingebungs-Gewißheit. Er hatte auch etwas Müdes. Der Nicht-Erfolg des *Nordlichts*, inzwischen zur Gewißheit geworden, hatte ihn entkräftet, ließ ihn jeweils rasch erlöschen, wenn er Widerstand spürte.

War es das Lokal von Sett'anni, wo wir einkehrten? Die Speisekarte, draußen angeschlagen, verhieß Erfreuliches. Däubler setzte sich. Mit einem fragenden Blick auf mich bestellte er so ziemlich alles, was die Küche zu bieten hatte. Ich, jung, und im Umgang mit Däubler unerfahren, ließ alles gehen, wie es ging, hielt tapfer mit, war aber doch am Ende über die ungeheuren Mengen erstaunt, die der weißhaarige Mann gelassen vertilgte.

Nacheinander verzehrten wir Kaldaunen in Paprika, geröstetes Fleisch, verschiedene Arten von Gemüse, Auberginen aus der Röhre, Zucchetti, Fisch, Salat, Oliven und tranken dabei nicht wenig. Es gab den noch ungefälschten weißen Capri. Was Messer und Gabel nicht bewältigten, zerriß Däubler mit den Fingern.

Die Papierserviette, längst zerknüllt am Boden gelandet, ersetzte er durch Abwischen der Hände an seiner Lockenmähne, deren ölglänzende Steifheit sich damit erklärte. Sie umrahmte sein Gesicht wie eine Art barocken Schnitzwerks.

Während des Tafelns tat er seiner Mythomanie keinen Einhalt. Munter wies er den Urahnen des Inselvolkes Gebräuche, Sitten und Götter zu, deren Wesen er, falls sie sich ihm nicht in okkulter Eingebung offenbart haben, unbedenklich aus dem ewigbrodelnden Tiegel seiner Phantasie schöpfte.

Nachdem wir die Küche leergespeist hatten, zitierte er mir

eines seiner reimfreien Gedichte. Ich liebte es und hatte ihm davon gesprochen. Einmal mehr mußte ich staunen, was alles sein Gedächtnis bewahrte und auf Anhieb hergab:

> Erfunkelnder, uns guter Wein
> Glomm züngelnd mir zum Gaumen:
> Berauschend wirkt sein Spender, Gott,
> Und braucht den Menschen: er ist Freude.
>
> Das Abendwallen kommt vom Traum,
> Bevor besorgte Wesen schlafen.
> Die Rast wird süß durch Dionysos.
> Und seine Wirklichkeit ist Wein.
>
> Enthüllt aus Blut der Purpurbusch
> Den Stern in eigenen Adern,
> So hat dich Bacchus jung erfaßt,
> Durch seine Führung werde kühn.

Ich war nun insofern genötigt, kühn zu werden, als der Wirt anfing, uns fragend zu umkreisen. Im Hintergrund wartete die Frau, die das Lokal ausfegen sollte. Es ging auf den Nachmittag zu. Ich versuchte, Däubler auf den verlegenen Mann aufmerksam zu machen. Mir war klar: Jetzt begannen die Zahlungsschwierigkeiten. Ich lebte in meiner Weinberghütte, besaß noch weniger als der Nordlicht-Prophet, war zumindest darauf angewiesen, daß die Zeche zu gleichen Hälften zwischen uns geregelt werde. Fing an, ängstlich zu werden, da ich am Münzen- und Notenbestand in meiner Tasche fühlte, was hier fehlte.

Je dringlicher die Lage sich anließ, desto gravitätischer benahm sich Däubler. Er zog sich ganz in seine innere Ferne zurück, blickte einsam abweisend zum Eingang hin, nahm die Speisekarte und machte mit einem Bleistiftstummel Notizen zu einem, wie jeder sehen konnte, hochwichtigen Einfall. Kein Zweifel, er schloß mich aus, ließ mich allein, war nicht zugegen, und je näher der Wirt uns auf den Leib rückte, indem er das Tischtuch wegnahm, die leere Platte polierte, Krümel und weggespuckte Olivenkerne einzeln spitzfingerig aufsammelte, desto unerreichbarer verhielt sich der Dichter. Darauf blieb dem Wirt nichts anderes übrig, als mir die Rechnung zu präsentieren. Es war ein langer, von einer Zeitschrift losgerissener Streifen, voll von Addition und unentzifferbaren Bezeichnungen der von uns konsumierten Dinge. Ich legte den Streifen auf die Tischmitte, drehte ihn auffordernd zu Däubler hin, kramte mein Geld hervor und nahm abwartende Haltung an, um Däubler Gelegenheit zu geben, seinerseits die Börse zu zücken, damit wir uns darüber einigen konnten, wie die Schuld zwischen uns beiden aufzuteilen sei.

Nichts dergleichen geschah. Däubler setzte sich seitlich zum Tisch, schlug, skandierend, mit der Handkante auf die Stuhllehne und probte, leise vor sich hinflüsternd, das Versgebilde durch, das ihm da aus Wort und Schrift gelungen war, korrigierte eifrig, skandierte weiter, blickte mit gespannter Aufmerksamkeit zur Tür hin, als ob ihm von dort, von der Gasse her, Fehlendes zukommen müsse. Und es kam ihm zu.

Ich erledigte, was blieb mir übrig, die Rechnung, wobei ich den Münzenrest, der blieb, noch als Trinkgeld draufschlug, wissend, daß ich nun zu Fuß nach Anacapri würde hinauftippeln müssen. Da erst kam das Däublergebirge in Bewegung. Die erledigte Bezahlung erlöste ihn, so durfte es mir scheinen, von der Pflicht, das Gedicht ins Reine zu bringen.

Er erhob sich, sah mich mit wiederkehrenden Augen an; streifte mich mit wortlosem Befehl: Gehen wir!

Wir gingen. Ich um vieles erleichtert. Und beschwert. Er leicht und schwer in sich. Sein Schatten an der Mauer ähnelte einem kleinen Wal, der auf seiner Schwanzflosse tänzelt. Auf der Piazza machte er, vor aller Welt, die dort zum Kaffee versammelt war, eine königlich einladende Gebärde, durch die er meine Person und einen der freien Stühle miteinander verband. Er sagte: »Und jetzt ist es an mir, dich einzuladen. Nehmen wir einen Espresso zusammen?«

Sein strahlendes Gesicht war in jenem Moment so weltfreundlich, so abgrundgütig, so sternverklärt, daß ich es nicht fertigbrachte, abzulehnen.

13 DAS GESTÄNDNIS DES SEKRETÄRS

Diesmal haben wir der Versuchung widerstanden, am Zeitungsstand Einblick zu nehmen. Waren es die dumpfen Donner, die uns zu Eile nötigten, oder waren es die Neugierigen, die den Zeitungsstand in dichter Traube umlagerten: beides war uns, unausgesprochen, als Vorwand willkommen. Aber wir entgingen dem Schicksal nicht, dem Zeitungsschicksal. Als wir im Manfredi Pagano durch die Halle strebten und mit den Köpfen seitwärts nickten zu jener Lichtbucht hin, darin der Sekretär seinen Beobachtungsposten versieht, hörten wir uns von ihm angerufen.

»Haben Sie schon die letzten Zeitungen gesehen, Madame«, winkte er und köderte Yvonne mit seinem makellosen Französisch. Er mußte gemerkt haben, daß bei ihr ein betonteres Interesse an der täglichen Papiernahrung bestand als bei mir. Wir traten zu ihm, und er zog auch mich in den Bann der neuen Nachrichten, indem er, seinen Überfall entschuldigend, sagte: »Es ist ja so viel passiert heute. Eben sind die letzten Tageszeitungen mit dem Abenddampfer eingetroffen.« Daraufhin streckte er mir *Il Mattino* und Yvonne *Roma* hin. Wir lasen und sahen auf zugehörigen Abbildungen »Violenta libecciata a Napoli« – Riesenwogen schäumten und strudelten von den Kais her weit in die Stadt hinein. »Un violentissimo temporale, accompagnato da una furiosa libecciata ieri su Napoli e per diverse ore ha flagellato l'intera città, provocando allagamenti, infiltrazioni d'acqua nei fabbricati e qualche altro incidente.«

Stärker berührt von dem wundervoll erbrausenden Italienisch als von der Sache selbst, lasse ich mich in die verbalen Vokationen der Sprache Dantes ziehen:

Uno spettacolo impressionante ha offerto il mare con le sue ondate altissime che in qualche tratto hanno completamente inondato la strada.

Aber mit den Abbildungen kommen einem die Dinge näher. Wie ein leckes Schiff fühlt man sich voll trüben Wassers laufen. Die Sorgen strömen nach. Das Elementare hatte uns leicht und leer gemacht. Jetzt fühlen wir uns wieder Personen werden. Die Selbstverfestigung im Bann der Schwierigkeiten. In meine Haut verpackt, bin ich der Mensch der Stunde. Die Füße merken, daß sie naß sind. An den Knien frieren wir. Zum Aufgang streben wir. Wollen in unsere Zimmer flüchten. Der Sekretär hält uns vor den Zeitungen fest.

Il Salernitano sconvolto da cicloni e piogge torrenziali. Una nave con otto uomini in balia del mare tempestoso. Il segretario di Stato Americano commenta il discorso di Kruscev. Ancora immutate le pretese su Berlino. Momenti di terrore. Bilancio disastroso. 450 persone senza tetto. A cava dei Tirreni?

»Ich bin seit dreißig Jahren auf der Insel«, sagte der Sekretär. »Aber diese Unwetter, wie sie sich neuerdings völlig unberechenbar abspielen, hat's noch nie gegeben.« Er sieht uns forschend an, um sich zu vergewissern, ob er uns, flüsternd, seinen Verdacht mitteilen dürfe, ohne für einen Narren gehalten zu werden. Er scheint da seine Erfahrungen zu haben. »Das geht doch nicht mit rechten Dingen zu«, wagt er sich hervor. Um ihn zu ermuntern, sagen wir nachhelfend: »Sie denken, daß diese Atomexperimente?«

»Na, das ist doch klar«, bestätigt er. »Denken Sie, wenn man in den Alpentälern der Schweiz mit kleinen Böllern Gewitter zerschießen kann, da müssen ja diese Gewalt-Explosionen mindestens Verbrennungslöcher in die Atmosphäre reißen. Und was in der Stratosphäre vor sich geht nach solchen Eingriffen, das wird sich wahrscheinlich erst in der nächsten Zeit zeigen.«

»Man darf es ja nicht laut sagen«, fügt er nach einer kleinen Pause hinzu. Und er wendet sich, uns mit einer Verbeugung entlassend, neuen Ankömmlingen zu, die, regennaß und mit

Koffern im Kielwasser, durch die Entréetür eingeschleust werden. Wir flüchten.

14 RILKE-PARALLELEN?

Yvonne hat dank dem Sirenenwachs in ihren Ohren eine stürmische Regennacht schlafend überdauert. Sie staunt in einen Morgen, der uns aus der Regenwasserpfütze im Vorraum scheinheilig entgegenleuchtet.

Ich hole den Gummiteppich aus dem Bad und stelle eine Brücke zum Vorraum her. Der steinerne Tisch ist eisig anzufühlen. Das kleine Sofa ist durchnäßt.

Wir nehmen den Kaffee auf dem Bettrand sitzend. Ich fühle mich wie nach einer durchtanzten Nacht, berichte meiner Frau, was alles ihr an himmlischem Ereignis entgangen ist.

In der durchwachten Nacht war mir nämlich eine Entdeckung zuteil geworden. Jahrzehntelang hatte ich mich in der Auslegung der zwei Stellen geirrt, denen ich im Werk Däublers und Rilkes schlüsselähnliche Bedeutung zugebilligt hatte. Schlüssel zu ihrem Wesen. Vom Wesen her, so wähnte ich, wäre ihre Aussage zu verstehen. Das alles blieb auch, nur die Essenz war anders, grundlegend anders. Ich hatte sie auf meine Weise interpretiert. Und beide Stellen, die aus beider umfänglichem Werk in mir übriggeblieben waren, erwiesen sich nun im Bann der kritischen Zuhörerschaft Yvonnes als gleichgeartet. Sie bedeuten, wenn nicht dasselbe, so doch das Ähnliche. Däublers:

> Ich will kein Kind. Ich kam, die Nacht zu tragen.
> Geschlecht verkünde Sterne durch die große Lust.

zeugt von der gleichen Selbstverfangenheit wie Rilkes:

> Eines ist, die Geliebte zu singen. Ein anderes, wehe,
> jenen verborgenen schuldigen Fluß-Gott des Bluts.

Den sie von weitem erkennt, ihren Jüngling, was weiß er
selbst von dem Herren der Lust, der aus dem Einsamen oft,
ehe das Mädchen noch linderte, oft auch als wäre sie nicht,
ach, von welchem Unkenntlichen triefend, das Gotthaupt
aufhob, aufrufend die Nacht zu unendlichem Aufruhr.

Beide waren selbstbezogen in Sachen Lustgewinn aus ihrem phallischen Vermögen. Sie lebten frauenlos, extrahierten aus allem Weiblichen, das ihnen begegnete, das Mütterliche allein und machten das andere zum Stoff ihres Schreibens. Bei Däubler geht das bis zur Keuschheitsforderung an die Adresse der Frau. Bei Rilke wird die Beziehung nur in der Distanzierung des Brieflichen erlebt. Er selbst opferte dem Neptun des Blutes, dem eigenstämmigen Ichselbst des Fleisches in einsamer Erregung.

Um Däublers imperative Selbstbestimmung als Begriff anzuwenden: Rilkes »Ich will kein Kind« kam in der ständig und wortreich umschriebenen Ablehnung aller Vater- und Familienverpflichtung gegenüber seiner verlassenen und aufgegebenen Frau zum Ausdruck. Die Sorge für seine heranwachsende Tochter, für deren Gedeihen, deren kleine Wünsche an ihn, den zunehmend Berühmten, er schiebt sie in rührend formulierten Bittgängen und »Bettel«-Briefen seinem Verleger zu, oder auch er legt es Freunden nahe, helfend einzuspringen.

Und Däublers »Geschlecht verkünde Sterne durch die große Lust« wird als Kontakt von Rilke nie erlebt. Er beklagte es, aber Selbstzufriedenheit siegt endlich über alle Bedenken, und die Selbstbefriedigung ist zuletzt der allein von ihm anerkannte und sogar poetisch bestätigte Zustand.

Dies ist der Charakterschaden, den Yvonne, mit weiblichem Instinkt, wittert. Sie wittert ihn besonders bei Däubler. Dem Urgesetz des weiblichen Herzens folgend, muß sie ihn, der so viel Raum in mir beansprucht, Raum, der ihr verstellt ist, auszumerzen und abzuwerten trachten.

Ich mindere das allzustrenge Wort in »Ganzheitslücke«. Ganzheitslücke, die mit Werk heilend überwachsen wird. Damit wäre alle Poesie nichts anderes als Ausheilen eines Mangels. Sogar die verkünderische. Nein, hauptsächlich die verkünderische. Ein Ausheilen ins Buch hinein, wie Yvonne verächtlich bemerkt, in die Druckerschwärze, um andere mit der Lücke zu infizieren. Lese-Folger. Mich.

Däubler und Rilke, alle Hüter sakramentaler Kunst, verlieren sich mir aus dem Sinn, und eine leichte Übelkeit befällt mich.

> O, immer strenger wird mein Wesen,
> Und die Erinnerung findet ihren Grund:
> Schon gilts, sich selber auszulesen,
> Die Liebe macht kein Schicksal wund.

15 DAS GÄSTEBUCH AM GRABSTEIN

Der Friedhof derer, die außerhalb des katholischen Glaubens sterben, liegt eine Terrasse tiefer als der offizielle, der mit seinen vielen neuen Gräbern am Steilhang des Monte Solaro entlang, Richtung Westen, vorgestoßen ist. Oberhalb seiner Marmor- und Betonmonumente spielt sich der immer rasender werdende Verkehr zwischen Capri und Anacapri ab. Die Autostraße nimmt den Friedhof gleichsam in die Schere, indem sie sich gabelt. Die nach unten führende Straße ist die »Hauptverkehrsader«, die den Haupthafen Marina Grande mit der Hauptstadt der Insel verbindet. So verspürt, wer den Friedhof betritt, ein dauerndes leises Beben, dem auch die für immer stillen Gäste dieses Erdfleckens ausgesetzt sind.

Was der obere, offizielle Friedhof uns an typisch italienischer Cimitero-Sentimentalität mit den schwierigen Zutaten moderner Geschmacksverirrungen zumutet, mildert der untere, der Friedhof der Fremden. Er ist dem oberen vorgelagert wie eine Stufe der Demut. Den Grenzstein bildet das schlicht-gewaltige

Der Fremdenfriedhof auf Capri. Foto: Benedikt Blatter

Mausoleum der Familie Cerio, deren namhafter Sproß, Edwin Cerio, kürzlich in hohem Alter starb. Er war Ingenieur, Schriftsteller und Inselforscher.

Unter dieser Tomba Cerio liegt – eine glückliche Nachahmung dorischer Baukunst – die Kapelle der Fremdgläubigen. Drinnen ein gemauerter Katafalk zur Aufbahrung. Bunte Kerzenstümpfe zeugen von kürzlicher Benutzung. Hier beginnt der Bereich der Liebhaber des antiken Capri. Da geht's schattig und verwunschen zu. Mannabäume, Stechplamen, Lorbeer, Efeu in wilder Umschlungenheit. Die algenübergrünten Grabmäler – stimmungsvoll gebrochene Säulchen, Amphoren, trauernde Engel, verschlafen blickende Porträtköpfe – sind etwas windschief geworden im Laufe der Zeit: Als ob die Seestürme von Neapel, vom Vesuv, von Sorrent her (dies alles ist über die niedrige Mauer hinweg zu erblicken) auch an diesen letzten Gehäusen und ihren steinernen Wahrzeichen gerüttelt hätten.

Viele Gräber, besonders die mit Steinplatten belegten, sind nach innen eingesunken. Der kleine Hohlraum, den der Sarg eine Weile lang schützend aufrecht erhalten konnte, hat also nachgegeben – man kommt nicht umhin, sich eingedrückte Brustkörbe vorzustellen. In die Leiber ist Erde eingedrungen. Zu Erde wird, was von ihnen noch blieb.

Es ist gegen elf, ein sonniger, windfreudiger Tag. Die Lorbeerbüsche und Zypressen, die in den Gräbern wurzeln, wedeln in sanfter Abwehr mit dem harzig duftenden Laub. Ich bin eingedrungen, empfinde mich als Späher im verbotenen Bezirk. Aber ich wähne, ein Recht darauf zu haben, die verblichenen Freunde aufzusuchen. Viele von ihnen, die hier um 1930 noch lebten, sind mir unvergeßlich geblieben.

Andere sind da, von denen ich jene erzählen hörte. Sie waren damals schon tot. Unter ihnen Norman Douglas, ein in Thüringen am 8. Dezember 1868 geborener Engländer. Er ist am 9. Februar 1932 gestorben. Omnes eodem cogimur (Wir müssen alle den gleichen Weg gehen – Horaz) läßt er mich durch seinen großen schlichten Grabstein als seine letzte Erfahrung wissen. Er hat die heute zum Hochwald gediehenen Pinien und Zypressen oben an der Caterola gepflanzt: ein Freund der Bäume. In seinem Haus lebte ich eine Weile. Friede und Vergessen über dich, Norman! Du warst ein großes Herz. Und unter den vielen Caprisonderlingen, die von der Insel nicht mehr wegfanden, warst du einer der markantesten.

Doch da ist, in die Mauer eingelassen, eine andere Tafel. Ich muß mich bücken, um die Buchstaben mit Hilfe des Schattenfalls zu entziffern: Alice Irmgard Faehndrich, geb. Freiin von Nordeck zu Rabenau, geboren am 10. Mai 1857 in Friedelhausen – heimgegangen am 21. Juni 1908 in Capri. Darunter ein Spruch: *Jetzt sehen wir im Spiegelbild nur dunkle Umrisse / Dereinst aber geht es von Angesicht zu Angesicht* (1 Kor. 13,12).

Eine fast drohende Verheißung. Alice war die Schwester der Gräfin Schwerin, Rilkes Gastgeberin in den Jahren 1906 und 1907 in ihrer Villa Discopoli an der Via Tragara. Sie hatte eine

Engländerin zur Mutter: Günstiger Umstand, der sie befähigte, eine Rohübersetzung der *Portugiesischen Sonette* der Elizabeth Barrett-Browning herzustellen, aus welchem Material die schöne Nachdichtung Rilkes sich fügen durfte. Die Tochter wiederum der Gräfin Schwerin war Gudrun, Gattin des Barons Jacob Uexküll, Begründer der »Umweltforschung«. Auch seinen Grabplatz finde ich hier. Gudrun, eine alte Dame, die in vollendeter Abgeschlossenheit lebte, gastlich nach Laune, urcapresisch aus sozusagen orphischer Tradition, hat ihrem Mann eine sonderbare Grabschrift erdacht, ich mußte lange nachdenken, ehe mir die etwas verqueren Formulierungen ihren Sinn erschlossen:

Selig der, des Lebensfrucht gereift ist / Denn er wandert friedvoll in den Abend / Den ein gnädig Schicksal ihm gewährt hat / Denn er lernte im Gezweig der stillen Bäume / Und im lauten Wechselsang der Vögel / Jenes Zwiespalts Einigung zu finden: Vom Nimm und Geben / Die in sein eigenes wechselvolles Dasein planvoll die Natur mit starker Hand gepflanzt hat.

Dazu die Daten: Jacob Baron von Uexküll, 8. September 1864, Keblas, Estland – 25. Juli 1944 Capri. Baltischer Adel auf seinem Südweg durch die inneren und äußeren Schicksale, so könnte man denken, und vieles weht dabei an. Ein anderes Grab, das Erinnerung weckt, ist jenes von »Baron Jaques (auf dem Grabstein so geschrieben) Adelsward Fersen«, 20. Februar 1879 – 6. November 1923. Ein großer, vielfach gebildeter Mann im Zwielicht seiner Veranlagung, Dichter klassischer Verse, orgienfreudig, Stifter eines neuen Mithrasdienstes in der alten Kultgrotte Capris, ringend um die Möglichkeiten eines nicht nur platonischen Eros aus dem Geiste des Sokrates: Ein großer Unseliger, der am Osthang des Monte Tiberio in einer nach eigenen Entwürfen gebauten Villa unter der Devise »Amori et dolori sacrum« lebte.

Aber jetzt entdecke ich eine Merkwürdigkeit, wie sie nur auf

Capri möglich ist: Am Mauerrande des gestreckten Gartenrechtecks voll von schiefstehenden Denksteinen, in einem Bezirk, den die Natur völlig mit ihrer grünenden Selbstverständlichkeit überwältigte, befindet sich ein auffallendes Grab, ähnlich jenem des Barons Uexküll. Ja, es wirkt wie ausgespart aus dem romantischen Zerfall. Es grenzt mit dem Kopfende an eine Terrasse, die nach oben, ins Offizielle, weiterleitet. Die Erde zu seiten des Grabes ist sorgfältig und frisch geharkt. Über dem Kopfende aber ist ein kleiner Glasschrank in die Mauer eingelassen. Drinnen lehnt, in Plastik gehüllt, ein Buch in Form eines Gästealbums. Ich sehe mich um, wie jemand, der sich Übergriffe erlaubt, setze mich zögernd auf die kleine Bank, die neben dem Grab steht, öffne verstohlen das Türchen und enthülle das Album.

Es hat Deckel aus Lederimitation. Drinnen ist es Seite für Seite mit den Namen von Besuchern beschrieben. Also das Gästebuch des Toten. Bevor ich es genauer untersuche, mache ich mich mit dem Namen seines Besitzers bekannt (der einzige, den ich nicht kenne): Harri Holma/Ministro di Finlandia 14. April 1886 – 14. April 1954.

Später erfuhr ich vom Friedhofswärter, daß Harri ein Mann des Wohltuens war, ein großer Helfer, ein Heiliger der Barmherzigkeit. Zu seinen treuesten Besuchern zählte, wie mich sein Gästebuch belehrt, die Baronin Uexküll. Fast täglich ist eine Eintragung mit Datum da. Pflegte sie die letzte Ruhestätte ihres Mannes, wurde jeweils auch der finnische Gesandte mit freundlichen Aufmerksamkeiten bedacht.

Viele Besucher aus Skandinavien haben sich eingetragen. Gelegentlich auch Fremde, Italiener, die der Mutwille trieb, indem sie ihre Handschrift ins Unleserliche verzerrten oder unentzifferbare Unterschriften in der Art des Zeichners Steinberg erfanden.

Unter den deutschen, schwedischen, finnischen Eintragungen aber finde ich keine, die irgendwie Substanz hätte. Es ist bürgerlich gezügelte Trauer. Nun reizt es mich, dem Buch eine ganz ungewöhnliche Inschrift einzuverleiben. Ein Gruß an den unbekannten Toten, der so caprisüchtig war wie ich. Und so besinne ich mich auf einen der rätselhaften Sätze aus dem Ägyptischen Totenbuch: »Herz meines Herzens, wirst du mich anklagen am Tage des Gerichts?«

Hinwegfliehend, als ob ich ein Sakrileg begangen hätte, treffe ich den Friedhofswärter, der mein wunderliches Tun anscheinend seit einer Weile schon beobachtet hat. Um mich zu legitimieren, ziehe ich ihn in ein Gespräch, lasse ihn wissen, wie ich hier lauter alten Bekannten begegnete. Er führt mich zum Grab des Caprimalers Paule, der ein Leben lang in einer Felshöhle hauste. Da er katholisch war, hat er seine Stätte im oberen Teil des Friedhofs, eine Stufe höher, in der Beletage.

Der Wärter verwirrt mich durch seine philosophischen Bemerkungen, bis er, der längst erraten hat, daß ich ein Bücherschreiber bin, damit herausrückt, was er seit Jahren schon in aller Heimlichkeit verübt: Er schreibt ein Buch mit dem Titel *Totengespräche*. Denn, so argumentiert er, indem wir sprechen, verschweigen wir das Eigentliche, aber die Toten, indem sie schweigen, reden eine weithin vernehmbare Sprache. Wenn man sein Ohr darauf richtet, kann man das aufschreiben wie nach Diktat. Er lächelt, schwarz, schmal und unrasiert. Und ich wage nicht, ihn zu bitten, mich sein Manuskript einmal sehen zu lassen.

Ziemlich verdutzt rette ich mich aus der Friedhofskühle in die gleißende Sonne.

16 STREIT

»War Däubler eigentlich verheiratet?«, fragt Yvonne, als wir, eine Regenflaute wahrnehmend, den Heimweg zum Hotel antreten. Es geht auf fünf. Die Wolken sättigen sich mit Dunkelheit, sind nur noch von Westen her hell.

»Daß es eine Frau Däubler geben sollte, ist allerdings ein wunderlicher Gedanke«, gestehe ich.

»Er schreckte also«, stößt Yvonne nach, »vor der Selbsterprobung in der Ehe zurück, lebte sein ganzes Leben ins Papier hinein, in die Bücher, die nicht mal gelesen werden?«

»Er lebte sich in den Kosmos hinein«, wage ich zu behaupten.

»Aber nur auf dem Papier, nur in Buchstaben.«

»Kannst du dir diesen Neptun des ewigen Umgetriebenseins als sorgenden Familienvater vorstellen?«

»Neptun?«, sagt Yvonne und stößt einen kleinen Laut aus, der von Unglauben geschwellt ist, »der alte Götterolymp! Was hatten sie da für merkwürdige Familienkräche, Spiegel dessen, wie es unter Menschen zugeht. Gab es eine Frau Rilke, eine Frau Barlach, ich meine, hatten sie Kinder, sorgten sie für den Fortbestand des Lebens oder sorgten sie nur für den Geist?«

»Eine Frau Rilke gab es«, beschwichtigte ich, »aber sie lebte nur so als Schatten über ihrem Mann. Eine Tochter war auch da. Beide kamen in seinem Leben später nur noch brieflich vor. Nicht mal der Sterbende rief nach ihnen.«

»All diese Heiligen des Wortes hatten also eine Art Charakterschaden, der sie hinderte, Mitmensch zu sein. Und sie rechtfertigten ihre Unfähigkeit durch unwahrscheinlich bedeutsame Werke.

Zwei- oder dreitausend bedruckte Seiten hinterließ Däubler, fast ebensoviel Rilke, wenn man die Briefe rechnet!«

»Halt«, rufe ich und bleibe auf dem Abwärtsweg stehen, um auch Yvonne zu zwingen, eine Pause einzulegen, »so geht es nicht! Was auch sonst noch dabei bewegt wird, das Eine bleibt: die Poeten halten die Sprache frisch.«

»Und das würde Ihnen genügen?«, zitierte Yvonne meine Däubleranekdote.

»Wenn die heutige Sprache mehr Gelenke hat, ihr Beziehungsreichtum sich unablässig mehren konnte, dann ist das jenen zu danken, die ihre Lebenskraft der Sprache widmeten.

Verstehst du, was sie vorfanden, genügte ihnen nicht. Sie hatten mehr auf dem Herzen.«

»Und sie gerieten dabei in eine Art Schreibsucht«, spottet Yvonne, indem sie redend weitergeht, und ich muß ihr, will ich dem folgen, was sie sagt, nachstreben.

»Indem sie sich selbst nur noch im Spiegel ihres Schreibens erkannten, leerten sie das Leben aus. Und zugleich den Leser, den sie in den Bann ihrer Bücher zogen. Der holte sich das Leben nur noch aus ihnen zusammen. Der Vorgang industrialisierte sich. Heute ist die halbe Welt eine Lesewelt. Die intimsten Dinge kommen uns nur noch durch bedrucktes Papier zu. Der Schriftsteller hat alles für uns geleistet. Wir sind Erlöste, die nicht mehr wissen, zu was sie vorhanden sind. Gegenwart ist gestaltlos geworden. Niemand verspürt das erstickender als die jungen Menschen. Sie ergeben sich künstlichen Ekstasen, tanzen sich von der Papierwelt weg und suchen Ersatz im Randalieren, Ramponieren oder auch im Totschlagen, im Verbrechen. Was ist ihnen Däubler? Hekuba ist ihnen Däubler. All diese Verkündigungsgeister, sie hatten nichts im Sinn mit uns. Sie hatten sich selbst im Sinn. Sie waren ›Selbsthelfer‹. Und sie infizierten, wen sie erfassen konnten, mit ihrem erdachten Traum, bis schließlich jeder denken oder hoffen mußte, hier sei doch wohl Wandlung gewiesen, Speise geboten, das Geschehen erfaßt und vorausbestimmt. Und was folgte? Das, was jetzt ist.«

»Daß sich so viel in ihnen staute«, versuche ich Yvonnes Abwertungseifer abzufangen, »liegt daran, daß so viel zusammenströmte in unserer Zeit. Heute passiert in kleinen Zeitabschnitten mehr als sonst in Jahrtausenden. Das Weltbild ändert sich. Die Physiker wissen, inwiefern. Die Dichter raffen ihre Ahnungen in die Sprache. Sie müssen sich, wollen sie sich selbst verstehen, in alles hineingestalten, was vor sich geht. Sie suchen die auseinanderfallenden Ordnungen wieder zusammenzubringen. Im Zwang ihrer Lage werden sie universalistisch. Däubler dachte in Gestirnen, war zugleich Archäologe, brachte alle Völkermythen auf einen Nenner, erschloß sich das Wesen der Kristalle. Rilke, pflanzenhaft, wie er geartet war, schuf sich eine gleichsam orphische Biologie. Aus seinem Werk, sei es Brief, sei es Gedicht, sind unerhörte Aufschlüsse zu gewinnen.«

»Orphische Biologie«, zürnt Yvonne, »Versternung der Erde auf dem Rückweg zur Sonne, wie dein Däubler fordert, was sind das für Rettungsversuche? Eure Erde hat Atommüll an Bord. Wie reinigt sie sich davon? Bitte, was würden die Herren heute empfehlen, wenn sie noch lebten? Sie waren blindlings ihrem Augenblick verhaftet. Und er ist vorüber. Der Mensch kann die Welt- und Selbstvergiftung nicht mehr loswerden.«

Ehe es mir gelingt, Beschwichtigendes zu äußern, fährt Yvonne fort: »Die neue ›Ewe‹ wird sich in Schutzmaßnahmen erschöpfen. Denn der Atomumsatz geht weiter, da auf der einen Seite staatliches, auf der anderen privates Kapital zunehmend beteiligt ist. Schon ist die Welt politisch gespalten. Das Ringen um die Vormacht steigert die Zersetzungsanstrengungen. Elektrowellen tasten alle erreichbaren Körper im Raum ab. Was wecken sie dort? Wissen die Herren der Schöpfung das? Statt nach innen, setzen sie sich nach außen um. Von Mensch zu Mensch wird alles immer schwieriger. Was für Kinder gehen aus diesen verstörten Ehen hervor. Wer nur den lieben Gott läßt walten, fördert die Ignoranz und das Sich-tun des Ungemäßen.«

Wieder halte ich meinen Schritt an. »Yvonne«, sage ich beschwörend, »sind wir für das nach Capri gefahren?«

»Gerade hier«, sagt sie, »wird das deutlicher als sonst irgendwo.«

»Das zu Schöne, das Übertriebene dieser Insel«, fährt sie fort, »hat für mich etwas Aufstörendes. Die Wahrheit fängt an in einem zu strampeln wie ein Kind, das ans Licht will.«

»Ans Untergangslicht«, sage ich, indem ich nach Westen zeige, wo graue Gewitterwände blitzbegleitet emporschwellen. Aber die Sonne scheint das unter Aufsicht zu halten. Ihre

Strahlen greifen in mächtigen, wie geschnittenen Bahnen über Wolkenränder hinaus.

»Da müssen wir uns ja eilen«, sagt Yvonne mit ihrer normalen Stimme. Stumm hasten wir hintereinander her auf den engen, mauerumhegten Pfaden. Das Laub der Feigenbüsche hat etwas Glanzloses. Ein alter Bauer, seine Holzlast häuptlings schleppend, geht singend an uns vorbei. Das erstemal, daß wir hier singen hören. Seine heisere Stimme läßt uns die Windungen des Pfades, dem er folgt, erraten. Ein Lied, das sich entfernt, ein Lied, zweifellos, aus der Zeit vor der touristischen Überfremdung. Die kleinen Erlebnisse scheinen sich vereinigen zu wollen, um Capri zu retten. Ein Köter springt uns nach. Yvonne errät, daß er den Brotrest in meiner Tasche gewittert hat. Drollig bewegt, tänzelt er vor uns her, greift ein Laubbüschel auf, das von der Holzlast des Alten liegenblieb, schlägt es sich demonstrativ um die Ohren, zerfetzt es schließlich, zerbeißt das Laub.

»Der spielt uns vor, daß er Hunger hat«, behauptet Yvonne. Ich nehme das Brot aus der Tasche. Und schon ist er bellend bei uns, springt wedelnd empor, dreht sich springend, bietet ein kleines Bezauberungstheater. Im Gehen brocke ich ihm das Brot hin. Er fängt es aus dem Wurf auf, frißt es mit unwahrscheinlicher Gier. Yvonne ist entzückt von seiner Selbsterhaltungsgier. Wie er so viel trockenes Brot in sich unterbringen kann, bleibt uns rätselhaft. Als wir weitergehen, weiß er sofort, daß nichts mehr zu holen ist. Bleibt auf dem Pfad zurück, schaut sich noch einmal nach uns um und verschwindet.

Ich bin in meiner Einsamkeit dereinst gewesen.
Die eigene Unschuld überblaut und schaut mich an.
Die ersten Laute wurden Blumen, Staunen, Wesen.
Ich war an diesem Ort: doch nie als Wunsch, – kein Mann.

Yvonne, das Deutsche immer wieder anstaunend wie einen unentdeckten Kontinent, fragt mich, was denn nun eigentlich – genau gesagt – dieser Theodor Däubler vorstelle. Ich gestehe ihr, daß es unmöglich ist, die Antwort in wenigen Worten zusammenzufassen . . ., Däubler hat – versuche ich zu erklären – in seinem Gedichturwald die Weltgeschichte des Abendlandes beschrieben. Nicht nur. Auch die Mythosvoraussetzung dazu hat er in seinem Werk zusammengebracht. Es ist ein Gewebe ineinander verhäkelter Visionen. Und wenn Geltung haben soll, daß wir mit allen unseren »Umständen« in der Sprache enthalten sind, so hat er eben diese aus der Sprache auferstehen lassen, indem er sie wie eine Reim-Echo-Maschine in Gang setzte und dann laufen ließ. Ihm war es auferlegt, das Getriebe dieser Maschine zu sein. Was er erfaßte, erhorchte, erahnte, erwitterte, erspürte, das verwebte diese Maschine als ihr Produkt ins Plasma der Vision. Vision und Eingebung deckten sich bei Däubler. Darin war er einzig. Es wird ihn nie wieder geben. Er wußte alles, ohne es zu kennen, und was sich ihm bot, war wie etwas seit ewigen Zeiten auf ihn Vorbereitendes. Selbst Denkfehler gingen in seinen Rechnungen auf. Er konnte aufgreifen, was er wollte, zuletzt stimmte es. Was sich als Wortwerk daraus erhob, gesprochen oder aufgeschrieben, endete in seiner Nordlichttheorie. Man muß sich Däubler ergeben, oder man hat nichts von ihm.

Sein erster Verleger, der auch sein letzter war – schrieb mir: »Sie können sich denken, daß ich Ihren Plan, Zeit und Kraft an Däubler zu wenden, so bedauerlich finde wie Däublers Nordlicht-Schnaps-Idee. Was hätte aus der dichterischen Begabung Däublers werden können, wenn er sich nicht über die dichterische Gestaltung hinaus auch noch zugetraut hätte, eine eigene ›Weltanschauung‹ zu erdichten. Dante wäre nicht Dante, wenn er sich eine solche Aufgabe gestellt hätte. –

Und was statt dessen? Von mir aus Christus, aber es könnte

auch Buddha, Lao-Tse, wahrscheinlich zeitgemäß Hiob sein ... Ich bereite mich mit meinen fast 80 auf die Ewigkeit des Augenblickes vor. Nicht ohne Tabak und Alkohol«, endet das Schreiben, das mich in ziemlicher Betroffenheit zurückließ. Der erste Verleger des Nordlichts war Jakob Hegner zwar nicht. Aber er brachte als erster kleine Gedicht- und Prosabände, die Däubler in faßbaren Grenzen präsentierten. Und er war der letzte Verleger zu Lebzeiten des Dichters, da er den *Fischzug* (1930) und das dramatische Fragment *Gran Cane della Scala* (1932) druckte.

Alles Dinge, die einem einfallen, wenn man gefragt wird, was Däubler sei. Man fühlt sich da sogleich in der Wildnis. Keine Wege. Keine Orientierung, nicht mal nach Sternen. Es sind die Dschungel eines Schicksals, das gebieterisch verlangt, aufgehellt zu werden, hat man sich einmal hineinbegeben. Ist es dies, womit Däubler überlebt? Er überlebt damit, daß er durch sich selbst den Beweis gibt, ein hoffnungsloser Fall zu sein. »Ein unruhestiftender, ›zeit‹-verzehrender, auf Blutopfer erpichter Hadesschatten also«, meint meine Frau. »Und dabei ein heiter gestimmter Geist, dem das Dämonische nie gelingen wollte. Auch wo er es anstrebt, gerät ihm eine fast humorvolle Gutmütigkeit ins Wort. Ach, er war ein verspielter Gigant, unfähig wahrzunehmen, wie oft ihm kindische Formulierungen unterliefen:

Die Gerippe klappern hart mit ihren Knochen,
Schmerzensschreie mischen sich ins Nachtgewimmer,
Denn es werden Beine irgendwo gebrochen,
Und noch immer wird der Stimmenwirbel schlimmer.

Auf solche Stellen weisen alle jene hin, die da fragen: Wen soll das heute noch erreichen?«

»Ja wirklich, – wen denn«, sagt Yvonne.

»Nur solche, die bereit sind, den gelungenen Prägungen nachzuspüren. Da gibt es Verse, die seit Anbeginn der Welt vorhanden zu sein scheinen. Da funkeln Worte in inneren

Spiegeln auf und erkennen sich wieder. ›Lesen ist Wiedererwecken verschollenen Eigentums‹, sagte er einmal zu mir.«

–

Der heilige Baum ist selbst ein Priester dieser Erde.

–

Es hebt die Sonne uns in ichbewußte Kreise.

–

Wo Schicksal graut wird alle Sprache bald zum Trug.

–

Ich harre auf den Wind, der mich versteht.

–

Zur Gottheit sinnt man urverschwiegne Briefe.

–

Vollbrachtheit blieb mir Süße unserer Sprache.

–

Ergreif uns, Herr, der du Gesetze harfst.

–

Im alten Walde sammelt sich das Ich.

–

Im Hirne ist, – nicht Erde schafft: die Wand.

Ich liebe dich, neptunäugiger alter Mann. Ich lasse mich nicht wegpickeln vom Sockel deines »unsichtbaren« Denkmals.

»denn alles was bestimmt ist, bis zum Licht zu klimmen,
muß erst als Daseinsfunke wurzeltief erglimmen.«

18 GEHEIME ERGÄNZUNGEN

Theodor Däubler muß sich in der Lage des »Cherubinischen Wandersmannes« befunden haben. Wie diesen, betraf ihn eine weckende Vision. Und von nun an konnte Däubler gar nicht anders, als den Umkreis dieser Vision auszuschreiten von Wort zu Wort. Wahrscheinlich fällt der Anlauf zum Dichten in seinem Leben mit dem Sichereignen der Vision zusammen. Denn es gibt keine »Jugendgedichte« von ihm. Von der ersten, in die Sprache gerafften Aussage an dient alles der Verdeutlichung eines inneren Vorhabens. Jedes benutzte Wort irrt darauf los. Der Vorgang ist wiederholbar. Man kann Däublers kosmischen Leierkasten zwar ein paar Takte weiterdrehen, aber was herauskommt, gerät sofort außer Däubler. Stilparodisten können sich hier nur in der eigenen Torheit begegnen: treffen können sie das Gewölk dieser monomanischen Eingebung nie.

Da für den Nordlichtdichter der Reim von überpersönlicher Verbindlichkeit ist (Carl Schmitt stellte zu Däubler fest: »Im Reim sucht das Wort den geschwisterlichen Klang seines Sinnes«), fügen sich ihm im Zwangsgefälle der vokalen Alliteration die Kernsprüche wie von selbst:

»Das Dunkel aller Ruhe kennt das Du der Dinge«

– – –

»Mein Atem ist ja auch ein Ahnenwalten . . .«

– – –

»Das tragische Schwarz aller Nacht ist erhaben . . .«

– – –

»Das ist der Sang der Nacht, in der die Sagen lange tagen.«

– – –

»Ihr Frauen, in euch mag die Traumesbraut grauen.«

– – –

»Ihr Sagen, wann wird eure Wahrheit erwachen . . .«

– – –

»Ich bin der Saus, der kraus den Geist verzaubert hält . . .«

– – –

»Du Purpurfunke unserer Blutkunstinbrunst flimmre.«

– – –

»Am Blau hat sich die laue Au' berauscht.«

– – –

»Es lacht die Nacht. Die ›Waage‹ wacht. Der ›Wagen‹ wagt.«

In dem Rhythmus-Zwang, der ihn beherrscht, muß das Erstrebte aus dem Gefälle heraus gelingen. Er kann gar nicht ausweichen. Es sucht ihn, bis er sich ihm ergeben hat. Er wird zum Spielzeug der Sprache, und zugleich durchdringt er sie in einem beängstigenden Liebesakt auf Gegenseitigkeit.

Da wären noch mehr als jene dreißigtausend Verse des *Nordlichts* entstanden, wenn das, was sich durch ihn verworten wollte, noch Spielraum gegeben hätte. Das eben tat es nicht. Däubler hatte, was ihm die Sprache bot, erschöpft. In Wortklitterungen, die an die Begriffsbandwürmer des Gälischen erinnern, hatte er Ergänzungskomplexe geschaffen wie: Urvernunftrotunden, Prachtalabasterpalast, Brunstsarabanden, Seelenlichttuben, Glanznachtsagen, Niedertrachtsentschlüsse: ein Vorrat, den man in einem Däublerwörterbuch zusammenfassen sollte. Doch auch über die Gefahren, die ihn versuchten, ist er sich im klaren.

»Ich weiß, wie ich als Dickicht mich bestricke«, gesteht er im *Nordlicht*. Ebendort fordert er: »Beherrsche deine Überflüsse.« Und er weiß: »Wie schwer wird der Geist unserem Meer und dem Geiste die Schöpfung – wie leer.« Und er tröstet sich und uns mit der Verheißung: »Das Falsche schmiegt sich spät in Maße / doch grundhaft schlecht ist nichts, es harrt wie du.« So wären Rhythmus, Alliteration und das Echo, das der Reim ruft, die beherrschenden Mittel dieses zweifellos letzten Dichters aus dem Stamm der Verkündiger und Propheten.

»Doch blieb ich allein, bis mir Sprachvögel nahten
und seltsam erzählten, wie Schriftbäume wuchsen . . .«
»Die erste Sprache hieß Gewitter«
»Du bist die Zuflucht geisternder Gewitter
Denn aus dem Sprechgeblätter blüht das Wort . . .«

Bei Rimbaud ist es die Klangmagie, aus der sich Sprache bildet. Däubler übertrug sein berühmtes Vokalgedicht in Prosasätze:

A schwarz, E weiß, I rot, Ü grün, O blau – Vokale, ich werde eure latenten Geburten aussagen:
A – schwarzbehaartes Mieder schimmernder Fliegen, die sich an widerlichen Gerüchen mästen.
E – Golf der Schatten, Einfalt der Dämpfe und der Zelte, Lanze hochmütiger Gletscher, weiße Könige, erschauernde Dolden.
I – Purpur, Blutspeichel, Lachen schöner Lippen
in der Wut oder in den beklagten Räuschen.
Ü – Zyklen, göttergeburtfreudige Meere, Friede der Almen, wo die Tiere weiden, Friede der Runzeln, welche die Alchimie einprägt den hohen Stirnen der Studierenden.
O – erlesene Fanfare, von befremdender Grellheit, Schweigen, durchquert von Welten und von Engeln. O, das Omega, violetter Strahl von IHREN Augen.

Aus Däublers Zettelnotizen
(Deutungen der einzelnen Buchstaben nach Fabre d'Olivet, 1682-1768)

A	–	Macht (Punkt im Kreis)
E	–	Muttervokal
I	–	Manifestation, Dauer
O	–	Geist, Licht
U	–	universell veränderliches Bindeglied zwischen dem Nichts und dem Sein
B	–	innere Tätigkeit
D	–	Teilung
Gh	–	nach einem Ziel hin sich bewegend
H	–	Leben, Anstrengung, Widerstand
K	–	zusammenpressend, einschneidend, angleichend
L	–	veränderlich universell, ausdehnende Bewegung
M	–	mütterlich-kollektiv
N	–	Ausdehnung
Ph	–	zeugend, väterlich
R	–	Bewegung (Schlange)

Sh – verbindend (Kreis) Dauer, relative Eigenbewegung
T – Gemeinsamkeit, Bewegung, die auf sich zurückkommt
Th – Gegenseitigkeit
V – Bindeglied zwischen Nichts und Sein
Z – Ziel

Emanuel Swedenborg (1688-1772)
»Die Engel sind nicht imstande, auch nur ein einziges Wort der menschlichen Sprache auszusprechen. Sie vermögen nur das auszusprechen, was mit ihrem Gefühl übereinstimmt, alles andere widerspricht ihrem Leben. Ihr Leben ist ihr Gefühl. Und ihr Gefühl ist ihre Rede. Mir wurde gesagt, die Ursprache der Menschen auf Erden habe diese Übereinstimmung gekannt.«

–

»Die Engel des himmlischen Reiches sprechen dieselbe Sprache wie die des geistigen. Nur klingt sie im himmlischen Reiche der göttlichen Liebe weich und gleichmäßig, wie ein sanft fließender Strom, während sie im geistigen Reiche der Wahrheit und Nächstenbeziehung schwungvoller, aber auch verhaltener klingt. Im himmlischen Reiche tönen sie mehr in den Vokalen A und O. Im geistigen in E und I. Denn die Vokale geben den Ton an. Und der Ton gibt die Empfindung wieder.

Da die Vokale nicht die eigentliche Sprache bedeuten, so sind sie in der hebräischen Sprache nicht verzeichnet und werden beliebig – das heißt dem inneren Zustand des Sprechers gemäß – ausgesprochen. An der Art der Aussprache der Vokale erkennen die Engel die Liebe und die Gesinnung der Menschen. Die himmlische Sprache wiederum kennt keine harten Konsonanten. Sie geht von einem Konsonanten in den andern vermittels eines Zwischenwortes über, das mit einem Vokal beginnt. Deshalb das häufige ›und‹ in der Bibel.

An den Worten der Schrift kann man erkennen, zu welchem

Bereich sie gehören, zum himmlischen oder zum geistigen. Und ob sie das Gute und Wahre enthalten. Im ersten Fall haben sie viel von ›u‹ und ›o‹, auch etwas ›a‹ in sich, im zweiten von ›e‹ und ›i‹. Da Gefühle sich hauptsächlich in Tönen äußern, verwendet man in der menschlichen Sprache, wenn von erhabenen Dingen die Rede geht, mit Vorliebe Worte mit U und O. Auch die Musik, die in Klängen die verschiedenen Empfindungen ausdrückt, bedient sich bei ähnlichen Anlässen der Laute U und O.«

»Das Ohr entspricht dem Gehorsam, und der Gehorsam ist Sache des Lebens. Auge entspricht der Einsicht, und die Einsicht ist die Sache der Lehre.«

»Entsprechungen regeln die Sache der zeitlichen Welt. Aber zwischen dem Unendlichen und dem Endlichen gibt es keinen Vergleich.«

»Heiliges Naturalphabet aller Dinge«

Ickelsamer lehrt: »f« sei »wie grün oder naß Holz im Feuer seufzt«. Jakob Böhme (1575-1624): »Die Vokale a/e/i/o/u/ haben Symbolcharakter und drücken je Stufe und Haltung die ewige Selbstgeburt Gottes und damit in allem zugleich Lebenslauf aus.« Das »r« gehört dem Charakter des grimmigen Feuers zu, das »s« dem des Lichtes als des heiligen Feuers.

»Sehet, wenn ihr von der Dreiheit reden wollt, auf die erste Zahl, aufs A, auf den ewigen Anfang, der ist Vater. Und dann sehet aufs O im Mittleren, das ist Sohn, dann sehet aufs U, das ist der Ausgang des Heiligen Geistes, der gehet in sich selber mit dem Sinken durch den scharfen Grimm ins andere Prinzipium ein, der E-Geist – und gehet durch die Kraft aus als ein lichtflammender Blitz, das ist das I.«

Piazza. Abends. Vor dem Zeitungsstand, der von frisch eingetroffenen Blättern aus aller Herren Ländern flattert. Der Gesang der Schlagzeilen:

Benevento allagata, una miniera sommersa ad Altavilla. Ancora tre morti: un uomo, una bambina e una turista tedesca. Negozi distrutti ad Atripalda e panico enorme tra la popolazione. L'Agence Tass et les mouvements de Troupes des Etats-Unis sur l'autoroute de Berlin. Protestation de M. Tchombé contre l'attitude de l' Onu. De nouveaux sanglants incidents à Paris mettent aux prises Algériens et C.R.S. Dix policiers katangains coupés en morceaux.

»Eine neue Datierungsform, um uns diese Tage für den Rest unseres Lebens unvergeßlich zu machen«, sage ich.

»Was würde der Geist- und Sinnforscher dazu gesagt haben«, meint Yvonne.

»In der Alchimistenküche Faustens wurde den Dingen ja vorgearbeitet«, wende ich mißlaunig ein.

Wir suchen und finden Platz vor einem der Cafés. Bar Vuotto. Die altvertrauten Korbsessel. Gigino bedient uns bevorzugt. Wermuth, mit gebrannten Mandeln und grünen Oliven dazu. Die obligate Zigarette. Der obligate Blick auf die elektrisch angestrahlte Kathedralenfassade. Das dichte Weiß ihres Tonnengewölbes, das sich gegen den vollendeten Nachthimmel absetzt.

Der Campanile verkündet mit gellenden Schlägen sechs Uhr. Mir tönt es immer wie das Glasenschlagen auf alten Schiffen, so wie man es sich als Junge vorgestellt hat, wenn man Stevensons *Schatzinsel* las. Und ich versinke in der Vorstellung, daß Capri eine »kubistische« Schatzinsel sei. Der tote Däubler sitzt gegenüber in der Bar Tiberio. Wie er sich im Sessel zurücklehnt. Ich könnte es innerlich herstellen bis zur Greifbarkeit. Ich stelle es her. Das einschläfernde, hirnbespülende Gemurmel der Piazza hilft mir dabei.

Um sieben Uhr ins Manfredi Pagano zum Abendessen zurück. Der Speisesaal bis auf wenige Tische besetzt mit deutschen oder deutschschweizerischen Reisegesellschaftsmenschen. Der Reiseleiter geht von Tisch zu Tisch und präsentiert Abrechnungen. Die Leute, ihre Spaghetti würgend, nicken apathisch, ja, es stimme so. Man sei einverstanden. Wir beschließen, künftig nur noch auf dem Zimmer zu essen.

Zerquälte Nacht daraufhin. Der Mond, um einiges stärker als am Vorabend, fängt an, Schattenspiele mit den Palmen draußen zu treiben. Eine öde Cantilene klingt von der Tanzdiele des Quisisana herüber.

Als der Morgen das Zimmer grau tüncht, erhebe ich mich mit unendlichen Vorsichtsmaßnahmen vom Bett, denn irgendwo lauert eine lärmbereite Stahlfeder. Yvonnes leichter Körper unter dem weißen Laken erinnert an jene marmorne Aphrodite, die man vor Cap Misenum aus der Brandung zog! Schleiche ins Bad und lasse im Dunklen Wasser einlaufen. Meereswasser, wie der Geruch, der sich aus dem Dampf entschleiert, verrät. Selbstaufhebung in jene andere Leichtigkeit hinein, die einen blutwarm umhüllt und trägt. In der Dunkelheit vermischen sich die inneren Grenzen mit den äußeren. Ich fühle mich in etwas Namenloses verwandelt, darin nur noch das Denken eine Art Mitte bildet.

Das Wannenwasser weitet sich zu jener verschwiegenen Bucht aus, wo ich einmal mit Däubler zusammen badete. Ein später Nachmittag, Goldnetze schienen in der Luft zu treiben. Ich umschwamm den alten Dichter, der im algengrünen Wasser nichts anderes tat, als mit den Armen herumzurühren, oder seine gewölbte Mächtigkeit auf dem Rücken liegend schaukeln zu lassen. Das lange Haar hing ihm naß und stachlig in die Stirn, in die Augen. Er strich es mit der Hand zurück, tauchte, prustete, machte seinen Wasserspeiermund und spritzte, Brunnenfigur, einen Strahl von sich, schüttelte sich, suchte mit den Füßen Grund, stand und sah nach mir hin, ohne mich wahrzunehmen. Er war so heiter wie noch selten, der Urdichter

Poseidon Däubler. Foto: Franz Spunda

schlechthin, während ich mit beängstigender Wucht verspürte, er sei der letzte Überlebende eines Sagenzeitalters, das auf dem Stern Erde sich nie wieder begeben würde. Unnötig, auch nur eine Zeile von ihm gelesen zu haben, wenn man ihn gesehen, erlebt hatte. Wer ihn kannte, dem wurde er zum Schicksal. Er stellte mit sich eine verschollene Zuständlichkeit dar. Er war ihr fleischgewordenes Symbol, auch wenn es viel Fleisch war. Das Meer wurde ihm zum Gewand. Seine Massigkeit verschwamm mit dem schaumlosen Wabern der Dünung, die ihn atmend hob und senkte. Man fragte sich im Ernst, ob die Dünung von ihm her ihren Anstoß nahm, ihn, sein Atmen, seinen Herzschlag ins Maßlose fortsetzend.

Als wir gingen, ergriff ein Capreser Knabe seine Hand und küßte sie, da er wähnte, einen geistlichen Würdenträger vor sich zu haben ... Und Däubler schämte sich, errötete bis über die Stirn. Verlegenheitspause. Dann legte er dem wartend Dastehenden die Hand auf den Kopf und murmelte etwas Undeutliches, das denn auch willig als Segensspruch hingenommen wurde.

20 NOCH EIN BRIEF (KLUCK)

Hinter uns ruft jemand meinen Namen. Erwartungsvoll erschreckt, wie sich das hier gehört, bleibe ich stehen. Es ist der Postino, händigt uns einen Brief aus. Auf der Rückseite ein Aufdruck in roten und blauen Versalien: Willy Kluck, Prof. of the IPS, Anacapri. Der alte Inseldenker hat also das Schreiben erhalten, mit dem ich ihm unsere Ankunft meldete.

Auf dem Bogen, den ich entfalte, erklärt sich die Abkürzung als »International Private Service«. Als »President« in eigener Sache nennt sich Kluck Dr. Wagener Marherr, Editor in Chief and Treasurer / Office: Anacapri. Wahrscheinlich gibt es Leute, die da einzahlen in der Hoffnung, daß etwas »geschieht«. Ich weiß, daß Kluck auch als Staatsanwalt seines Internationalen Privat-Staates fungiert. Denn das ist die zweite Sinngebung der Abkürzung IPS. Und als Standesamtsbefugter aus eigener Machtvollkommenheit hat er sich sogar selbst die Heiratspapiere ausgeschrieben. Aber die Braut (auf mystischem Beziehungswege ermittelt), für die er eigens eine Reise nach Hamburg unternahm, blieb dann doch aus.

Dies alles geht mir durch den Kopf, während ich den Brief lese, der unter seinem gedruckten Titel noch eine getippte Zeile trägt: Willy Kluck, Bekenner des IPS. Der Text lautet:

Lieber Helwig.

Danke für Ihren Gruß. Sie lassen durchblicken, wie enttäuscht Sie sind, das alte, uns vertraute Capri nicht mehr anzutreffen. Die Insel werde ausverkauft, sie ersticke unter Großbauten, die ihr nicht gemäß seien, sie sei Spekulanten ausgeliefert, die vor nichts Halt machten und die die Schutzmaßnahmen der Behörden mit geschickten Anwälten überspielten, stellen Sie fest.

Mißerfolg in dem Versuch, die magische Insel von der öffentlichen Seite her zu erobern, ist aber die Voraussetzung zur Entdeckung der privaten Seite Capris. – Capri ist das Zentrum des privaten Lebens, das international ist und ausschließlich von der IPS beherrscht wird.

Die Basis des öffentlichen Lebens ist Parteiung, Feindschaft, Kampf im Rahmen des atomistischen Erkennens. Das private Leben ist rein magisch. Das öffentliche Leben ist auf den Tod eingestellt, ohne den weder der Staat noch die Kirche auch nur einen Augenblick bestehen könnten.

Es handelt sich also nur darum, den Tod aufzuheben, und das ist möglich seit der Entdeckung des Uratoms. Das Uratom aber ist nichts anderes als die ursprüngliche Einheit von Mann und Weib. Durch deren Spaltung kam das zustande, was sich heute begibt. Deren Wiedervereinigung aber würde aller Not ein Ende machen. Wie das geschehen kann, ist in den Akten der IPS niedergelegt! Wenn Sie bereit wären, aufgrund des Materials, das Ihnen der IPS zur Verfügung stellen würde, darüber zu schreiben, so hätten Sie vielleicht Aussicht, damit den Nobelpreis für den Frieden, womöglich auch für die Literatur zu erlangen, denn in dem Augenblick, wo die Menschheit entdeckt, daß aus der Spaltung des Uratoms die Ursache aller Kriege hervorgeht, hören die Kriege auf. Die Heilung des Gespaltenseins besteht aber einfach in der Anregung der Phantasie durch die Literatur.

Da das Material der IPS aber Tausende von Seiten umfaßt, so habe ich es aus Papierersparnis in meinem Gedächtnis aufbewahrt. Damit bin ich der alleinige Besitzer und Vermittler des einzigen auf dieser Welt bestehenden Rezeptes, wie man Freiheit vom Tod und damit den Weltfrieden erlangt.

Ich halte in jeder Beziehung viel von einer Kollaboration mit Ihnen, denn sonst würde ich ja die Tausende von Seiten selbst schreiben. Nicht was der eine oder andere zu sagen hat, ist wichtig, sondern das Dritte, die Einheit, ohne welche sich die Teile unfruchtbar bekämpfen.

Diese wenigen Worte sollen nur als Hinweis auf das dienen, um was es hier auf Capri eigentlich geht. Es handelt sich also darum, eine ganz neue Literatur zu schaffen, die die Einheit aufdeckt, die hinter der bestehenden provinziellen Literatur steht. Es gilt zunächst, die ganze Weltliteratur durchzusieben und das als Zugehöriges sich Ergebende in das von Capri gespannte Netz einzuweben.

Durch das größte Siebloch fällt zuerst Friedländers »Schöpferische Indifferenz«, durch das nächste der »Faust«, dann der »Peer Gynt«, »Also sprach Zarathustra« und »Das Buch von San Michele«, vielleicht noch dies und jenes, aber eben doch nur das Hauptsächliche, das dazu dienen kann, den neuen Mythos zu schaffen, den Mythos, der die eigentliche Genialität im Menschen erweckt.

Bisher hat es ja noch keine echte Genialität gegeben. Sie soll nun hier auf dem privaten Capri (der magischen Insel) zum erstenmal in Erscheinung treten, und zwar auf dem von mir geplanten großen Privatfest. Für dieses Privatfest wäre also das neue Capribuch zu schreiben, mit dessen Abfassung ich Sie betrauen möchte. Das Programm des Festes ist die Verwirklichung des folgenden Mythos:

Am Anfang bestand die Einheit von Mann und Weib (Bewußtseinseinheit). Mit der Spaltung dieser Einheit (Uratom) ging das Paradies verloren, und der zur physikalischen Kausalwelt erstarrte Traum der Menschheit begann sich in der Vielheit zu entfalten. Aber in der Mitte dieser Entfaltung wird die Ureinheit von Mann und Weib wiederentdeckt, und damit erwacht die Menschheit aus dem jahrtausendelangen Albtraum. Das Paradies erschließt sich erneut auf dem privaten Capri, dessen Symbol das öffentliche Capri ist.

Das wäre das Festprogramm, das der Festveranstalter (ich), als Freund und Inspirator Däublers, seiner Partnerin (die Dame, die ich heiraten werde) mit folgenden Worten vorträgt:

Der Mann kann die Versuchung von sich streifen.
Er weiß, daß seine Reife in ihm ruht.
Erwacht sie, wird er plötzlich es begreifen:
Die Wahrheit strahlt aus keuscher Weibeshut.
Nur EINE Seele kann die Blüte tragen.
Sie knospet lang, bevor sie rasch erwacht:
Ein Augenblick wird unerwartet sagen,
Was wir im Ursprung schon vollbracht.
Doch der nur kann den Liebeszauber lösen,
Worin die Wahrheitsknospe sich verstrickt,
Der frei von sinnlichen Begierden
Der Reinheit Macht durch Demut klar erblickt.
So soll denn diese Reinheit nun erwachen.
Am Anbeginn der Zeit ward der Entschluß gesetzt.
Drum wollen wir den Ursprung in uns neu entfachen,
Was Anfang war, erscheint durch Umkehr nun zuletzt.
So wandern wir, durch das, was zeitlich aufgeschichtet,
Von Paradiessehnsucht ganz und gar erfaßt, –
Der Sehnsucht, die das Zeitliche vernichtet,
Sogar den Tod, der vor der Reinheit Mut verblaßt.

Der wunderliche Brief endet mit dem freundschaftlichen Appell, mich der angetragenen Aufgabe nicht zu entziehen. Yvonne, der ich alles vorgelesen hatte, während die Morgensonne auf unserm Frühstücksgeschirr funkelte, reckte sich, wie von einem Schüttelfrost befallen. Sicheres Zeichen, daß sie nichts davon billigt.

»Was ist auch nun das wieder für ein sonderbarer Heiliger«, bricht sie aus, – »ich weiß, ich weiß, du hast mich schon in Genf auf ihn vorbereitet. Der letzte Überlebende, hast du mir erklärt, der alten Garde. Er hat hier – sagtest du nicht so – pausenlos Weltgeschichte überdauert. Seit 1920. Ich weiß. Er kehrte mit einer Verwundetenpension aus dem Ersten Weltkrieg zurück, geriet durch Zufall (meinetwegen Schickung) hierher, besetzte einen Einsamkeitswürfel an einem berühmten Aussichtspunkt und Absturz der Inselhöhe in Anacapri. Wie heißt das dort doch noch . . .«

»Migliara«, ergänze ich ihren mißtrauischen Eifer.

»Ja, Migliara – ein Ort, den du mir noch schuldig geblieben bist. Wahrscheinlich mit guten Gründen. Ein Mephisto mit zugehörigem Hinkfuß . . . Seine Kriegsverwundung, ich weiß. Und der greift nun tief hinein in deine, in unsere Dinge. Du sollst – verstehe ich recht – sein Capribuch schreiben. Davon hattest du mir allerdings noch nichts gesagt. Dem Ton seines Briefes nach hast du ihn in seinen Erwartungen nicht unbestätigt gelassen. Ist das der wirkliche Grund deiner Däubler-Recherchen? Geht es auf das hinaus? Was hat es mit diesem Däublergedicht für Bewandtnis? Ich könnte es sogar schön finden, so für sich allein betrachtet. Aber was steckt von deinem Kluck aus gesehen dahinter?«

Sie legt den Brief, aus dem sie sich noch einmal das Gedicht vorgelesen hat, auf den Tisch zurück.

Lustlos raffe ich mich zu einigen Erklärungen auf. »Zweifellos«, sage ich, »ist das Gedicht von Däubler schön. Aber es hat – so nennt man das wohl – hermetischen Charakter. Es verlangt nach Auslegung, Ausdeutung. Und indem es das verlangt, drängt es auf Anwendung. Klucks Brief vereinigt diese drei Anstöße, die von den Versen ausgehen. Er legt sie aus, auf seine Weise, aber nicht töricht. Er gibt ihnen Deutung, indem er sie auf Capri bezieht, jene Insel, von der Däubler bekannte, sie habe ihm das Gefühl einer endgültigen Heimat eingegeben, er schlägt Anwendung des durch das Gedicht als Erkenntnis in Sicht Gebrachten vor.«

Yvonne winkt mit der Hand nach verschiedenen Richtungen.

Schweigt. Ihr Schweigen reizt mich tiefer in die Verteidigung hinein, tiefer, als ich sonst gegangen wäre.

»Wenn es das überhaupt noch geben soll – oder jemals gegeben hat, daß Dichtung Offenbarung bedeutet und daß dieser Offenbarung nachgelebt werden kann, daß sie also ›stiftenden‹ Charakter besitzt (was Hölderlin noch im ganzen Umfange der geglaubten Möglichkeit vorschwebte), dann ist der bohrende Ernst, mit dem Kluck dem Dichter Däubler gerecht zu werden versucht, mindestens anerkennenswert.«

Yvonne macht eine müde Bewegung zu dem Kaffeekännchen hin, in dem ein kalt gewordener Rest darauf wartet, getrunken zu werden. Ich reiche ihr die Nescafé-Dose. Aber die Bewegung Yvonnes hatte zugleich die Bedeutung einer Antwort. Kalter Kaffee, meint sie, hätte mit diesen okkulten Scherzen das eine gemeinsam, daß dergleichen zu nichts dienlich ist. Das Werk Däublers, wie schön, wie tief auch immer, es scheitere an seiner Unbekanntheit. Und selbst wenn es gelesen würde, so wäre doch der uns allen angedrohten Megatonnenbombe und mit ihr aller Wirklichkeit, wie sie sich gegenwärtig biete, nichts anzuhaben. Gereimte Worte, was sollen uns die? Hatte sie nicht gerade von mir gehört, daß wir uns nach einer neuen Sprache umtun müßten, um wenigstens das momentan Tatsächliche in seiner lastenden, bisher nicht einmal durchschauten Entsetzlichkeit vorzustellen?

»Wir sind allein«, ruft sie mit Bestimmtheit aus. »All diese von Kluck beschworenen großen Geister sind Papiergespenster. Sie können uns da, wo wir sind, gar nicht mehr erreichen. Und auch dich zieht dieses Capri nur in seine romantischen Abgründe. Abgründe voll Vergangenheit. Jede Villa ein Grab verrückter Träume. Ich protestiere gegen Capri. Du quälst mich hier durch ein Labyrinth deiner alten, abgewelkten Beziehungen.«

»Yvonne!« – Ich hebe beschwichtigend die Hand. Sie fährt unbeirrt fort:

»Du stellst damit genau jene Spaltung zwischen uns beiden

Der Migliara-Abgrund. Foto: Herbert List

her, der mit Däublers Gedicht und Klucks Auslegung ein Ende gemacht werden soll. All diese Leute, wo leisten sie denn die Vereinigung zum ›Uratom‹, wo sind ihre Frauen, wo und wann sind sie menschlich mit ihnen, was sollen diese Mystifikationen? Sie haben versäumt, dem Einhalt zu gebieten, was jetzt nicht mehr rückgängig gemacht werden kann.«

Wütend schenkt sie sich den Kaffee ein, schmeckt am Tassenrand und stellt die Tasse wieder aufs Tablett.

»Was mich betrifft«, sagt sie, »ich prophezeie den Untergang der Welt am Mann, an seinen metaphysischen Gesellschaftsspielen, seinem langweiligen Tiefsinn und seinem Übertritt in die Zone der Formeln, wo er sich um alles drücken kann, was Wärme, Anteilnahme, was Liebe bedeuten könnte.«

Ich, um alle Erwiderungen gebracht, taste vergeblich nach Rettung. Mir fällt nur noch ein, den ja ebenfalls von Yvonne angeklagten Reim zu verteidigen: »Im Reim sucht das Wort den geschwisterlichen Klang seines Sinnes. Die geglückte Ehe ist solch ein Reim. Übersieh nicht die unendliche Verbundenheit aller Dinge mit allen Dingen.«

»Gut, reimen wir uns zusammen«, beschließt Yvonne, erhebt sich und beginnt sich anzuziehen.

»Eigentlich dient dein Kluck dem Dichter Däubler keineswegs in guter Weise«, höre ich sie aus dem Bad rufen.

»Wieso?« frage ich zurück, gespannt auf die Blöße, die ich mir, die ich Kluck, die ich Däubler unwissentlich gegeben haben könnte.

»Da er sich als dessen Inspirator bezeichnet, nimmt er ja eigentlich den ganzen Däubler huckepack und macht sich zu dessen Urtext«, tönt es zurück, und mir bleibt nichts anderes übrig, als zuzugeben: »Das versteht sich ja alles immer unter der Voraussetzung einer uns allen möglichen Einsicht.«

Yvonne lacht. Ich höre den Kamm durch ihr Haar knistern. Ich bin aus dem Vorraum, vom Frühstückstisch weg allmählich ins Schlafzimmer zurückgekommen: »Immerhin, die Zauberinsel kennt auch Treue. Däubler überdauerte hier bis heute, wenn auch nur im Sinn Klucks.«

»Oder in einer verschimmelten Kiste beim Padrone«, spöttelt Yvonne.

»Und in mir«, füge ich ohne Überzeugung hinzu.

Sie kommt mit geordnetem Haar aus dem Bad, tändelt an mir vorbei ins Terrassenzimmer, zu jenem marmornen Fensterbord, wo wir den Däublerschatz aufbewahren. Ich höre sie in den Seiten und Papieren herumsuchen. Wenn Yvonne sucht, findet sie immer. Wenn sie findet, ist es genau das, was sie suchte. »Es hat im Ich die Weltidee sich übertrieben«, liest sie mir triumphierend vor. Mir scheint der Augenblick gekommen, sie mit meinem nächsten Vorhaben bekannt zu machen. »Hab' ich's dir schon gesagt«, frage ich vorsichtig, »daß Castello uns übermorgen bei seinem Bruder zum Langustenessen erwartet? Castello, weißt du, der Maler . . . Und morgen, habe ich gedacht, könnten wir . . .«

Sie läßt fallen, was sie gerade in der Hand hält, starrt mich mit kreisenden Pupillen an und fragt: »Wann gehört uns Capri? Wann gehören wir Capri? Du verschwendest unsere Stunden, gefährdest unsere uratomistische Ganzheit, indem du uns dauernd zwischen deinen alten Freunden spaltest.«

Ihre Augen strahlen vor Empörung. Jung wie am ersten Tage unserer »Urbegegnung« steht sie da und bebt mit den Flügeln. Nur wer mit Faltern lebt, weiß, was ich leide.

21 DER INSELDENKER

Yvonne hatte mit ihrem Verdacht gar nicht so unrecht. Lange schon vor unserem Aufbruch nach Capri war's mir eingefallen, ihn brieflich anzusprechen, denn ich hatte erfahren, daß er einmal mehr alle politischen und kriegsmäßigen Unwetter auf der Insel, geborgen in seinem winzigen Würfelhaus, überstehen konnte.

Der seltsame Mensch, einer der seltsamsten, die ich je kennenlernte, hatte mir auch geantwortet. Aber seine Briefe waren von einer so phantastischen Beschaffenheit, daß mich etwas davon abhielt, sie Yvonne zu zeigen. Ich fürchtete, ihre Reisewilligkeit damit zu erschüttern. Sie hatte nichts gegen Freunde. Aber sie schätzte Usurpatoren nicht, zumal solche, die Geist und Gemüt zu besetzen trachten mit dem Ziel, ihre Opfer zu Erfüllungsorganen ihrer Privatmission umzuprägen. Was ich sie über Willy Kluck wissen ließ, entsprach nicht ganz den Tatsachen, die sie nun in Capri auf sich zukommen fühlte.

Kluck bildete zwar mit Däubler und Frieg ein Triumvirat philosophisch-magischer Art, aber er empfand sich als Widersacher Däublers und als Meister Friegs, den er als seinen Jünger einstufte.

Ein Teil seiner damaligen Einflußnahme auf mich bestand vor allem darin, mir diese Rangverschiedenheit einzureden. Hunderte von Gesprächsstunden verbrachte ich während meiner Caprijahre mit ihm. Gespräch, was sage ich. Er allein war es, der sprach. Kaum war's möglich, auch mal ein Wort einzuklemmen. Die Migliaraeinsamkeit seit 1920 hatte ganze Sturzfluten von Mitteilsamkeit in ihm gestaut. Wer sich dem aussetzte, war verloren, mußte auf das eigene Gedachte verzichten und durfte froh sein, wenn sich während eines solchen wortererfüllten Nachmittags endlich doch die Lücke auftat, die ein schickliches Entweichen gestattete, sei es, daß Regen aufkam, oder daß man noch zu tätigende Einkäufe vorschützte, oder – auf die Uhr blickend – andere Verabredungen mit schonender Bestimmtheit andeutete.

Dabei konnte man dann die verwunderliche Entdeckung machen, daß alles Gesprochene, auch jenes, das man innerlich für ein ferneres Überdenken vorgemerkt hatte, in dem Augenblick zerstoben war, wo man sich vor der Türe verabschiedet hatte und den Rückweg auf dem Saumpfad am Solarohang entlang antrat. Es war, als ob da die gewohnte normale Welt über einen hereinbräche, alles tilgend, was Kluck mit dem Fanatismus des Beweisenwollens in seinen Zuhörer investiert hatte.

Man war »leergeredet« im Sinne einer vollständigen Überwältigung vom anderen her, und man fing, jenseits des Banns, den der Überwältiger übte, ganz klein und simpel wieder bei sich selber an, ließ die gewohnte Welt einströmen und war dann, am Ende des Pfades in Anacapri einlangend, wieder derjenige, als welchen man sich aufgebaut und entwickelt hatte. Dabei ging der Bann nicht einmal so stark von Kluck aus als vielmehr von seinem Haus, dessen Tür und Fenster er während des Rencontres vorsorglich fest verschlossen hielt, wie schön, auffordernd und anheimelnd das große Draußen mit seiner reichen Natur, seinen Campagnadüften, seiner Ginsterfülle, seinem Glanzhimmel auch sein mochte. Sogar Phänomenales, Extraordinäres wie Gewitter, Sturm, Lichterscheinungen, ließ Kluck nicht in die Sphäre seines Zwangskollegs einbrechen.

Ich entsinne mich eines Nachmittags, wo vom weit erstreckten Meer her eine gewaltige Nebelschicht auf Capri zutrieb und bis zur Höhe von Klucks Haus alles zu- und eindeckte, so daß einzig noch dieses Haus darüberragte, während am fernen Rand der Nebelschicht die Sonne stand und ihre Oberfläche in ein plastisches Gelände von so dichter Wirklichkeit verwandelte, daß man glauben mochte, darauf treten, darauf gehen zu können.

Kluck, ungerührt, fuhr fort, seine Theorie darzulegen; es handelte sich um seine Sicht der Relativitätstheorie, und er versuchte sie bildlich vorzustellen, indem er seinen Krückstock waagerecht hob und die Begegnung von Raum und Zeit an seiner Linie entlang mit zeigendem Finger demonstrierte. Auch so ein Scherz, der, solange er währte, durchaus schlüssig schien, aber in der Erinnerung nicht nachzuvollziehen war.

Es war sein Haus (ein einziger quadratischer Raum, spärlich möbliert, alles bedeutungsvoll nach Himmelsrichtungen verteilt, mit einem kleinen Küchenanbau, in dem Kluck gelegentlich einen aufmunternden Espresso für seinen mehr und mehr in sich zusammensinkenden Zuhörer braute), es war zweifellos das Haus mit seiner Ablagerung von Tausenden von Denk- und Lernstunden, das ihm Antäuskraft, Überzeugungsgewalt lieh. Denn außerhalb wirkte Kluck schattenhaft, ein Mann, der mit Mühe vor sich hinhinkte, blaß bei so viel Mittelmeerlicht, schütter in sich selbst, und seine Worte fielen flach.

Dabei war er nicht ohne männliche Eitelkeit. Monatelang sah ich ihn mit geschorenem und mit Olivenöl glänzend eingeriebenem Schädel, um seinen Haarwuchs zu kräftigen. Und tatsächlich, als Alternder verfügte er über einen prächtigen, graumelierten Haarschopf.

Auch sonst war ihm an normalen Erfolgen gelegen. Immer wieder verstand er es, Frauen in den Bann seiner Beredsamkeit und zugleich seiner Männlichkeit zu ziehen. Es kam zu gelingenden Liebesverhältnissen. Aber sie währten nie lange. Obwohl sie aufwendig magisch begründet, von ihm aus als unwiderrufbar, als Schickung von lange her und auf »ewig« hin angelegt waren, zerbrachen sie an dem Zuviel an »metaphysischer« Erwartung, die er damit verband. Aber auch solche Unfälle vermochte er zurechtzuphilosophieren. Er war und blieb (und sieht sich heute noch so) der wahre, der einzige Capri-Äternist. In seiner Vorstellung brachte er alles zum Stimmen. Nicht wenig erstaunte es mich, als er mir eines Tages allen Ernstes versicherte, der Weltkrieg sei auf der Solarohöhe, dort, wo die Exedra des Tiberius vermutet wird, entschieden worden. Von seinem Haus aus sieht man den Platz. Er zeigte mit dem Stock hinauf und fragte mich, ob ich ihm das glaube. »In Ihrer Vorstellung stimmt es so«, meinte ich, »und somit haben Sie recht.« Und dieses listige Wort gab mir Gelegenheit, mich endlich (da waren wieder sechs Stunden Gespräch vergangen) auf den Weg zu machen. Er blieb zurück, gesenkten Hauptes, und verschwand in seinem Einsamkeitswürfel, verschwand in seiner Verlassenheit.

Die erste Wiederbegegnung, zu der ich mich ermutigte (der Vorsicht halber ohne Yvonne), verlief komisch genug. Der Weg, der als Fortsetzung der Via Catena nach dem Migliara-Abgrund führt (Tatsache, die von Kluck und Frieg gleichermaßen als kosmischer Hinweis interpretiert wurde), hatte keine Ähnlichkeit mehr mit dem altgewohnten Saumpfad. Er war vom Anacapri-Verschönerungsverein als attraktiver »Spaziergang« ausgebaut, betoniert und »fein« gemacht worden. Ohne zu stolpern konnte man sich jetzt der erstaunlichen Aussicht widmen, die er bietet.

Es war früh am Tag, Yvonne jetzt wahrscheinlich mit dem Frühstück im Manfredi Pagano beschäftigt. Ich hatte mir diesen Urlaub unter dem Vorwand ertrotzt, erst rekognoszieren gehen zu wollen, bevor wir Gemeinsames in Richtung Kluck unternähmen.

Als ich mich, nach feierlich gedehnter und zu dieser Zeit einsamer Wanderstunde, in Sicht des Kluckhäuschens befand, erblickte ich mitten auf dem Weg vor der Haustür ein Fotostativ mit Kamera. Davor, unter einem schwarzen Tuch, eine gebückte menschliche Gestalt, von der man nur die weißen Flanellhosenbeine sah.

An die Hauswand gelehnt und ins frühe Sonnenlicht gerückt standen Gemälde auf Pappe, großformatige Aktbilder. Und es war Kluck, bärtig jetzt, blaß wie immer, der dort seine malerischen Hervorbringungen aufnahm.

Er packte schnell zusammen, als er mich kommen sah und erkannte. »Nun, auch wieder im Lande«, begrüßte er mich, offensichtlich unzufrieden, bei seinem Tun überrascht zu werden.

Denn was ich erblickte, war Fleisch, viel, sehr viel weibliches Fleisch, in eiskalten Temperafarben ausgeführt, wie man Moulagen für den klinischen Bedarf herzustellen pflegt.

Hinter ihm her trat ich in den nachtkalten Raum, an dem sich nichts, oder doch kaum etwas geändert hatte. Der kleine Arbeits- und Eßtisch, die altmodisch rohrgeflochtenen Stühle, das flache Bett, das Bücherbord voller sorgfältig ausgewählter Wissenschaft, der Fliesenboden mit dem durchgetretenen kleinen Fußteppich, das Radiogerät, die mit Brettern zugedeckte Zisterne in der Kammerecke, weniges, abgenutztes Geschirr, alles atmete die gleiche asketisch betonte Dürftigkeit von einstmals.

Mein voreiliger Blick entdeckte ein paar Aktfotos, denen die Gemälde aufs Haar glichen. Abgemalt also. Und das nach den Fotos Kopierte fotografierte er nun wiederum in einer Umkehrung ihres Wirklichkeitsverhältnisses. Oder um das Entstandene auf seine Genauigkeit zu prüfen.

»Ja«, erklärte er, indem er sich den Umständen fügte, wie sie sich nun, anscheinend nicht erwünscht, ergeben hatten, »ja, ich male jetzt. Ich will damit beweisen, daß jeder, wenn er will, alles kann.« Danach trug er, was vor der Tür geblieben war, in die Kammer, stellte die Gemälde mit der Bildfläche zur Wand. Es waren aber genügend andere Beispiele seiner Kunst aufgehängt. Alles nackte Damen in reizvoll verschränkten Stellungen, aber kalt, starr, unmenschlich wirkend.

Willy Kluck in seinem Einsamkeitswürfel, eines seiner vielen Aktgemälde im Hintergrund. Foto: Benedikt Blatter

»Ein Amerikaner hätte sie mir neulich um jeden Preis abkaufen wollen«, sagte er, meinen Blicken folgend. »Aber ich gebe sie nicht her. Sie sind für mich. Sie bedeuten ein Experiment. Es handelt sich um die Ergründung der Spiegelbildlichkeit.«

Sobald es sich machen ließ, erwähnte ich Freund Frieg, den früheren »Schüler« und zögernden »Rezipienten« der Kluckschen »Lösung der Welträtsel« – wie ich ihm unerwartet in Stuttgart begegnete, was da gesprochen wurde, und daß ich ihm geraten hätte, seine Urheimat Anacapri zur Residenz seiner alten Tage zu machen.

Kluck zeigte sich merkwürdig reserviert, fast ablehnend. Er fürchte, meinte er, daß er Frieg dann am Halse haben würde, eine Last, mit der er sich nicht herumschleppen wolle. Einmal mehr empfand ich das Fehlen menschlich interessierter Regungen bei dem Universaldenker. Er war und blieb im ganzen auf sich selbst bezogen, hielt alles von seiner Selbstbegründungsmanie ab, was Störung, was »Zeit«-Verlust bedeuten konnte. Genau das, was Yvonne schon aus seinem Brief geschlossen und was sie entsetzt hatte: diese tiefe Nüchternheit und Unverbundenheit gegenüber dem Leben, die sich als Ur-verbundenheit gab. Unbehagen beschlich mich. Ich trat in meinen Schuhen herum, da das enge Wohngeviert kaum mehr gestattete.

Endlich saßen wir im hergebrachten, von ihm arrangierten Raumverhältnis zueinander. Ich zündete mir eine Zigarette an. Das Gespräch lief leer. Er mochte das spüren, denn er erhob sich, um eine Flasche vom Bord zu nehmen. »Festwein«, sagte er, »habe ich neulich geschenkt bekommen. Wir könnten ihn zur Feier Ihres Eintreffens trinken.« Er öffnete die kleine Flasche, schenkte in ein Glas, das er zuvor, wassersparend, über der Zisterne gereinigt hatte (das Reinigungswasser wurde nochmals in einer kleinen Wanne für weitere Zwecke bewahrt), roch an dem, was er ausgegossen hatte. »Der ist ja faul geworden«, ging mit dem Glas zur Tür und leerte es nach draußen. Wahrscheinlich hatte die Flasche schon jahrelang herumgestanden. Zeit galt ja hier nicht. Aber die Dinge richteten sich nach ihrer eigenen Geltung. Als Ersatz entstand ein Espresso, sehr dünn, sehr nach Metallkanne schmeckend. Nichts für Yvonne, ging es mir durch den Sinn.

Mein so großartig bewahrter Eindruck von dieser Kluckwelt wollte sich nicht wieder herstellen. Die altgewohnte Wörterschleuse, die nun doch aufging, begann diesmal mit seiner Jugendgeschichte, mir in ihrem Verlauf so bekannt, wie ein Tonband, das man oft gehört hat. Daß er Meisterschüler jenes

Berliner Bildhauers gewesen, der anfangs des Jahrhunderts überall in Deutschland die Aktion »Bismarckturm« in Gang gebracht hatte. Keine Stadt blieb ohne dieses Wahrzeichen. Viele durften bis heute überleben. So der Bismarck von Hamburg.

Klucks eigene bildhauerische Entwürfe, mit verblichenen Fotos bezeugt, die ihren »ewigen« Platz im Raum (ein Räumchen nur) hatten. Der kleine Gipsabguß des Entwurfs einer Großplastik, eine Schreitende darstellend. Ich betrachtete alles mit der gebührenden Achtung, wissend, daß es jedem »Zufalls«-Besucher hier in der Eremitage ähnlich präsentiert würde, oder in den Illustrierten-Reportagen über den Capriphilosophen figurierte, denn er genoß inzwischen eine gewisse Berühmtheit.

Seine Sprachbegabung (auf stundenlanges eintönig lautes Erlernen gestützt) kam ihm zugute, war ihm auch zugute gekommen während der Besetzung Capris durch die Alliierten. Seine vielen merkwürdigen, bedeutungsvollen Abenteuer zwischen damals und heute, was ich mir davon innerlich notierte, während er sie darstellte, wieder waren sie zerstoben, als ich mich gegen Mittag unter dem Vorwand, Yvonne erwarte mich, von ihm losgerissen und auf den Heimweg gemacht hatte.

Erst lief, rannte ich, um schnell zum Autobus zu kommen, dann fühlte ich mich vom Gemüt bis in die Beine hinab bleischwer werden und schlich langsam vor mich hin durch die so dringlich zum Verweilen einladende Landschaft, um schließlich böse zu erschrecken.

Da hatte etwas in der Weinbergmauer neben mir aufregend geraschelt. Eine meterlange Äskulap, die in den Mauerritzen Mittagsruhe gehalten hatte, schnellte sich, ein schwarzer Speer, hervor und verschwand an mir vorbei über die Wegkante abwärts.

Hier nun scheint es mir angebracht, den Brief mitzuteilen, den er mir nach dem Krieg, auf mein Antippen hin, nach Genf geschickt hatte. Der Brief, mit dem er mir antrug, statt meines Däubler-Capri-Buches sein Kluck-Capri-Däubler-Buch mit meiner Feder zu schreiben. Den Entwurf, wie er sich das wünschte, fügte er gleich bei.

Dies erklärt mein Zögern, ihn, nachdem wir auf Capri angelangt waren, als ersten aufzusuchen, wie es mir eigentlich im Sinn gelegen hätte.

Capri, den 10. November 1957

Lieber Helwig,

[. . .] Im vorigen Jahrhundert soll sich vor dem Ausgang der Katakomben ein Skelett in einem Käfig befunden haben, das der Katakombenführer den Besuchern am Ende der Führung mit folgenden Worten erklärt haben soll: »Dies Skelett wurde in den Gängen der Katakomben gefunden. Es rührt von einem Besucher her, der glaubte ohne Führer auszukommen.«

Was sind aber die Katakomben gegen das Labyrinth der magischen Insel! Daß ich dort durchgefunden habe, danke ich meinem Führer, dem Irrenarzt Dr. Wagener Marherr. Er führte mich dort hindurch, weil ich unter der Perinoia litt. Diese Krankheit ist absolut neu, wobei zu bemerken ist, daß das Neue immer das vergessene Alte ist, denn jeder leidet unbewußt unter dieser Krankheit; Dr. Wagener Marherr hat sie aber entdeckt.

Einst war die Appendizitis eine Modekrankheit. Munthe überbot sie durch die Kolitis (und mit welchem Erfolg und zum Schaden der Zauberinsel). Dr. Wageners Perinoia ist aber der letzte Trumpf, der Capri von den Wallfahrern säubern soll.

Wenn Sie also über den rein wissenschaftlichen aber sehr heiteren Heilungsprozeß der von der Perinoia befallenen Menschheit berichten wollen auf Grund des Materials, das

Ihnen der IPS zur Verfügung stellen würde, so hätten Sie vielleicht Aussicht damit den Nobelpreis für den Frieden, womöglich auch für die Literatur zu erlangen, denn in dem Augenblick, wo die Menschheit entdeckt, daß die Perinoia die Ursache aller Kriege ist, hören die Kriege auf. Die Heilung besteht aber einfach in der Anregung der Phantasie durch die Literatur.

Da das Material aber Tausende von Seiten umfaßt, so habe ich es aus Papierersparnis in meinem Gedächtnis aufbewahrt. Mein Versuch, nur das Material für ein Bändchen für Sie aufzuschreiben, mußte scheitern, da sich die Reihenfolge der Darstellung nur aus dem persönlichen Kontakt ergeben kann. Immerhin habe ich versucht, Ihnen eine Anregung für ein »Vorwort« zu geben, das Sie nach Belieben verwenden können, falls es Sie interessiert. Es könnte z. Bsp. als Zeitungsartikel als Hinweis auf das in Einzelbändchen erscheinende »Capribuch« dienen, denn ich halte viel davon, daß man sich erst die Kundschaft verschafft, ehe man den Laden aufmacht. So entsteht eine unbewußte Kollaboration mit dem Publikum.

Ich halte in jeder Beziehung viel von der Kollaboration, denn sonst würde ich ja die Tausende von Seiten selber schreiben. Nicht was der Eine oder Andre zu sagen hat ist wichtig, sondern das Dritte, die Einheit, ohne welche sich die Teile unfruchtbar bekämpfen.

Wenn Sie also zur gemeinsamen Arbeit hin und wieder nach Capri kommen wollen, kann ich Ihnen zunächst mein Häuschen bei Pascotto zur Verfügung stellen. Alles weitere werden wir ja dann sehen. Sie brauchen dann also nur zu schreiben, den Schlüssel für Garten und Häuschen finden Sie dann bei Carminiello. Bringen Sie sich dann Bettwäsche und Besteck mit. Den Rest finden Sie im Häuschen: Gas, Geschirr, elektrischen Heizofen und eine alte Erika-Schreibmaschine. Pascotto ist im Winter nicht hier in seiner Villa.

Herzliche Grüße an Sie und Ihre Familie
Ihr Willy Kluck

»Vorwort«

Im Jahre 1920 kam mir ein Buch in die Hand, dessen Inhalt mich geradezu erschütterte. Es war dies die Schöpferische Indifferenz von Salomo Friedländer. In diesem Buche wird nichts Geringeres prophezeit als das Erwachen des allmächtigen Schöpfers im menschlichen Bewußtsein aus SELBST-Besinnung heraus! Unsterblichkeit in Fleisch und Bein würde nach Friedländer die Folge dieser SELBST-Besinnung sein. Ein Mensch, dem es gelänge, die völlige Indifferenz zu erreichen, wäre eo ipso der Herr aller zeitlichen Differenzen, also der gesamten Erscheinungswelt.

Damals sprach ich oft über dieses eigenartige Buch und bezeichnete es als den Drehpunkt der Weltliteratur. Eines Tages saß ich in einem Café in Berlin, meinem Geburtsort. Es war im Herbst 1930. Ich kam damals von Capri, meinem Wohnsitz. Ein Herr setzte sich an meinen Tisch. Wir sahen uns öfter prüfend an. Plötzlich fühlte ich mich gedrängt, den Fremden anzureden. Es kam ein Gespräch in Gang, wobei sich herausstellte, daß wir uns beide für Philosophie interessierten. Ich begann alsbald von Friedländers Schöpferischer Indifferenz zu sprechen. Der Fremde hörte andächtig zu. Ich sprach lange, vielleicht über eine halbe Stunde über das Buch, ohne daß der Fremde mich unterbrach. Plötzlich fragte er mich: »Kennen Sie Friedländer?« »Nein«, sagte ich. Darauf erhob sich der Fremde und stellte sich vor: »Friedländer!« Er entschuldigte sich, daß er gehen müsse, bezahlte und ging.

Ende Januar 1931 war ich wieder zurück auf Capri. Dort wohnte ich seit 1929 in einem kleinen Häuschen, dem einzigen in einer einsamen Gegend des felsigen Eilands. In dieser Einsamkeit, die Migliara genannt, befindet sich ein Belvedere dicht an einem steilen Abhang, und 50 Meter davon entfernt stand mein kleines würfelartiges Häuschen, unmittelbar an dem zuführenden Wege gelegen.

(Hier wäre eine Beschreibung der Migliara einzuschalten mit

Willy Kluck lebt seit 1920 von seiner Rente als Eremit in Anacapri. Dies ist seine Eremitage, sein »Einsamkeitswürfel«. Foto: Willy Kluck.

einer Betonung der subjektiven Seite: das Unsichtbare der Migliara und des Häuschens wäre sichtbar zu machen.)

Die Migliara entwickelte sich alsbald zu einer Selbstmörderecke, denn in jedem Jahr im Juni, seitdem ich dort wohnte, stürzte sich jemand von dem Migliarafelsen hinunter. Nachdem ich das schon dreimal erlebt hatte, entschloß ich mich etwas dagegen zu tun, deshalb malte ich über der Eingangstür des Migliarahäuschens ein Zeichen und wartete nun das vierte Jahr ab.

Eines Tages nahm ich Friedländers Schöpferische Indifferenz, die immer auf meinem Arbeitstisch lag, zur Hand. Kaum hatte ich zu lesen begonnen, da klopfte es an meiner Tür. Ich öffnete, und vor mir stand Dr. Friedländer, dessen Gesicht sich mir in der kurzen Bekanntschaft im Café in Berlin deutlich eingeprägt hatte. »Ah, Herr Doktor Friedländer, Sie hier? Treten Sie bitte ein.«

Der Bekannte sah mich wie abwesend an und verbeugte sich

Willy Klucks »Einsamkeitswürfel« vor dem Höhenzug des Monte Solaro. Foto: Willy Kluck

kurz: »Doktor Wagener Marherr«, sagte er trocken und gleichgültig. Dann deutete er auf das Zeichen über der Tür: »Sie erwarteten mich also schon?«

Da schoß es mir wie ein Blitz durch den Kopf: Dr. Friedländer ist wahnsinnig geworden, denn es war der Bekannte vom Café in Berlin und kein andrer, das stand für mich fest.

»Ja«, sagte ich mit erzwungenem Lächeln, »natürlich. Wie haben Sie mich aber hier gefunden? Doch treten Sie bitte ein. Herzlich willkommen auf Capri.«

»Dem Manicomio azzurro«, fügte er trocken hinzu. »Ich bin nämlich gekommen, um Sie zu heilen, denn Sie leiden an einer sehr interessanten Krankheit, der Perinoia (nicht zu verwechseln mit der Paranoia, denn das ist, wie Sie wohl wissen, eine Geisteskrankheit; die Perinoia ist das Gegenteil)!« Ich sah ihn verdutzt an.

»Sehen Sie«, fuhr er fort, während er eintrat, die Tür schloß, den Schlüssel im Schloß herumdrehte, ihn abzog und in die

Tasche steckte, »hier allein gibt es echte Freiheit. Die Welt da draußen ist ein Narrenhaus. Deshalb schließe ich als Ihr Arzt dieses Irrenhaus ab gegen uns, damit wir hier in der Freiheit ein ernstes Wörtchen unter vier Augen reden können.«

Ich bekam eine Gänsehaut, denn ich war überzeugt, ich hatte es mit einem Geisteskranken zu tun. Doch faßte ich mich schnell und dachte zunächst daran, wie ich die Tür mit seiner Zustimmung wieder aufbekommen könnte. Ehe ich aber ein Wort sagen konnte, hatte er einen Revolver mit der Rechten aus der Tasche gezogen, während er mit dem linken Zeigefinger auf die Schöpferische Indifferenz deutete, die ich aus der Hand gelegt hatte, als es klopfte.

»Sie kennen ja dieses Buch sehr gut, wie ich mich entsinne. Wahrscheinlich haben Sie es erneut gelesen, denn es sieht ja ganz zerlesen aus. Was halten Sie nunmehr davon«, sagte er mit drohender Stimme und richtete den Revolver auf mich.

»Nichts«, rief es da in meiner Angst aus mir. Da ließ der Wahnsinnige den Revolver sinken und sagte wie völlig abwesend:

»Ihr Glück!«

»Um nicht vom vorigen Thema abzukommen«, sagte ich mit erzwungener Freundlichkeit, um den Bekannten von seinem leichtfertigen Spiel mit dem Revolver abzubringen, »ich fühle mich tatsächlich krank und wäre froh, wenn Sie mich heilen könnten.«

»Also doch«, schrie er, hob erneut den Revolver empor und zielte direkt auf meine Stirn. Mir wurde schwarz vor Augen. »Haben Sie Mut?« fragte er im überlauten Ton.

Blitzschnell ging es mir durch den Kopf: sage ich ja, so schießt er; also werde ich nein sagen, denn er will mich ja heilen, dann kann er nicht schießen. »Nein«, antwortete ich deshalb in meiner Angst.

»Dann werde ich Ihnen Mut machen«, und im selben Augenblick krachte der Schuß aus dem auf mich gerichteten Revolver mit einem ohrenbetäubenden Gedröhn von den Wänden her. Ich fühlte wie mir das Bewußtsein schwand und wie ich zu Boden sank. –

Plötzlich öffnete ich die Augen. Ich weiß nicht wieviel Zeit inzwischen vergangen war. Ich lag am Boden. Dr. Friedländer war nicht mehr im Zimmer. Die Türen und das vergitterte Fenster waren weit aufgerissen; ein frischer Wind wehte im Zimmer. Ich fühlte, wie ich schnell zu Kräften kam, erhob mich, sah in den Spiegel an der Wand, fand mich sehr blaß, von einer Verwundung im Gesicht aber keine Spur. Vom Wandspiegel konnte ich durch das vergitterte Fenster zum Belvedere am Abgrund sehen und bemerkte, daß Dr. Friedländer dort in lebensgefährlicher Weise auf dem Schutzgitter stand: eine falsche Bewegung und er wäre in den 260 Meter tiefen Abgrund gestürzt.

Um Himmels willen, dachte ich. Jetzt ists aus mit ihm. Der springt dort hinunter. Mein Gott, wie ist das möglich. Ich habe doch ein Schutzzeichen gegen den Selbstmord über die Tür gemalt. Ich eile zur Tür hinaus, um Friedländer vielleicht noch zu retten. Beim Hinausgehen fühle ich einen Zwang, nach dem Zeichen zu schauen. Ich erschrecke: das Zeichen ist zerstört; der Putz auf dem es gemalt war, war zum größten Teil heruntergefallen. Vielleicht war es durch die Erschütterung des Häuschens, als der Schuß krachte, geschehen.

In der Aufregung hatte ich ganz die merkwürdige Schießerei in meinem Zimmer, die ohne augenblickliche ernste Folgen für mich geblieben war, vergessen und überlegte, wie ich Friedländer wohl, noch ehe es zu spät ist, dazu bringen könnte, freiwillig seine lebensgefährliche Situation aufzugeben. Auffällig zu ihm hinzueilen hätte die Situation vielleicht nur kritischer gestaltet. Deshalb rief ich vom Häuschen her in gekünstelter Unbefangenheit: »Herr Doktor, kommen Sie her, wir wollen auf das Dach meines Häuschens steigen. Dort haben wir eine viel schönere Aussicht, sogar bis zum Vesuv hin.« Er blieb jedoch unbeweglich auf dem Schutzgitter stehen und schaute hinab, ohne auf meine Worte zu reagieren.

Es blieb mir also nichts weiter übrig, als mich ihm vorsichtig anzunähern und möglichst unbefangen zu erscheinen. Schließlich erreichte ich das Gitter und tat so, als nähme ich ebensowenig Notiz von ihm, wie er von mir. Ich stand ein paar Meter entfernt von ihm, während er unbeweglich auf dem Gitter stand. Beide schauten wir zu dem Leuchtturm, der auf einer Felsenzunge gelegen ist, die sich vor den Abgrund lagert.

Plötzlich begann Dr. Friedländer, indem er sich zu mir wandte, während ich schon die Unruhe verloren hatte, da ich sah, daß er mit der Sicherheit eines Seiltänzers auf dem Schutzgitter stand: »Glauben Sie, daß der Mensch fliegen kann?«

»Es kommt darauf an«, erwiderte ich ausweichend. »Na, dann genauer: glauben Sie, daß ich fliegen kann?« Um Himmels willen, dachte ich, wie werde ich bloß mit diesem Menschen fertig, denn es schien mir ganz hoffnungslos. Was soll ich antworten? Sage ich ja, dann überzeugt ihn das vielleicht in seinem Wahn, daß er fliegen kann und er springt hinunter; sage ich aber nein, und er ist in seinem Wahn davon überzeugt, daß er fliegen kann, dann will er es mir vielleicht beweisen und springt hinunter. Unschlüssig ließ ich meinem Mundwerk die Zügel schießen. Vielleicht kommt so das Richtige heraus.

»Ich glaube nicht, daß Sie fliegen können. Ich kann es schon«, sprach es da aus mir. Da sprang er plötzlich von dem Gitter herunter und kam auf mich zu. Ha, – dachte ich, jetzt habe ich ihn wenigstens mehr in Sicherheit. »Das wußte ich ja« rief er begeistert aus, »ein Mensch, den man nicht totschießen kann, muß doch auch fliegen können. Sie haben Friedländers Buch gut verstanden.«

Nun stand er dicht neben mir und ich dachte, jetzt muß gehandelt werden. Ich kenne einen bestimmten Griff, wobei man den Daumen gegen die Wirbelsäule unterhalb der Schädelbasis stark drückt, worauf der so Gepackte bewußtlos wird. Es ist dies der Griff des humanen Henkers vor der Hinrichtung, wenn er den Verurteilten für das Fallbeil bereit macht. Ich packte also den Wahnsinnigen blitzschnell beim Genick und sah wie ihm die Sinne schwanden; lautlos sank er zu Boden. Zunächst nahm ich ihm den Revolver aus der Tasche, holte dann einen Strick aus meinem Häuschen und band ihm die Füße zusammen. Die Arme ließ ich jedoch frei. Ich setzte mich neben ihn in der menschenleeren Gegend und wartete ab, was nun geschehen würde.

Plötzlich richtete er sich mit den Armen zum Sitzen auf, öffnete die Augen und sagte: »Ich habe Sie nur auf die Probe stellen wollen. Man kann sich als Arzt auch irren, aber ich bin nun überzeugt, daß Sie der von mir gesuchte Patient sind.« Dabei fiel mir ein, daß Friedländer nicht nur Metaphysiker, sondern auch Arzt ist. »Ich sagte Ihnen ja, daß die Welt für mich ein Irrenhaus ist, das nur einen Ausgang hat, und zwar in Ihrem kleinen Häuschen. Kommen Sie, lassen sie uns dort hinausgehen aus diesem Tollhaus.« Damit stand er auf, während sich der Strick, den ich für unlösbar fest gebunden hielt, von seinen Füßen wie nichts löste.

Wir kehrten zu dem Häuschen zurück. »Ich begreife nicht«, sagte ich beim Eintreten, »weshalb die Welt ein Irrenhaus sein soll.« »Ganz einfach, weil alle Menschen Ursache mit Wirkung verwechseln. Nehmen wir ein einfaches Beispiel. Wenn jemand, der sieht, wie ein Mensch ermordet wird, behauptet, daß er der Mörder sei, ist der Beobachter dann geisteskrank oder nicht?« »Natürlich ist er geisteskrank«, erwiderte ich, d. h. vorausgesetzt, daß er dem Täter nicht die Tat suggeriert hat.«

»Richtig der Zusatz, daran erkenne ich meinen Patienten. Der Urheber der Tat, der Mörder in unserm Beispiel kann also auch ein andrer sein als der, der die Tat ausführt. Nennt man einen Menschen mit klarem Unterscheidungsvermögen geistig gesund, so sind alle Menschen mit unzureichendem Unterscheidungsvermögen geisteskrank. Da aber kein sterblicher Mensch bisher den Urheber alles Geschehens entdeckt hat und, an seine Stelle Gott, Götter, Dämonen, die Vorsehung, das Gesetz oder den Zufall, wenn nicht gar sich selbst gesetzt hat, so liegt die ganze Welt im argen oder besser: sie steht auf dem Kopf.«

Aus dieser klaren Denkweise hörte ich den Verfasser der Schöpferischen Indifferenz heraus. Um so weniger verstand ich aber sein Gebaren kurz zuvor in meinem Häuschen und auf dem Abgrundgitter. Ich war aber froh darüber, daß das Bedrohliche eine harmlose Form der sachlichen Diskussion angenommen hatte, und das genügte mir zunächst, mehr wünschte ich gar nicht zu wissen. »Ich versteh Sie sehr gut, Herr Doktor«, fiel ich daher ein. »Sie selbst betrachten sich daher auch nicht als den Urheber dieses Buches.« Ich wies dabei auf die Schöpferische Indifferenz hin.

»Falsch«, sagte er kurz, »ich bin der Urheber dieses Buches, aber ich bin nicht Dr. Friedländer.« Ich bekam erneut Herzbeklemmungen, befürchtete, daß das, was ich schon für überwunden hielt, von neuem beginnen würde.

»Sie entsinnen sich doch«, sagte ich ihm in eindringlicher Weise, »daß wir uns in einem Café in Berlin kennenlernten, wo Sie sich als Dr. Friedländer vorstellten.« »Ganz recht«, erwiderte er, »da Sie so begeistert von Friedländers Buch redeten, ohne ihn zu kennen, stellte ich mich als Friedländer vor, denn ich bin in Wirklichkeit der Autor dieses Buches. Ich wollte Ihnen die Illusion nicht nehmen, die Illusion, die Ihre Krankheit ist, die nur hier geheilt werden kann. Darum lasse ich hier die Maske fallen: ich bin Dr. Wagener Marherr, privater Irrenarzt.«

»Also haben Sie Friedländer die Schöpferische Indifferenz im Manuskript als Ghostwriter zur Verfügung gestellt?« fragte ich verwundert. »Nicht ganz so, aber so ähnlich: ich habe ihm die Intuitionen, die diesem Buche zugrunde liegen und den Wert des Buches ausmachen, durch Fernsuggestion diktiert, während er glaubte, daß es seine eigenen Intuitionen wären.« Ich sah den Besucher zweifelnd an.

»Sie zweifeln daran, so hören Sie denn: ich bin nicht nur der Urheber der Schöpferischen Indifferenz, sondern auch des Weltkrieges, denn ich habe den ganzen vorangehenden politischen Konflikt bis zur Kriegserklärung Wilhelms des Zweiten durch Fernsuggestion diktiert. Ich bin daher auch für alle Opfer und Schäden des Weltkrieges verantwortlich.«

»Dann sind Sie also der größte Verbrecher!« sagte ich erstaunt. »Ja, der größte Verbrecher, der zu Ihnen gekommen ist, um von Ihnen gerichtet zu werden!« Mit diesen Worten zog er einen Revolver aus der Tasche. Ich fühlte automatisch nach dem Revolver, den ich ihm abgenommen und in die Tasche gesteckt hatte. Die Tasche war leer.

»Hier haben Sie das Ding, mit dem ich vorhin gescherzt habe. Es ist scharf geladen. Die erste Patrone war nur mit Betäubungsgas gefüllt. Die brauchte ich für Sie, um Ihnen Mut zu machen.« »Mut wozu?«, fragte ich erstaunt?

»Den größten Verbrecher zu richten: ich befehle Ihnen, mich zu erschießen!«

Mir wurde unheimlich zumute. Ich konnte mich aber einem unwiderstehlichen Zwang, nach der Waffe zu greifen, nicht entziehen. Mein Denken war ausgeschaltet. Wie durch eine fremde Gewalt gelenkt, richtete ich den Revolver gegen den Besucher, der unbeweglich vor mir stand. Der Schuß krachte, betäubte mich fast. Ich schloß die Augen aus Furcht vor der Wirklichkeit. – Als ich die Augen wieder öffnete, sah ich niemand im Zimmer: Dr. Wagener Marherr war spurlos verschwunden. Ich bemerkte, daß ich gar nicht mehr stand, sondern wie am Beginn saß, das aufgeschlagene Buch Friedländers in der Hand wie zuvor, als ich es klopfen hörte. – Ein Traum also, eine Art Albdruck. Doch kaum hatte ich wieder in die Wirklichkeit zurückgefunden, da klopfte es.

Ich ging zur Tür, öffnete, vor mir stand der Herr der Café-Bekanntschaft, der sich als Dr. Friedländer vorgestellt hatte. Er lächelte freundlich und stellte sich vor: »Dr. Wagener Marherr, privater Irrenarzt. Verzeihen Sie meine ungewöhnliche Art, mich vorher bei Ihnen durch eine Fernsuggestion anzumelden. So wissen Sie aber wenigstens von vornherein, weshalb ich komme.« Zögernd bat ich ihn einzutreten.

Wir gehen hier herum, mein Lieber, ein wenig erschreckt und verwirrt, durch das verwandelte Benehmen, mit dem einem die altvertrauten Dinge entgegentreten.

Mit obliegt dabei die Pflicht, Deine Mutter mit ihrem vorigen besseren, schöneren Zustand vertraut zu machen, denn wie sollte sie sonst verstehen, daß mir diese Insel einst »zum Schicksal« wurde. Capri als Schicksal, das ist vor einer spöttischen Miene kaum mehr zu vertreten. Und die spöttische Miene Deiner Mutter, Du weißt, was das heißt.

Ihr beide kennt, was mich hier, und nur hier mit solcher Wucht betraf, schließlich doch nur aus meinen Erzählungen, Erinnerungen, Anmerkungen – aus jener ganz bestimmten Verlorenheitsstimmung, in die ich gerate, wenn in irgendeinem Zusammenhang das Wort Capri fällt.

Es besteht also kein Grund für Dich, uns zu beneiden.

Das so oft gepriesene »beschleunigte Blau« des Nachmittagshimmels, die »wirbelnde« Sonne, deren Licht ungeschwächt die Felshänge überwältigt, der Honigrauch über der Macchia: kaum vorstellbar, daß dies je war oder wieder sein könnte. Statt dessen stellt der ernüchterte Blick mit böser Lust die Schäden fest, die in den letzten dreißig Jahren über den Inselkörper hereingebrochen sind, auf dem, wie Gregorovius schrieb, »das Große groß und das Fürchterliche fürchterlich bleibt, und doch zu gleicher Zeit von der Macht der Form graziös bezwungen ist.«

Der Enttäuschte fängt an, das Idol zu ironisieren. Nachdem unsere Aufmerksamkeit einmal darauf gelenkt war, kamen wir nicht umhin festzustellen: die klotzigen Hotelkästen neuerer Machart entsprechen nicht mehr dem Maß, das die Insel durch ihre zierliche Gestalt erfordert. Das Weiß der Mauern wirkt bei bewölktem Himmel strähnig zerwaschen. Die schönsten Spaziergänge sind verunziert durch Hundedreck, der oft tagelang als schäbiges Denkmal seiner selbst am Platze bleibt. Wo von den Pergolasäulen der Verputz heruntergebrochen ist, kommt ein Unterfutter von bröckeliger Beschaffenheit zum Vorschein. Und es ist viel Verputz heruntergebrochen.

Das Leben auf der Insel hat sich multipliziert, aber die Sorgfalt der offiziellen Pflege hat nachgelassen. Wenn das Auge nicht mehr nach oben in die Ferne schweift, enthüllen die Abgründe, was besser verborgen bliebe.

Wo immer man über Fels-Brüstungen hinabspäht, sind im verwüsteten Pflanzenwuchs Schutthalden entstanden: jener schlimme Müll, der mit den heutigen Lebensmittelverpackungen aus Plastik immer reichlicher anfällt. Dazu Blechkanister, Kochgasbombolas, Herdbestandteile, Eisschranktrümmer, alles von erschreckend unverwüstlicher Beständigkeit.

In den kleinen Gärten an den Spazierwegen, etwa zur Mithrasgrotte, faulen ganze Lagen von schmutzigen Eiscremebechern, unter denen es, tritt man darauf, verdächtig raschelt. Gewaltige Summen investiert die Insel-Behörde in Rattenbekämpfung. Trotzdem laufen einem Exemplare von der Prallheit einer Blutwurst gelassen über den Weg. Sind sie besser toleriert als die armen Eidechsen, denen die Jugend immer noch mit Feuereifer nachstellt, ohne daß jemand für den Schutz dieser für die Insektenvertilgung so nützlichen Tierchen eintritt?

Wo Villen verlassen stehen, sind Knaben-Meuten laufend damit beschäftigt, die letzten Balustraden zu stürzen, oder Fliesen auszubrechen, um sie als Diskus in die Gegend zu schleudern. Wo man in verwunschene Parks eindringt, liegen Schrotpatronenhülsen herum, die vom üblichen Vogelmord zeugen.

Das hübsche Reduit, das sich der Inselphilosoph Edwin Cerio in der Senke des Monte Solaro schuf, wurde mit allem Inhalt an antiken Möbeln bis auf den Grund zerstört und besteht nur noch als klagende Ruine, befleckt von den Verunreinigungsspuren derer, die hier – neue Bestimmung des Ortes – ihre Notdurft verrichten.

Wenn man mit den alten Capreser Freunden darüber spricht, antworten sie mit bedauerndem Achselzucken ...

(nicht abgeschickt!)

24 DER INSELMALER

Endlich wieder ein sonniger Morgen. Während Yvonne den Aufbau ihrer Person vollendet, gehe ich zur Piazza, treffe dort Raffaele Castello, den Malerfreund, mir seit 1928 brüderlich verbunden. Halb zehn läutet der Campanile. Die Häuser sind wie ins helle Blau geschnitten. Meeresfrische, aber ohne Duft.

Neben uns eine Walküre aus Berlin. Sie versammelt italienische Herren um ihren Tisch; ein Grundstücksmakler, wie es scheint, ein Architekt, ein Dolmetscher. Zeichnungen werden ausgebreitet, auf denen der Entwurf eines Hauses zu erkennen ist. Die Walküre verkündet mit weittragendem Organ, wie sie ihr Haus gebaut haben will. Sie radebrecht englisch und französisch. Die Herren verstehen beides schlecht, antworten italienisch. Der Dolmetscher kommt nicht nach. Die Dame erläutert ihre Vorstellungen: Der »living-room« so und so, der Keller so und so. Kellerstiege innerhalb des Hauses und so weiter. Wer in der Nähe sitzt, muß, ob er will oder nicht, teilnehmen. Der Boden sei schon gekauft, erfährt er. Also Fluchtkapital. »Mein Mann ist Holzhändler. Erklären Sie das dem Architekt. In Sachen Holz kann man ihm nichts vormachen.« Die Herren bestätigen eifrig, daß selbstverständlich nur erstklassiges Material und so weiter.

Castello klagt, raunt mir klagend ins Ohr: »So geht das täglich. Sie kaufen uns die ganze Insel unter den Füßen weg.«

»Aber warum laßt ihr Insulaner das zu?«, frage ich. »Weil jeder Preis gezahlt wird. Wen wirft das nicht um, wenn er Boden anzubieten hat? Nur wir selbst, die wir keinen besitzen, werden uns nie mehr ein Stück Erde hier kaufen können. Ein Stück Heimaterde. Die Spekulanten, mit Advokaten verbündet, arbeiten über unsre Köpfe hinweg. Auch über die der Behörden.«

»Bis die offiziell festgestellte Radioaktivität, die auf der Insel ohnehin schon stärker ist als sonstwo, plötzlich alles zugleich wertlos macht. Wird das Zisternenwasser hier überhaupt regelmäßig geprüft?«

Castello macht eine wegwerfende Gebärde. »Schlimmer ist«, meint er, »daß die Abgase von den Ölheizungen, die unsere Bäcker und Hotelküchen neuerdings benutzen, sich als Rußschleier auf den regensammelnden Flachdächern niederschlagen. Und dieser Ölruß ist von bewiesener Giftigkeit.« Er seufzt und fügt hinzu: »Reden wir nicht davon. Wann kommt deine Frau?«

Und als ich sage, daß sie nicht zu erwarten sei, erhebt er sich: »Dann gehen wir doch lieber zu mir.«

Der Campanile schlägt die elfte Sonntagsstunde. Wir sind die paar Schritte von der Piazza durch das Gassengewirr zu ihm gegangen, Via Canale 13. Das alte, verbogene Eisengeländer, die ausgewetzten Stufen, die Kakteen, Agaven, Opuntien, Geranien in verrosteten Blechdosen auf jeder Etagenterrasse, das winzige Aborthäuschen mit schiefhängender Tür, alles erkennt mich wieder. Der Backofengeruch aus der Bäckerei, die im Kellergeschoß arbeitet, die ausgemagerten, fellkranken Katzen, die bei unserem Nahen flüchten, der Blick in die kalkblätternde Mauernschlucht dieser Kernzelle des innersten Capri, ich bewege mich durch all das hindurch mit dem Beigeschmack von »Heimkehr des verlorenen Sohnes.«

In seinem kleinen Eckzimmer (mit dem winzigen »Romeo- und Julia-Balkon«) zeigt mir der gleichaltrige Freund seine neuesten Bilder. Während er zwischen den riesigen Tafeln hantiert, scheint er im bewegten Gewirr seiner Abstraktionen unterzugehen. Was er vermag, tritt auf einigen schwarzgrundierten Leinwänden mit flackernder Höhlen-Edelstein-Buntheit hervor. Wunderbare Geflechte, die beziehungslos im

Raum schweben. Da werden neue Alphabete erfunden, spüre ich. Und was er damit sagt, ist tiefer wahr als das meiste, das ich von gegenwärtiger Malerei kenne. Eine Art Astral-Biologie. Pflanze, Fisch und Vogel, jeweils kurz vor dem sie für immer fixierenden Schöpfungsakt erfaßt.

Auffällig gelungen eine neue Reihe, eben erst erarbeitet, wie Castello mit betonter Bedeutsamkeit erwähnt. – Da ist alles auf Schwarz-Weiß-Grau beschränkt, in einer neuen Federwolkentechnik gemalt, eine Analyse des Ur-Nebels, der unter verschiedenen Beleuchtungen zu Selbstbekenntnissen veranlaßt wird: das unwesenhafte Wesen jenes Zustandes, der in der Bibel mit den Worten »Aber ein Dunst stieg auf von der Erde . . .« bezeichnet ist.

Man spürt beim Betrachten und muß keinen Gedanken daran wenden: Castello hat seine Möglichkeiten in Besitz genommen. Er hat (im Gelände malender Weltbewältigung) einen Punkt erobert, von dem er nicht mehr vertrieben werden kann. Nun bleibt ihm nur noch, die Grenzen dieses Besitzes mehr und mehr zu festigen, das Erkämpfte räumlich darin zu verteilen und sich in Varianten zu verströmen. Aber übertreffen kann er sich nicht mehr.

Ich sage es und spüre, wie es ihn erreicht und in ein neues Verhältnis zu sich selber setzt. Das war schon immer der Sinn unserer Freundschaft. Ihm wiederum danke ich Selbstaufschlüsse von seinen Bildern her.

Während der Maler seine Tafeln und Blätter wieder zusammenräumt, spreche ich über den Sinn unseres Capriaufenthaltes. Daß es sich für uns (Yvonne kennt er aus meinem Ankündigungsbrief) darum handele, Däubler-Hinterlassenschaften aufzuspüren. Meine Absicht, den Nordlicht-Dichter, der sich so völlig aus dem »literarischen Gegenwartsbewußtsein« verlor, wieder sichtbar zu machen. Castello deutet an, daß wahrscheinlich etwas in den Manuskript- und Büchersammlungen des kürzlich verstorbenen Insel-Krösus Edwin Cerio zu finden sei. Der Weg dorthin führe über seine junge Witwe. Aber – er macht eine zweifelnde Gebärde – die sei kaum zu erreichen, lebe jetzt in anderen Zusammenhängen, fern den Träumen und Vorhaben der alten Capri-Äternisten.

»Ist es die Trauer«, frage ich.

»Die Trauer . . .« er macht wieder die Gebärde. »Versuche es«, meint er. »Vielleicht ist einiges in Cerios Privatmuseum zu finden, dort oberhalb der Piazza, das hohe, burgenartige alte Haus.«

»Kenne ich gut von damals her«, sage ich und erkundige mich nach einer anderen gemeinsamen Freundin aus alten Zeiten.

»Madame Bismarck«, antwortet Castello »lebt tatsächlich immer noch in ihrem kleinen Häuschen am Westrand des Monte Tiberio inmitten der von Norman Douglas vor fünfzig Jahren gepflanzten Pineta. – Ist ein ungeheures Dickicht geworden«, betont er, indem er mit den Händen nach oben wölbende Bewegungen macht und ihnen mit den Augen folgt.

»Kluck hat mir geschrieben«, sage ich, »er lebt anscheinend immer noch dem alten Wunschtraum: in Capri einen Weltort des Friedens zu begründen.«

»Von dem Cerio behauptete, es sei der seine.«

»Auch unter Friedensfreunden tobt also der Kampf um die Erstgeburt der Idee.«

»Du weißt ja, Capri ist die Insel der prinzipiellen Entzweiungen«, lacht Castello.

»Wirklich«, sage ich. Und es fällt mir einiges dazu ein.

25 HAFENSPUK

Ein heller Morgen. Um die Zeit bis zu unserem Besuch bei Mme Bismarck auszufüllen, sind wir schnell mit der Zahnradbahn zur Marina Grande heruntergefahren. Von Belästigung zu Belästigung weitergereicht: »Wollen Sie zur Blauen Grotte?«, »Wollen Sie nach Anacapri?«, »Wollen Sie eine Inselrundfahrt machen?«, »Wünschen Sie ein Hotel?«, flüchten wir

Der Fischerhafen von Marina Grande. Foto: Aus der Sammlung von Werner Helwig

uns in ein Café. Auch dort noch von Anträgen verfolgt, kann ich nur noch stöhnen: »Frieden wollen wir, nichts anderes als Frieden.«

»Frieden, das haben Sie hier«, antwortet einer der Unermüdlichsten.

»Dann beweisen Sie uns das, indem Sie uns in Ruhe lassen«, schreie ich ihn unbeherrscht an.

Sich zurückziehend, sagt er in einem wunderlich akzentuierten Deutsch, das er womöglich bei Madame Bismarck stundenweise gelernt hat: »Ich mache Ihnen schöne Vorschläge und Sie sind unhöflich.«

Auch der Wirt behandelt uns nicht sehr nett, nimmt uns für unsere zwei Täßchen Espresso ein Vermögen ab und verzieht sich grußlos in den Hintergrund seines Lokals. Durch den Glasparavent, der die Ecke gegen den Wind von See her schützt, blicken wir verstört nach draußen in das Mittagsgetümmel. Ich spüre Yvonnes zunehmende Mißstimmung, lege

Blick vom Kloster Santa Maria Cetrella (Monte Solaro) auf Vesuv und Monte Tiberio.
Foto: Aus der Sammlung von Werner Helwig

die Hand auf ihren Arm, frage mild wie ein Krankenpfleger: »Bewegen wir uns?«, erhebe mich, und wir gehen.

Fluchtartig streben wir dem Kai zu, der mit einer langen, leicht gekrümmten Mole den Hafen einhegt. Überall ist Hochbetrieb, rattern wacklige Lastautos, stürmen Karren, Dreiräder, Träger und Handlanger mit einem geradezu napolitanischen Lärm über den engen Pier hin und her. Die Schiffe sind rostverbrämt, und das träge bewegte Hafenwasser führt schlimme Dinge durcheinander. Wir wohnen dem Einlaufen eines Touristendampfers bei.

Mit den Aussteigenden wieder zur Hafenstraße zurückgeschwemmt, werden wir erneut angefallen. Die Hotelwerber halten uns – so mechanisch vollzieht sich ihr Anwerben – für Frischeingetroffene, und wieder gellen uns die Namen sämtlicher Hotels wie ein wunderlicher Zauberspruch, der in verteilten Rollen aufgesagt wird, in die Ohren: Hotel Paradiso, Eden, Cesare Augusto, Vesuvio, Bella Vista, Quisisana und tatsächlich (der sollte uns doch kennen) Manfredi Pagano. Danach kommen jene, die einem komplette Diners für sechshundert Lire offerieren: Osteria degli Artisti, Ristorante Pizzeria da Gemma, Ristorante Sett'anni (wo ich dazumal mit Däubler speiste).

Vor unserem Café geraten wir sogar noch einmal in den Schwarm der Bootsmänner und Chauffeure. Auch sie erkennen uns nicht wieder und sagen uns rechts und links ins Ohr, was sie zu bieten haben. Und in allen Sprachen, die sie kennen und die sie an uns erproben. Denn eine davon muß ja verfangen: »Blaue Grotte?«, »San Michele?«, »Villa Jovis?«, »Wollen Sie auf Eseln reiten?«, »Eine Rundfahrt um die Insel?« Und wie ich Yvonne allmählich ganz zusammengekrümmt unter all den »Anhieben« sehe, kommt mir – aus Abgründen verzweifelter Spottsucht steigt's empor – der richtige Einfall.

Zu dem einen sage ich: »Excusez, Monsieur« (Unsicherheit über die Nationalität stiften, ist wichtig), wo finden wir hier das ›Centro privato di Capri‹?« Leeres Staunen antwortet meiner Frage. Der Mann zieht sich zurück, sich dabei umsehend, als suche er nach einem Arzt.

Den nächsten begrüße ich: »Prego, ›Monsignore‹, führen Sie uns zu dem Hotel ›Captivitas‹.« Er wendet sich hilfesuchend zu seinem Genossen: »come dice?«. Ich wiederhole das schwierige Wort. Man zieht sich zurück. Die uns danach bestürmen, müssen sich mit meinen erfundenen Fragen herumschlagen: »Wo ist der Eingang zur Unterwelt von Capri«, »Night-Club«, fragt der Mann geistesgegenwärtig. »Nein«, sage ich, »der Höhlenort, wo das Urpaar der Menschheit sitzt.« Diesmal reicht es, um den Mann in Richtung Carabinieri-Station in Bewegung zu setzen. Yvonne kommt mir zu Hilfe: »Wir möchten zur Villa Debussy.« Der Taxichauffeur öffnet gleichwohl den Schlag seines Wagens, um uns irgendwohin zu fahren mit der Behauptung, hier sei sie. Aber wir entwaffneten ihn mit der Behauptung: »Wissen Sie, die liegt unterhalb der Migliara, ungefähr dort, wo Dr. Wagener Marherr wohnt.« –

Wir fragen dann noch nach dem Palazzo Däubler, nach dem Castello Wolfskehl, der Colombaia Rilke. Müssen aber nun doch, um Aufsehen zu vermeiden (bereits nähern sich forschenden Blickes zwei Zollpolizisten) das Weite suchen. Das Weite ist in diesem Falle der Strand, der jenseits der Hafenmole mit viel Geröll und zu diesem Zeitpunkt abgerüsteten Badehütten beginnt. Wir sind auf der Suche nach frischer Seeluft, denn bisher waren wir von Öl- und Benzindünsten umräuchert.

Plötzlich allein zwischen bunten Barken, die hoch aufs Ufer gezogen sind, gewahren wir ein Chaos von Abfällen. Überbleibsel eines Badesommers, den mit den Fremden zugleich auch die napolitanischen Gäste zum Bersten gebracht haben. Die schalen Reste erzählen die Geschichte hundertfältiger Picknicks mit den dazugehörigen Dosen, Papier- und Plastikhüllen, dem zertretenen Plastik-Spielzeug, das nie vergehen wird. Luft, Seeluft, Capriluft und Duft finden wir auch hier nicht. Einem Fischer, der uns mit Gewalt zur Blauen Grotte rudern will, drücken wir unsre Zeitung in die Hand. Mit fassungslos fragender Gebärde bleibt er zurück. Der Vesuv, weit jenseits, schweigt sich aus, im Mittagsdunst verborgen.

Die Brandung krault schüchtern Gummidinge, die wahrscheinlich in irgendwelchen Badekabinen das Ziel ihrer Bestimmung erreichten. Ich betrachte das mit einem Gefühl des Verlorenseins, der Hoffnungslosigkeit, der Zukunftslosigkeit. Die Trivialisierung der Welt macht Riesenschritte. Der Untergang alles Zarten steht bevor. Die nachfolgende Generation richtet sich gelassen im Ölschmutz ein, vermehrt ihn, findet ihn angemessen und steuert in motorisierten Bars den Müllhalden zu.

Yvonne trifft sich innerlich mit mir in der Frage: »Könntest du uns jetzt nicht ein wenig Poesie mit deinem Däubler zufächeln?« Sie hat also beobachtet, wie ich in unserem Zimmer heimlich einen Band *Nordlicht* in die Tasche steckte. So als Rückversicherung. Falls sich irgendwo ein Stück Zeit nicht würde ausfüllen lassen. Der Situation zum Trotze ziehe ich das Buch hervor und lese laut aus den Orpheusgedichten:

Zwischen lauter lauten Unken,
Boten aller Pein und Qual,
Zieht nun Orpheus stern-entsunken
Westlich durch ein feuchtes Tal.

Niemand, auch Yvonne nicht, kann leugnen, daß die Stelle auf den Moment paßt.

26 BEI MADAME BISMARCK

In »La piccola Caterola« ein Bild von eremitenhafter Friedlichkeit. Es riecht nach Kaffee. Madame – sie muß jetzt gute Siebzig zählen – sitzt vor ihrem runden Tischchen, eingehüllt in einen flauschigen Hausrock. Ein Buch ist aufgeschlagen an die Zuckerdose gelehnt. Daneben die Kaffeetasse, alles aufs zierlichste angeordnet, von den subtilen Freuden der Einsamkeit berichtend. Nach einer heftigen Begrüßungsszene werden auch uns Tassen hingestellt und Stühle zusammengetragen. Im Hintergrund rauscht ein altmodischer Gasofen mit Flammen, die strähnig emporbrennen. Wir entschuldigen uns für den Überfall und plazieren unser Beschwichtigungs-Geschenk, eine Bonbonniere, die von Madame mit einer der Bescheidenheit des Gegenstandes entsprechenden Lärmkundgebung entgegengenommen wird.

Ich fühle mich innerlich gestraft für meinen Geiz und tarne meine Verlegenheit, indem ich das Buch vom Tisch nehme und den Titel laut vorlese: *Geschichte der Etrusker*.

Das Gespräch, nachdem es hierhin und dorthin irrte, endet, wie nicht anders zu erwarten, bei der Erörterung der »Lage«.

»Ist es die Möglichkeit, was sich da nun wieder begibt«, beginnt Madame. Und auch wir sind mit ihr einig, daß der

Westen den diplomatischen Künsten des Ostens nicht gewachsen sei. Und dabei geht es jetzt wirklich um alles.

»Mensch«, erneuert Madame ihren Angriff, »Sie sind Berliner und Sie sind es betont, nichts an Ihnen leugnet diese Tatsache. Bitte was tun Sie für Berlin? Man kann sich doch nicht einfach dem großen Strom derer anschließen, die sich kopfschüttelnd und seufzend treiben lassen. Der ganze Westen läßt sich kopfschüttelnd und seufzend seinem Untergang entgegentreiben.«

»Und Sie«, frage ich.

»Muß ich daran erinnern, daß ich meinen Teil getragen habe und daß ich hernach Mühe hatte, die Reste meiner Person wieder zusammenzubringen.«

»Ich weiß es«, sage ich, und es fällt mir ein, was Madame widerfuhr. Die Einweisung in einen der Deportationszüge, die nach Auschwitz abgingen, und die unerwartete Aussonderung in sozusagen letzter Minute. Irgendeine Schicksalsbegünstigung kam ihr zustatten, sie meint, es wäre dem »Arbeiten« ihrer Freunde von der Christlichen Wissenschaft zu danken gewesen, die um ihre Lage wußten und in weitreichender Meditation mit ihrer Rettung beschäftigt waren. Mir würde besser einleuchten, wenn sich das aus ihrer Zuversicht im Glauben an die Nicht-Sinnlosigkeit der menschlichen Existenz ergeben hätte. Was auch immer es war, sie überdauerte.

»Freundin, Sie haben recht«, sage ich, »aber ich weiß nicht, wie ich es anfangen soll, als Berlinpatriot Berlin beizustehen. Mein Vertrauen zu gedruckten Empörungen ist hinfällig. Ich bin ein abschüssiger Charakter, ich weiß es, aber es fiele mir nichts Besseres ein, als hinzugehn und etwas zu tun. Etwas wirklich Tathaftes zu tun. Aber ich weiß nicht, was das sein könnte. Die Vorgänge haben sich über uns erhoben und spielen mit uns. Die Möglichkeit, Macht über sie zu gewinnen, ist uns entglitten. Ich wüßte nicht einmal zu sagen, wann. Wahrscheinlich 1933. Vielleicht schon 1919. Aber da war ich noch Kind. Meine Verantwortungen beginnen also erst zu einem Zeitpunkt, da alles – wie sagt der Berliner – schon vermasselt

Reduit von Madame Bismarck. Foto: Werner Helwig

war. Erlauben Sie mir, es so darzustellen. Ich glaube, daß man auf der Suche nach jenem Punkt, wo die Weiche endgültig und alles vorausentscheidend falsch gestellt wurde, bis zu Adam und Eva zurückgehen müßte.«

»Da machen Sie sich aber Ihre Zeitgenossenschaft billig«, spottet Madame, »daß alles so ist, wie es ist, kommt daher, daß alle so sind, wie Sie sind. Und ich? Denken Sie, ich bin jetzt dreiundsiebzig. Ich hätte das nie für möglich gehalten. Als ich neulich meinen Paß erneuern mußte, erfuhr ich zum erstenmal mein wahres Alter.«

»Ich bin sechsundfünfzig«, sage ich, »und ich zweifle, ob ich Ihr Alter in so guter Form erreiche. Wir leben in einer Welt, die sich zunehmend selbst verseucht. Der Körper hat seine offenbaren und geheimen Reaktionen.«

Madame macht eine ihrer wegwerfenden Gebärden. Ihr Körper ist immer mit jedem Nerv zugleich beteiligt. Als ob da in den Geweben eine Welle von Kontakten mitliefe, die, nach

Madame Bismarck. Foto: Werner Helwig

allen Seiten brandend, Knie und Nacken zugleich erreicht. Yvonne übernimmt meine Verteidigung. »Er quält sich genug«, sagt sie. »Wir leben schon kaum mehr, weil wir so in die Dinge verstrickt sind. Er ringt mit Dichtern, und er ringt mit Gott, dem Sie sich gewidmet haben. Er sucht die Hilfen am verkehrten Ufer. Wir alle suchen die Hilfen am verkehrten Ufer. Beweis dafür ist, daß alles geschieht, wie es geschieht, und daß uns eigentlich alles, was unternommen wird, tiefer in den Strudel reißt. Wir baden die Fehler unserer Väter aus, und die badeten andere aus. Die Schuld begann damit, daß das Leben Augen bekam.«

»Wir reden uns da hoch und tief und weit auseinander, und in Berlin werden immer wieder Menschen ermordet, weil sie die Mauer durchbrechen wollen. Helwig, Sie haben doch Beziehung zur Jugend. Sie könnten doch in einigen tausend Menschen etwas bewegen oder erregen. Es ist der Anstoß, von dem immer alles ausgeht. Geben Sie Anstoß. Das Wort ist so wirksam wie eh und je. Wir leben ja aus dem Wort. Man nehme uns die Sprache, und die Welt erlischt.«

»Man nimmt uns ja die Sprache«, sage ich.

»Wieso«, sagt Madame, »noch reden wir.«

»Reden«, sage ich, »und schon hängt das große Graue, das alles Auslöschende, das Sein ohne Lachen über uns.«

»Und die Jugend, Helwig, Sie haben Pflichten gegenüber der Jugend. Sie haben Kinder, die Kinder haben werden!«

»Entweder sind es Utopie-Fanatiker oder es sind ›Ohne-mich-Fanatiker‹«, sage ich, »reden Sie mal in sowas hinein. Das stellt im Radio Jazz ein und wippt sich von den Problemen weg. Sie wollen von sich selbst weg, mit Bewegung und Rausch, sie wollen von der Erde weg mit Raketen. Die retten ihr Berlin nicht. Und wenn in Berlin der ganze Globus in Frage gestellt wäre, sie erleben sich selbst nur in ihrer modischen Verpackung und haben darin ihr Auskommen. Das ist der Weltbürger von morgen. Was haben wir von ihm zu erwarten?«

»Mensch«, stoppt Madame meine Wut, »ist Ihr Sohn etwa so?«

»Nein«, sage ich, »aber die Bücher, die ich ihm später hinterlasse, wird er vom Antiquar abholen lassen.«

»In deinen Büchern steht es ja auch nicht, was er machen soll«, verteidigt Yvonne unseren Sprößling.

»Aber in ihnen ist das Vokabular gegeben, aus dem sich Antworten zusammenstellen lassen, Weisungen, Beschlüsse, verdammt noch mal, soll es denn wirklich mit der Steinzeit von vorne beginnen?«

»Mit ihm ist nicht zu reden«, entschuldigt Yvonne meinen Ausbruch. Madame sucht nach Worten, um das Gespräch wieder in die Hand zu bekommen.

»Was sagt denn unser Freund Castello dazu«, frage ich, um von mir abzulenken.

»Castello«, entrüstet Madame sich, »das ist der wahre Capri-Etrusker. Der hat mich neulich auf der Piazza angefahren, er habe keine Zeit für solche Erörterungen.« »So, so«, sage ich. Madame begibt sich in die winzige Küche, um frischen Tee für uns aufzugießen. Ich benutze die Pause, um mich hinauszustehlen.

Auf der Terrasse hin- und hergehend, höre ich dem Gespräch der beiden Frauen zu, das nun eine andere Richtung nimmt.

Madame wendet sich ihrem Vorzugs-Thema zu. Sie kennt und liebt Capri seit dreißig Jahren. Und sie wird es weiterhin lieben, auch wenn sie, wie sie eben jetzt berichtet, die verblüffende Entdeckung zu verkraften hat, daß der Ausländer, je länger er hier lebt, dem Einheimischen um so fremder wird.

»Stellen Sie sich vor, Capreser, die vor dreißig Jahren Deutschstunden bei mir genommen haben«, sagt sie, »tun plötzlich so, als hätten sie mich nie gesehen. Ich lächle einer Ladenbesitzerin aus ältester Vertrautheit zu, und sie schaut mich an, als ob ich verrückt wäre, so richtig fremd und abweisend. Es ist, als ob man ihnen langweilig geworden wäre.«

Von der Terrasse steige ich ins Zypressengelände hinab und werde von einem plötzlich alle Bäume durchrauschenden Luftstrom erfaßt. Wolkenballen, von Westen her mit Schaumgold überschüttet, lassen einen böcklinblauen Himmel durchscheinen. Überall Agaven, die grau sind wie das Zink alter Dachrinnen.

Wo man hinschaut, liegt rosa Licht auf dem nadelfilzigen Waldboden. Zyklamen blühen büschelweise empor. Sie gedeihen in ihrem Schweigen. Nur das Rumoren in den oberen Bäumen gibt den unteren Nachricht vom Wetter. Und in den Einschnitten der Steilwand grollt, hundert Meter tiefer, die Brandung.

Aber das Paradies ist nicht so verlassen, wie es scheint. Verwundert stelle ich frische Schürfstellen im Waldboden fest. Als ich mich darüberbücke, entdecke ich kleine rostige Drahtfallen, kaum vom Untergrund zu unterscheiden. In einem aufragenden Häkchen krümmt sich ein Mehlwurm. Vogelfallen. Hufeisenförmig. Wenn man mit einem Ast an den Wurm rührt, klappt ein Drahtbügel zu. Sie müssen eben aufgestellt worden sein. Ich sammele, was ich finde, am Pfad entlang ein und schleudere es weit in den Abgrund. Und jetzt höre ich auch das verschwimmende Gezwitscher in den Kronen der Pinien und Steineichen. Da hocken sie in ganzen Versammlungen, hüpfend und wippend, die Bäume sind ihnen Wipfelstädte, und sie tauchen nach Nahrung in die Tiefe.

Vom Hause ruft man nach mir. Yvonne fürchtet die rasch einfallende Dämmerung. Madame folgt uns ein Stückchen weit auf dem Treppenweg zur Eingangspforte.

»Mythos ist nicht mehr, Helwig«, ruft sie mir nach, »Sie sehen ja, wohin uns das gebracht hat.« Und ich ahne, daß sich das Gespräch der Frauen zuletzt um mich gedreht hat. Um mich und meine Däublernöte.

27 DIE LANGUSTE

Gemeinsam bei Castello. Der Maler rückt die Staffelei in der Mitte des Zimmers zurecht, damit Licht auf die Bilder fällt, die er uns zeigt. Man kann sie aufstellen, wie man will. Es gibt kein Oben, kein Unten in ihnen. Auf dem Boden liegend, an die Decke gehalten, – da sie gegenstandslos sind, scheinen sie in den Raum eingetragen. Sie fördern die Meditation, bestehen aus Seh-Ersparnissen.

Yvonne ermittelt Gelungenes, das mir entgangen wäre. So wird auf der einen Tafel flaches Gelb nur dadurch zum kreisenden Raum, daß es von einem algenfarbenen Gespinst durchsetzt ist.

Auf die Armbanduhr blickend, bedeutet Castello uns, daß es jetzt Zeit sei für die Languste. Wir steigen ein Stockwerk tiefer in die Wohnung seines Bruders hinab. Von der Treppe aus, die außen am Haus entlang zickzackt, sehen wir, daß wieder Wolken aufgekommen sind. Sie halten den ganzen südlichen Himmel besetzt, erinnern an ein barockes Riesenschachspiel mit hell schattierten Figuren, denen vom Nordwesthorizont her dunkle entgegenrücken.

In der festlich geschmückten Küche ist der Tisch für fünf Personen gedeckt. Die üblichen Bemerkungen über das Wetter. Dergleichen erleichtert ja das Sichhineinfinden in fremde Verhältnisse. Man setzt sich. Das traditionelle Spaghettigericht wird aufgetragen. Castello macht sich am Herd zu schaffen. Als er die Riesenlanguste aus dem kochenden Meerwasser fischt (ein nachahmenswerter Trick), verbreitet sich würziger Duft. Man hört es krachen. Er spaltet sie. Aus dem grünschlammigen Mageninhalt bereitet er – das ist auch so ein Geheimnis capresischer Kochkunst – die Soße. Olivenöl, Essig, Origanokraut, Petersilie. Man kann von ihm lernen. Wir lernen von ihm.

Dann sind wir dem Krustentier ausgeliefert. Es macht uns zu Einbrechern in seine innersten Geheimnisse. Zu seiten der Teller häufen sich die zertrümmerten Panzerteile und Harnischreste. Man redet dabei italienisch, französisch, deutsch, alles in Fragmenten und durcheinander. Vergnügte Stimmung. Castello demonstriert, wie man die flüssigen Reste, die aus dem Kopfteil des Untiers triefen, mit Brot aufnehmen müsse. Ich stelle fest, daß diese Speise, mit Schlucken hellroten capresischen Bauernweins vermischt, tatsächlich zu den höheren Genüssen gehört. Der Bruder, klug verrunzelt, wahrscheinlich der ältere von den beiden, würzt das Mahl mit Sprüchen. Draußen huschen Schatten langsam durch das Licht der Sonne, löschen die mittägliche Helligkeit in der Küche.

Gespräch: über die Kochkünste der Männer, die Wirtschaftstüchtigkeit der Frauen, das Spiel der Gegensätze zwischen den Geschlechtern, alles in leichten, heiteren Worten. Ich werfe Yvonne einen Blick zu: Siehst du, wie nett das hier ist. Aber Yvonne hat Wettersorgen.

Castellos Bruder macht eine Bemerkung: Es gebe drei Dinge, in denen man sich immer täusche: das Wetter, die Frauen und die Katzen. Mich juckt es, die Unterhaltung auf das Gebiet

Maler Raffaele Castello sucht das Capri-Mysterium »gegenstandslos« zu bannen.
Foto: Aus der Sammlung von Werner Helwig

meiner, unserer Sorgen hinüberzuschieben: »Mit dem Wetter ist aber seit einiger Zeit noch was anderes los.« Ich spüre, alle wissen, was gemeint ist, aber keiner ist bereit, sich auf das weite Gebiet der Vermutungen zu wagen. Das vermehrt in mir den Drang, zu stören. Beim Kaffee, friedlich zurückgelehnt, frage ich den Freund: »Wirst du auch mich jetzt anfahren, wenn ich dich frage, was du von der Lage hältst?« Castello schüttelt fassungslos den Kopf, sieht mich, das Lächeln gleichsam festhaltend, an und stellt die kleine Tasse ab. Unbehagen zieht wie eine andere Art Wolkenschatten durch die kleine Küche. Das Ehepaar erhebt sich und beschäftigt sich im Hintergrund mit dem Geschirr.

»Wir haben noch nie darüber gesprochen«, entschuldige ich mich.

»Und warum sollte ich dich anfahren«, fragt Castello.

»Weil du Madame Bismarck angefahren hast«, antworte ich wie im Traumzwang.

Yvonne winkt mir mit den Augen. Castellos Gesicht ist plötzlich in nachdenklichem Ernst erstarrt. Mir fällt auf, daß bei ihm, ähnlich wie bei Kluck, die eine Pupille ein wenig nach außen blickt.

Mit diesem Blick, der ihm in diesem Augenblick etwas merkwürdig Abwesendes verleiht, erhebt er sich – auch wir erheben uns: »Darüber wollen wir später sprechen. Eines Morgens, denke ich, in der Bar Vuotta.«

Ich erkläre mich einverstanden. Wir verabschieden uns voneinander wie eine Trauergesellschaft.

28 UNERWARTETE FOLGEN

»Telefon« – Die brave Putzfrau, der unsere Zimmer anvertraut sind, ruft es zu uns herein.

Das muß Kluck sein, vermute ich. Es ist nicht Kluck. Es ist die kindlich heisere Stimme von Madame Bismarck: »Erklären

Sie mir sofort, ob Sie bei Ihrem Spaziergang hier bei mir irgend etwas berührt, verändert oder sonstwie angestellt haben?«

»Außer einer natürlichen Verrichtung nichts von Bedeutung«, antworte ich so unschuldig wie möglich.

»Ich bin die ganze Nacht belästigt worden«, schreit Madame Bismarck. »Steinwürfe prasselten gegen meine Wände. Jemand hat sogar gegen meine Tür getreten. Ladroni, Diebe haben sie gerufen. Und düstere Verfluchungen ausgestoßen. Haben Sie irgend was weggenommen?«

Und da dämmert es mir endlich. Die Leute, die ihre Vogelfallen unermächtigt auf Madame Bismarcks Parkgebiet installiert hatten, sind wütend geworden. Ich gestehe es ihr kleinlaut.

»Vogelfallen«, sagt sie, »das sind doch Rattenfallen!«

»Sie wußten also, was auf Ihrem Gelände vor sich geht?«

»Natürlich«, sagt sie. »Das kann mir doch nur recht sein, wenn man dort den Ratten nachstellt.«

»Stellt man Ratten mit kleinen leichten Drahtbügelfallen nach und lockt man sie an mit lebenden Mehlwürmern?«, frage ich, »und streut man um die Falle herum frische Erde, damit der weiße Wurm besser zu sehen ist? Sitzen Ihre Ratten auf Bäumen? Die eine, die ich sah, schlüpfte gerade in Ihr Kellergewölbe.«

»Und Sie haben mir nichts davon gesagt?«, schreit Madame Bismarck.

»Ich wollte Sie nicht mit meiner Untat belasten«, antworte ich und schabe mit der Fußspitze den Boden.

»Wieviel Fallen waren es denn und was haben Sie damit gemacht?«, erkundigt sie sich.

»An die dreißig«, sage ich. »Aber hören Sie mal, Sie werden es doch wohl nicht aus lauter Friedlichkeit dulden wollen, daß man Zugvögeln auf Ihrem Gelände in dieser niederträchtigen Form nachstellt?«

»Dulden hin oder her«, grollt sie, »aber ich bin eine alleinstehende alte Frau. Mir war wohler mit der Überzeugung, daß es sich um Rattenfallen handele. Was mache ich jetzt? Ich werde den Leuten ihre dreißig Fallen bezahlen müssen, wenn Sie mir nicht verraten, wo Sie die versteckt haben.«

»Versteckt ist gut«, sage ich, »die werden jetzt unten an der Marina Caterola von der Brandung gewaschen.«

»Sie sind ein Untier«, behauptet die Stimme im Telefon.

»Stellen Sie die Ruhestörer, oder lassen Sie ihnen ausrichten, daß ich den Schaden bezahlen würde, wenn sie sich verpflichten, nie wieder Vogelfallen auszulegen.«

»Wenn Sie glauben, daß Sie den Leuten hier die Vogeljagd abgewöhnen können, sind Sie auf demselben Holzweg wie Axel Munthe.«

»Holzwege«, sage ich, »sind auf Capri aus Stein.«

»Ihre Scherze sind keine Hilfe für mich.«

»Nächste Woche reisen wir«, sage ich, um sie auf etwas anderes zu bringen.

»Wann«, fragt Madame. »Ich werde am Dampfer sein.«

Ich sage es ihr. Sie hängt mit spürbarem Mißmut ein.

Es blieb nicht bei diesem Telefonat. Wie das häufig so geht, kam noch ein anderes hinzu. Castello rief an. Er erwarte mich morgen, vormittags, in der Bar Vuotta zu der beim Langustenessen verabredeten Aussprache. Ich hatte keine Lust, mit dieser Erwartungslast auf dem Gemüt schlafen zu gehen, verständigte Yvonne, die sich bereits für die Nacht rüstete (von alldem erschöpft, wie man sich denken kann ...) und eilte zur Via Canale 13.

Ich hatte Glück, sah Licht im Türspalt, klopfte an. »Chi è?«, antwortete es von drinnen. Ich trat ein. Castello saß vor der Staffelei. Eine Stehlampe hinter sich. Vor sich einen großen Garderobenspiegel, der wie eine Leinwand an der Staffelei lehnte. Er rasierte sich. Ich trat hinter ihn, redete sein Gesicht im Spiegel an, und sein Gesicht antwortete mir aus dem Spiegel. Sein Kinn war weiß überschäumt. Zug um Zug enthüllte er mit dem zierlich gewinkelten Schermesser seine Züge. Seine Züge zeigten immer noch den starren, fast beleidigten Ernst wie bei unserer Verabschiedung.

»Raffaele«, sage ich, ihn mit seinem Vornamen anredend, »ich werde nicht fertig damit. Wir, Yvonne und ich, werden nicht fertig damit!«

»Wie konntest du denken, daß ich dich anfahren würde?«, antwortet sein Mund. Sein Auge im Spiegel folgt dem Weg seines Messers.

»Davon rede ich nicht«, sage ich, »das war nur so ein mißglückter Auftakt zu einer gewissen, mir notwendig erscheinenden Erörterung. Daß du die tapfere kleine Dame angeschrien hast, will uns nicht aus dem Sinn. Wir empfinden nämlich ganz ähnlich. Also müßtest du eigentlich auch uns anfahren.«

»Helwig«, sagt er, »bist du einverstanden mit meiner Kunst, ja oder nein?«

»Du weißt es am besten: ja.«

»Hat sie für dich Bedeutung, ja oder nein?«

»Habe ich es dir nicht bezeugt?«

»Du wünschst also, daß ich darin fortfahre, Kunst zu üben, Kunst hervorzubringen, ja oder nein?«

»Aus ehrlichstem Herzen: ja«, beteuere ich.

»Also gut. Nun hör genau zu: Ich kann nicht mehr malen, wenn ich mich auf politische Dinge einlasse. Und auch die Atomexplosionen sind in diesem Zusammenhang ein politisches Übel. Willst du, daß ich politisiere, oder willst du, daß ich male?«

»Ich wünsche mir, daß du das eine tust und das andere im Auge behältst.«

Castello streift den Rasierschaum an einem Zeitungsblatt ab, dessen Schlagzeilen (ich *muß* sie lesen) von der »Radioattività« handeln. Es ist eines jener Exemplare des *Giorno*, das mir bei der Überfahrt in die Augen fiel. Castello bemerkt meinen Blick, folgt ihm, und zum erstenmal lächelt er wieder. Aber er erstarrt wieder, um mir zu sagen: »Hast du Physik studiert?«

»Nein.«

»Du weißt also nur Bescheid von den Zeitungen her?«

»Von Zeitungen, Broschüren, Büchern.«

»Du hältst das für eine ausreichend sachgemäße Unterrichtung?«

»Da es auf dem fußt, was die Atomphysiker sagen, oft sogar deren eigene Bekundung ist, muß ich es als glaubwürdig erachten.«

»Und du hast noch keine Widersprüche darin entdeckt? Wenn du alle diese Artikel liest, muß dir doch aufgefallen sein, daß der eine Physiker dem andern ein Bein stellt, daß sie sich mit gewichtigen Begründungen gegenseitig dementieren.«

»Es ist mir nicht entgangen.«

»Soll ich es dir erklären?«

»Bist du Physiker?«

»Nein. Aber ich habe aufgepaßt. Die einen werden durch das Atom-Kapital bezahlt, die anderen durch deren politische Gegner. Beide pulvern dich auf, brauchen dich als Stimme oder Investor. Machst du da mit? Ich nicht.«

»Und die Unzahl jener, die dank der radioaktiven Verseuchung von der Luft, von der Nahrung, vom Wasser her früher sterben müssen, ich meine die Krebskranken, denen die Jahre, die sie vielleicht noch gehabt hätten, verkürzt werden, oder die zur Blutzersetzung Veranlagten, die der Verseuchung rapide erliegen. Berühmte Ärzte haben festgestellt, daß die Gammastrahlen, die bei der Kernspaltung frei werden, das organische Steuerungssystem in uns tödlich verwirren. Hast du Lust, in einer Welt zu leben, in der künstliche, gar nicht in der Natur vorgesehene Gefahren lauern? Müssen wir uns das bieten lassen? Ist es belanglos, daß alles, was zum Beispiel du zum Inhalt deiner Bilder machst, Zelle, Keim, alles Ursprüngliche, in seiner innersten Richtung verfälscht, vergiftet, verwackelt wird?«

»Gut«, sagt Castello, indem er sein Kinn mit einem Handtuch betupft, »tu was dagegen. Was tust du dagegen? Laß es mich wissen. Ich bin bereit mitzumachen, wenn es mich überzeugt. Aber verschone mich mit dieser Zerreibung unserer paar Lebensstunden durch endlose Erörterungen.«

»Lieber Gott«, sage ich, »was haben wir denn vorerst anderes als Worte, um festzustellen, was ist, was geschieht, und um uns darüber einig zu werden, was geschehen soll, was geschehen muß.«

»Soll ich Plakate tragen, mich Protestmärschen anschließen, auf der Piazza einen Volksauflauf veranstalten? Bitte, dein Rat ...« Er legt das Rasierzeug sauber geputzt in eine Schachtel, erhebt sich, trägt den Spiegel an seinen Platz auf der Kommode, stellt die Lampe auf eine Versandkiste und bleibt, die linke Hand in die Hüfte gestemmt, antwortheischend vor mir stehen.

»Du meinst also, man müsse den Dingen ihren Lauf lassen, es sei alles sinnlos, was man dagegen ...«

»Ich bin bereit, mit dir zu den Herren zu gehen, die da auf die entscheidenden Knöpfe drücken. Ich vermute, du kennst den Weg.«

»Die Telefonnummer ließe sich in Erfahrung bringen«, sage ich, nun meinerseits ironisch gestimmt.

Castello lockert seine Haltung. Er spürt, daß ich aufgebe. Er fragt: »Und nun etwas anderes: hast du je in unmittelbarer Nähe einen Todesfall, eine Fehlgeburt erlebt, die von allen Beteiligten eindeutig auf radioaktive Vergiftung zurückgeführt werden konnte?«

»Nein«, gestehe ich kleinlaut.

»Ich auch nicht«, sagt er, »obwohl wir hier Grünzeug essen, in welchem einige Biologen bereits gefährliche Stoffe festgestellt haben, und – Langusten (dabei lächelt er) oder andere Meereswesen, die ja, laut Atomfeuilletonisten, ganz besonders anfällig sein sollen.«

Ich spüre mich mehr und mehr wankend werden in meiner Abwehrfestigkeit. Ich ahne das Wiederheraufdämmern jener eigentlich schon seit 1933 verlassenen und in meinen Verzweiflungen untergegangenen Welt: die Götter, die Mythen, die großen poetischen Entwürfe, die sich mit der Schöpfung identifizieren, sich als deren Organe ausgeben, sie höher stemmen, als sie sein kann. Castello errät, was in mir vorgeht. Er stößt nach: »Rechne, die paar Jahre, die uns noch gehören, wenn überhaupt: ich habe sie für meine Kunst benutzt, habe bis zum letzten Augenblick gemalt. Indem ich gemalt habe, habe ich gelebt, so wie wir das verstehen: arbeitend gelebt und erlebt. Du wirst leer übrigbleiben, ausgelaugt von den Zeitungen, von Befürchtungen verzehrt, von der Erfolglosigkeit deiner Bemühungen erschöpft.«

Er sieht mich an, als ob er erwarte, daß ich ihm im nächsten Augenblick erlöst die Hand hinstrecken werde, unsere Absonderungs-Gemeinsamkeit besiegelnd. Aber ich frage:

»Was du malst, Castello, ich meine, diese abstralbiologischen Schemata (um nicht zu sagen Schemen), diese dem Herzen der Schöpfung entwundenen Vorgänge, diese Vorstimmungen zu einem kommenden Geschehen, all das ist dann nur noch Historie seiner selbst. Denn die Natur, der Kosmos, wenn du willst, sie sind heute im Kern angekränkelt, nicht mehr wahr aus sich selbst, sondern von unsern Zauberlehrlingen verwandelt, zerwandelt. Bitte, genügt dir das?«

»Das genügt mir«, sagt Castello.

»Du meinst, wir bilden einfach eine Arche. Eine Kunstarche. Du mit Farben, und ich . . .«

»Du mit Worten«, hilft Castello meiner vorgeblichen Bescheidenheit nach.

Ich fühle mich in einer geradezu unheimlichen Wollust versinken. Selbsttreue, in ein herrliches Unmaß gesteigert. Man könnte zu den alten Göttern zurückkehren. Däubler, Rilke, Barlach, ja, noch weiter zurück, Kepler, Böhme, Hieronymus Bosch, ja eigentlich alle: Heraklit, die Vorsokratiker, sie ziehen sich zum Kreis um mich zusammen, heben grüßende Hände.

29 CHARME UND TIEFE

Ich wurde auf ihn aufmerksam, als am Nebentisch plötzlich die Worte fielen: »Da ist ja wieder der Gartenzwerg von

Capri.« Meine Augen folgten der Blickrichtung des Sprechers und entdeckten einen grazilen, alten Herrn, der, eine rosa Blume vor sich hertragend, gemächlich über die Piazza schritt. Die Theaterplätze der verschiedenen Bars waren gut besetzt. Die elegant-gelangweilten Kaffeetrinker, wie immer auf die bühnenhafte Mitte des Platzes konzentriert, kamen auf ihre Kosten. Von den zwei letzten Sonderlingen, die Capri der allgemeinen Schau-Erwartung noch zu bieten hat, war der eine in Erscheinung getreten. Beiden war es eigen, sich durch einen merkwürdigen Aufzug zu legitimieren. Der eine, ältere, unter dem Namen Herr Spiegel bekannt, setzte die Tradition jenes weißbärtigen Propagandafischers fort, der noch in den dreißiger Jahren mindestens so oft wie die Faraglionifelsen von den Touristen fotografiert wurde. Er hieß »der Spadaro« und soll, sicherem Vernehmen nach, der Letzte einer ganzen Reihe ähnlicher »Berufs«modelle gewesen sein, wobei die Utensilien, rote Zipfelmütze, Tonpfeife, Bart, und Folklorekostüm, jeweils an den folgenden weitervererbt wurden. Manche wähnten freilich, es sei generationenlang immer der gleiche Spadaro gewesen. Nachdem er schließlich doch das Zeitliche gesegnet hatte, wurde ein gewisser Mangel empfindlich spürbar. Die Piazza darbte ohne den gewohnten Anblick. In die Lücke fügte sich – es geschah nach Weltkrieg 2 – Herr Spiegel. Auch er zeigte sich in roter Mütze, phantastischer Gewandung, die Finger voller Silberringe mächtigsten Formates, und mit handgewebten Taschen behängt, deren Inhalt noch nie jemand erriet. Einzig der Spadarobart fehlte, war verlorengegangen oder den Motten zum Opfer gefallen.

Herr Spiegel, deutscher Herkunft, vielfältig begabt, als Javatänzer erprobt, schwierige Schicksale hinter sich, wurde schnell von der Piazza als neuartiger Spadaro akzeptiert. Wenn sein Auftritt nachmittags ausfiel, schien etwas zu fehlen. Wenn er doch noch kam, war es wie ein Aufatmen: endlich. Er darf als der Begründer jener merkwürdigen Gepflogenheit angesprochen werden, eine Blume vor sich herzutragen. Nur daß

Die typische Nachmittagsstunde auf der Piazza. Foto: Aus der Sammlung von Werner Helwig

sie bei ihm einen bestimmten Sinn hatte. Langsam, aber genau beobachtend, streifte er an den Tischen entlang. Entdeckte er ein freundliches Damengesicht, das auf Mildtätigkeit schließen ließ, kredenzte er mit charmant übertriebener Verbeugung seinen Blumenkelch und erreichte damit nicht selten, daß er zu einem Kaffee eingeladen wurde. Und nun entpuppte sich Herr Spiegel als Meister des Pantomimischen. Im Sprechen gehemmt, ist er genötigt, sich in der Art der Stummen verständlich zu machen. Und wie ihm das gelingt, ist die Konsumation wert, die man ihm spendiert.

Herr Spiegel altert mit Capri zusammen. Zwanzig Jahre Gemeinsamkeit, das hat beide etwas mitgenommen. Letztens sah man ihn etwas müde seinen gewohnten Nachmittagsaufzug zelebrieren, das kluge Komödiantengesicht fein verrunzelt. Und ohne die Begrüßungsblume. Hat er sie an den andern, den Nachfolger im Amt der Auffälligkeit, abgetreten?

Den anderen – den neuen Blumenträger also – lernte ich kennen, immer bestrebt, das Sonderlingtum, in dem sich Capri so gerne erfüllt, zu studieren, Zustands-Signale darin wahrzunehmen und meiner Sammlung einzufügen.

Der rosige kleine Herr, dem der Ruf voraneilt, Schwede zu sein, spricht ein durchaus bayrisches Deutsch. Der Spadarobart hat sich bei ihm zum Spitzbärtchen verringert. Dazu trägt er einen schwungvollen Strohhut, der aus der Garderobe Wilhelm Buschs stammen könnte, das heißt, es sind deren mehrere, eine ganze Kollektion, Stimmungssymbole anscheinend, denn er wechselt sie nach Tag, nach Wetter und Laune.

Ganz im Gegensatz zu den Spadarogepflogenheiten oder auch der Trachtenabwandlung des Herrn Spiegel, trägt er sich nach letzter Mode: gesticktes Hemd, von der Hose bis zum Antlitz ist alles frisch gebügelt. Bevorzugte Farben: Hellblau, Zitronengelb, blasses Rosa. Die Krawatten (darf man sagen Krawättchen? das wäre nämlich zutreffender) in Form und Musterung von überlegter Wahl zeugend und nach den Gesetzen einer privaten Ästhetik gebunden, treten teils als Schmetterling, Fliege, Mücke, oder als Schnürsenkel stilisiert in Erscheinung. Vom Spitzbärtchen akzentuiert, scheinen sie sein Gesicht zu unterstützen in der Bemühung, eine gezierte Freundlichkeit auszustrahlen. Ich verweile absichtlich lange bei der Beschreibung seiner äußeren Persönlichkeit, weil sich durch sie die immer wache Neugier der Piazza auf sein Erscheinen erklärt.

Ein Gent vom Scheitel bis zur Sohle, und dies zu jeder Tages- und Nachtzeit, schien er die Kostümierung stündlich zu wechseln. Seine achtzig Jahre vertritt er mit der viven Leichtigkeit eines diplomierten Tanzlehrers aus der Zeit von Thomas Manns *Tonio Kröger*. Würdig und bedeutend auszusehen, wozu er Anlage hätte, hindert ihn der Hang zur Selbstverniedlichung, eben jene Blumenfreudigkeit, die ihm seinen Spitznamen eingetragen hat. Aber auch darin bewährt er Stil. Das gleiche lachsfarbene Pelargonienbüschel, das er im mittleren Knopfloch einer seegrünen Zierweste stecken hat, balanciert er mit artig vor die Brust gehaltenen Händchen vor sich her.

Wo er sich niederläßt, fügt er aus Tasse und Blume ein wohlerwogenes Stilleben. Den Hut behält er auch im Schatten der Markise auf. Er bildet mit seiner unverwechselbaren Form ein weithin sichtbares Zeichen: hier sitzt der schwedische Maler.

Denn als solcher geht er auf der Insel um. Frühmorgens strebt er mit schleifchengeschmückter Skizzenmappe in Richtung der Via Krupp, denn was sein Stift zu erfassen versucht, ist von so besonderer Art, daß es des richtigen Schattenfalls bedarf. Zum Erstaunen der Spaziergänger verweilt er konzentrierten Blickes vor einer kahlen Felswand. Was ihn künstlerisch beschäftigt, ist nämlich nicht die weltberühmte Aussicht auf Meer und Klippen, sondern es sind die vertrackten Bildungen im Gestein, die er ausschnittweise zu Papier bringt. Nicht ohne sie zu verwandeln, freilich. Denn dies ist seine Entdeckung, ihm allein angehörig, die ihn Jahr für Jahr pünktlich nach Capri lockt: sein Blick entdeckte ihm ganze Serien von

Illustrationen im wüsten Gezack der Steilhänge. Illustrationen zur Schöpfungsgeschichte, zur Geschichte des Menschen, zur Geschichte seiner Götter, Geister und Dämonen. Von daher also hatte ihn der ironische Zauber der alten Sireneninsel erreicht, in Bann geschlagen und sich verpflichtet. Da entstehen nun Zeichnungen (nicht so sehr durch ihre Kunst als durch ihre Idee fesselnd), deren Titel – ein Stück Poesie für sich – viel von dem wahren Geist des preziösen kleinen Herrn verraten: *Die Prinzessin von Capri, Der Eremit, La belle et la Bête, Masken à la Ensor, Tiberius zu Pferde, Piranesi in seinem eigenen Kerker, Farnesischer Stier, Ulysses nach der Heimkehr, Eule und Antlitz, Der Denker und sein Gedachtes, Pavian, mit Schädeln spielend, Einer der Bürger von Calais, Picasso und sein Modell, Verdammte im Fegefeuer, Melancholischer Löwe, Geflügelter Elch.* Es ist ihrer kein Ende. Hunderte von solchen, aus der Felsstruktur entwickelten Imaginationen liegen vor. Wie viele werden noch folgen? Das Interesse derer, die ihm beim Arbeiten zuschauen, versteht er zu wecken. Man folgt seinen Erläuterungen, Weisungen, und fängt selbst an, im Gestein herumzusuchen. Capri erweist sich in solcher Sicht als ein die ganze Welt und ihre Hervorbringungen ausdrückendes Gefüge von Ideogrammen, ein ewig unauslesbares Schriftwerk, geschaffen und immer weitergeschrieben durch die Launen der Verwitterung. Der brave Mensch, der solcherart mein amüsiertes Interesse in ein teilnehmendes zu verwandeln verstand, ist seiner Herkunft nach Münchner, am 6. 11. 1890 im Zeichen Skorpion geboren. Noch vor Ausbruch des Dritten Reiches emigrierte er, seinen Sympathien folgend, nach Schweden. Er lebt dort mit einer Familie von Kindern und Kindeskindern im eigenen Haus. An der Münchner Kunstakademie hat er unter Heinrich v. Zügel (dem dazumal berühmten Tiermaler) studiert. Sagenhafte Erscheinungen wie Boecklin, v. Doerner, Stuck kreuzten noch seine Wege. Giorgio de Chirico war ihm als Schüler Klingers bekannt.

In Schweden ist er als Tiermaler geschätzt. Elchen, Bären,

Wölfen spürt er auf freier Wildbahn nach, um ihnen die Linien ihrer Bewegtheit, rasch skizzierend, abzugewinnen. Und es scheint, daß ihm jene seltene echte Naturverbundenheit dabei hilft, die das Tier, auch das wilde, räuberische, in Freundschaft zu bannen vermag. So birgt er – der die Piazza durch seine offenbare Harmlosigkeit zu solchen und anderen Vermutungen bewegt – ein Pandämonium von Visionen und wirklichen Bezügen in seinem Wesen.

Da auch Thomas Mann mit einem Teil seines Wesens, nämlich in Gestalt seiner Tochter Monika, auf Capri hängenblieb, hat dort die gesellschaftliche Mythenbildung einen neuen Ansatzpunkt gewonnen. Monika (inzwischen auch schon sechzig Jahre alt ...) kennzeichnete unsern kleinen Maler als »den alten Dänen« und schrieb über den solchermaßen durch ein privates Image Geehrten: »Er ist interessant, weil ihm die Wölfe aus der Hand fressen. Falls er's erfand, bleibt auch die Erfindung interessant. Seine Nähe zu wilden Tieren, wahr oder unwahr, ist ein eigenartiger Zug.«

Freund Bechteler, daraufhin befragt: »der Monika Mann habe ich gewiß nur erzählt, daß ich fünf Wölfe aus einem Abstand von vier Metern angetroffen habe. Von wegen ›aus der Hand fressen‹ – das wäre wohl ein Gedicht. Ich war froh, daß die, indem ich ruhig dastand, nicht zum Angriff übergingen.«

30 VERBLASSTE GÄSTE

Es regnet, während ich dies niederschreibe. Und wenn es auf Capri regnet, ist nichts mehr zu hoffen. Wenn nichts mehr zu hoffen ist, entsteht Schreibstimmung. Der Sekretär unseres Hotels – es ist das älteste der Insel – bemerkt meine Verdrossenheit, jene ganz bestimmte Kummerfalte, die sich zeigt, wenn ich mich über das Schreibheft beuge, und er möchte mir beispringen. Bonhomme, der er ist, lädt er mich in die Bibliothek, wahrscheinlich bewährtes Allheilmittel in solchen Fällen.

Ich darf in die vor 150 Jahren begonnenen Gästebücher des Etablissements Einblick nehmen. Sein Vorschlag, erst mit Widerstreben aufgenommen, gewinnt mich dann schnell. Das erste der Bücher, Diariumformat, in abgegriffenem Schweinsleder, handgeschöpftes Bütten, gelblichrauh, an den Rändern vom Meeresklima gebräunt, zeigt – die Seite ist mit dem 28. Mai 1827 datiert – die Eintragung einer Familie Gontard aus Frankfurt am Main. Der Name zündet: also auch die haben Capri die Ehre ihres Besuches erwiesen? Einzeln haben die verschiedenen Familienmitglieder bestätigt und unterschrieben, daß sie sehr zufrieden waren mit dem Essen und der Bedienung im Albergo Pagano. Auch die Betten genügten den Ansprüchen. Man spürt die freundliche Herablassung der verwöhnten und begüterten Bürger aus dem Handelsstand. Ihre Namen: Louise, Rosa, Charlotte, Sophie, Clotilde. Als Reisebegleiter kommt ein Herr Carl v. Holzhausen hinzu. Nachfahren jener Familie also, in der Friedrich Hölderlin eine Zeitlang als Hauslehrer lebte. Wo er Susette lieben lernte, den eben genannten vielleicht nur noch als Großmutter erinnerlich. Für Hölderlin war Susette zur Diotima seiner Dichtung geworden, als sie, durch den Widerstand der Familie genötigt, voneinander Abschied nehmen mußten! Gramvoll klagte der Dichter sich an: »Hohes Mädchen, wie konnte ich bestehen vor Dir? Wie wars möglich, so ein tatloses Wesen wie mich zu lieben?« – Und Susette antwortete: »Ich hatte die meiste Zeit mich eingeschlossen, lieber Hölderlin. Heute war ich wieder einmal draußen.« Und sie endet den langen Brief: »Ich war voll Seufzens, da ich anfing, dir zu schreiben, mein Geliebter. Jetzt bin ich lauter Freude. So spricht man über dir sich glücklich. Und siehe, – so solls auch bleiben. Leb wohl.« Dichte Vergangenheiten. Zeit, da es noch schien, daß sich aus dem Wort etwas ergäbe.

Ich blättere zurück. Da fällt mein Blick auf den Namen August Kopisch. Unter dem 17. August 1826 ist die Entdeckung der Blauen Grotte mit seiner zierlichen Handschrift niedergelegt. Der Anfang der anderthalb Seiten: »Freunde wunderbarer Naturschönheiten mache ich auf eine von mir nach Angaben unseres Wirthes Giuseppe Pagano mit ihm entdeckte Grotte aufmerksam, welches furchtsamer Aberglaube jahrhundertelang nicht wagte.« Hätte er diesen Aufruf wohl geschrieben, wenn er die heute übliche Barken-Karawane vorausgesehen hätte, die sich vor der Grotte staut, den Besucher von Billeteur zu Billeteur geleitend – überall muß er Geld abladen – bis er drin ist in den Bläuelichtspielen, und nun mit dem echolösenden Gebrüll der Gondolieri ergötzt wird, während er, von Reisegenossen umschaukelt, die sich ebenfalls in unartikulierten Schreien erschöpfen, schon wieder hinaus muß, bevor auch nur das geringste an Eindruck sich in ihm festigen konnte. – Der Sekretär lacht zu meinen Betrachtungen. Er weiß es. Aber er sagt nichts dazu. Mit der Zeit lernt man schweigen.

1828 haben sich dann die Gäste schon gruppenweise eingetragen und sich die Mühe von persönlichen Äußerungen, für die man ihnen heute dankbar wäre, erspart. 1829 waren es dann Leopold Schlöszer, Herr Zimmermann (aus Wilhelm Kügelgens *Jugenderinnerungen eines alten Mannes*), und Wilhelm Waiblinger (der in seinem Roman *Phaeton* den späten Hölderlin zeichnete). Die Insel bewährte sich bereits als Magnet für Kunstbeflissene.

1830 kam Ottomar Molinari hinzu, dem später Gustav Freytag als dem Chef des berühmten Breslauer Handelshauses huldigte. Dann Goethe-Zeitgenosse Preller, erster Illustrator des von Voss übertragenen Homer. – Danach ein Name, der mich innerlich sofort in Bewegung setzt, ja aufwirbelt: J. G. Hamann. Aber es kann unter diesem Datum nicht der Magus von Königsberg sein, der ja bereits 1788 das Zeitliche segnete. Doch im Zusammenhang fällt mir sogleich seine Forderung nach »Ausbesserung der Sinnlichkeit« ein, die wir uns alle schuldig seien, damit die »deutliche Erkenntnis« nicht mehr durch eine »beschädigte« gefährdet sei.

Frühlicht in der Blauen Grotte. Foto: Aus der Sammlung von Werner Helwig

Jetzt gerate ich – mein Atem mißt die Zeit – auf Saiat F. B. Morse, den Erfinder jenes Alphabets, das die Fernverbindung ermöglichte und eine neue Weltverbindlichkeit begründen half, die Morsezeichen, die ersten Telegramme. Sie sind heute der hauptsächlichste Umsatz des Postbüros auf Capri. Auch er also weilte auf der Sireneninsel, nahm die immer gleiche Landschaftslinie, das Meer, die Palmen wahr. Und ein Jahr später, 1831, war es Felix Mendelssohn-Bartholdy, der hier, einer Notiz seiner zierlichen Musikerhandschrift zufolge, angesichts der Faraglionifelsen die Eingebung zu dem Piano Concerto No. I in c-minor, Opus 25, erfahren haben will.

1833 signierte eine Princesse Theodolinde de Leuchtenberg, die mir wegen ihres barocken Namens Eindruck macht. Wie mag sie und in welchen Kostümen über die Piazza, jene Piazza, die die Welt bedeutet, gestelzt sein. Unter 1834 sind Metternich, und am 7. März jenes Jahres (ohne Beiwort) Hertz auszumachen. Anschließend Hans Christian Andersen, der auf

Dänisch ein Gedicht beisteuert. Der große Märchenerfinder (und geistreiche Autor des zu Unrecht vergessenen Italien-Reiseberichts *Der Improvisator*) hat also sein bekanntes Spazierstöckchen mit dem Elfenbeinknauf bei abendlichen Gängen auf dem Steinpflaster hell erklingen lassen.

Genannter H. Hertz ist freilich nicht mit dem erst 1857 geborenen Physiker zu verwechseln. Es dürfte sich um den Dänen Henrik Hertz handeln, den dazumal erfolgreichen Stückeschreiber, der, nach Auskunft des Brockhaus von 1866 »mit Unterstützung des Königs 1833/34 eine Reise durch Deutschland, Italien, Frankreich und die Schweiz« unternahm. Möglicherweise im Kontakt mit Andersen.

1841 ist ein Görres eingetragen, der seinem Namen hinzugefügt hat »Deutscher Domprediger«. Als Witz hat jemand sich darunter als Caspar Hauser verewigt. Und der ihm nachfolgende Gast schrieb »Schwindel« dazu. Damit werden die Eintragungen häufiger, allgemeiner, geben keine auffallenden Namen mehr her. Da noch drei Bände Gästebücher auf Besichtigung warten, gebe ich auf.

Es riecht nach Bratfisch. Man wird essen gehen. Draußen gießt es grau und senkrecht.

31 NÄCHTLICHE ÜBERSCHWEMMUNG

Yvonne, lichtempfindlich und gewitterscheu, hat mich dazu gebracht, so nach und nach in unsern zwei Zimmern alles zu schließen, was sich schließen läßt. Denn es birst jetzt von Gewittern über der Insel. Die tagelange Umzingelung hat ihr Ziel erreicht. Mit Blitz und Donner werden wir zusammengeschossen. Weiße Verbrennungen müssen draußen stattfinden. Ihr grelles Licht findet durch die kleinste Öffnung. Die Wand neben unseren Betten: blau überhuscht von elektrischer Lohe. Die Persenning auf der Terrasse, obwohl ich sie eingerollt, gefesselt, gebündelt, gewickelt, kreuz und quer verschnürt habe, haut, mehr und mehr sich auflösend, gegen die Scheiben. Dazwischen prasseln Wassermassen.

Mehrmals bin ich aus dem Bett in die durchsauste Vorhalle geschlichen, um nachzusehen, ob noch irgendeine zusätzliche Sicherung möglich sei. Es blies mich eisig an von den geschlossenen Seitenfenstern, von der geschlossenen, ja verrammelten Fenstertür her. Wir haben Mäntel über die Bettdecken gehäuft.

Ein Nachlassen da draußen will sich nicht ergeben. Eher entwickeln sich Steigerungen, als ob das Gewitter, nein die Gewitter, ein Plan-Soll zu erfüllen, als ob sie Versäumtes nachzuholen hätten. Überstunden, Sonntagsarbeit, unterm Zwange eines Befehls, daß Capri zerstückelt und in alle seine Bestandteile zerlegt werden müsse. Daß es »unsichtbar« gemacht werden müsse, daß seine Gestalt, zermürbt vom ewigen Angestauntwerden, auf Nimmerwiedersehen verwirbelt werden sollte. Nur noch als Erinnerung vorhanden.

Ich liege da, eine Mumie, und atme durch ein kleines Luftloch, das ich mir in die Decke gehöhlt habe. Yvonne kann schlafen. Erschöpfung regelt ihren Atem. So leicht der Austausch zwischen Innen und Außen auch vor sich geht, man hört ihn doch wie Echo in der hohen Taucherglocke des Mittelraumes. Denn da herrscht eingemauerte Stille, ein Schweigen ohne Ausdruck. Schweigen muß in Resten von Lärm wurzeln, sonst ist es Vortod. Ich liege eingefroren in eine Vortodstimmung.

Das verzogene Pentagramm des Inselkörpers, seine magische Topografie wird mir zum Lebenskörper. Ich versuche, mich da hinein zu verwirklichen. Auf bewegter Fläche, in bewegtem Raum ein Gewese von Existenz. Auf jedem seiner Sternzacken wird Dichtererinnerung gehortet. Auf der östlichen Felszacke hütet die greise Marguerite Hoffmann die Welt Stefan Georges in ihrer gut versteckten Bücher-Villa.

Auf der südlichen Zacke hockt der alte Hexenmeister Willy Kluck in seinem Einsamkeitswürfel über brausendem Abgrund und deutet sich das Werk Theodor Däublers aus, kritisch, ergänzend, Beweise anhäufend. Und Sprachen lernend. Die elfte hat er hinter sich, geht auf die zwölfte zu. Er macht Sprachen zu Genossen seiner Einsamkeit; die Philosophie der Wörterbücher, statt Gesellschaft. Ein Logos-Kosmos ständig hinzugewonnener Worte. Verben memorierend geht er über kalten Fliesen hin und her.

Gegenüber den Faraglioniklippen, die es seit Jahrtausenden nicht müde werden, sich in ihr Spiegelbild aufzulösen, ein kleines Haus mit stillen Fensterbögen, weiß in die graue Steilwand gefügt, das Reduit Monika Manns, Statthalterin ihres berühmten Vaters auf der Insel, nach bestürzenden Schicksalen (den Gatten auf einem während der letzten Kriegswirren unter Beschuß geratenen Passagierdampfer sterben sehend) und nach vielen vergeblichen Versuchen, irgendwo weiterzuleben, hier eingetroffen, hier verblieben, das Scheitern in Dasein verwandelnd. Und die Bücher des Vaters feiernd, neu entdeckend, neu auslegend, und darüber berichtend.

Gen Untergang schauend, wiederum auf entgegengesetzter Anhöhe, in einem Manoir à la Böcklin (Pinien, Zypressen, der antike Leuchtturm Torre della Guardia, ein stumpfer Kegel, den das Licht, die Sonne, der Mond, umkreisen) Nähe Kluck, die Rilkebaronin Gudrun Uexküll-Schwerin. Sie übertrug Axel Munthes *Buch von San Michele* ins Deutsche. Ihre Tante, Alice Faehndrich, Besitzerin jener maurisch stilisierten Großraumvilla (Discopoli) an der Via Tragara, unten in der Stadt, war Gastgeberin Rilkes, fertigte dem Dichter die Rohübersetzung der *Portugiesischen Sonette* Elizabeth Barrett-Brownings. Sie durchtränkte Gudruns Jugend mit Rilkeverehrung, in der sie ein Leben lang verharrte. Und in der Nähe der antiken Palästra, bei Torre Damecuta, unterhalb des von Dornenbüschen umwucherten Sonnenobservatoriums, streng gen Norden gerichtet, ganz versteckt, ganz geheim die Weinbergklause von Herrn Föns, einem bärtchenkauenden Konservativen, dem verflossenen Herrenklub nahestehend. In verschossenem Weiß irrt er manchmal zur Piazza von Anacapri, kauft ein mit baumelnden Netzen. Und macht sich so schnell wie möglich wieder unsichtbar. Er sammelt, seit Jahrzehnten, die Schriften von Rudolf Borchardt. Seit Jahrzehnten beschäftigt er alle Antiquariate des Kontinents, um Borchardt-Sonderdrucke aufzuspüren. Er besitzt so ziemlich alles, was je von dem Dichter eines »Deutschen Dante« erschien. In der Bremer Presse, bei Rowohlt, im verflossenen Horenverlag von Hanns Martin Elster. In Schweinsleder die Swinburne-Nachdichtungen. Foliantenhaft die erste Sammelausgabe. Die Handschrift zu Pindar. Die frühen Gedichte. Briefe aus Florenz. Man darf ihn kaum besuchen. Aber wenn man darf, dann blättert er vor einem auf, was er zusammentrug. Er atmet in der Borchardtwelt, redet in der Borchardtsprache, ist Genauigkeitsfanatiker in Sachen Interpunktion. Wenige wissen von ihm. Und wer von ihm weiß, ist gehalten, sein Vorhandensein zu verschweigen. Herr Föns.

Die Insel ein Pentagramm von Namen: George, Rilke, Däubler, Borchardt, Thomas Mann: deutsche Dichter, denen hier ein intensives Nachleben gesichert ist. Jeder wird aufbewahrt, steht als Herme da, einer dem andern den Rücken kehrend, einsam in die verschiedenen Richtungen der geistigen Windrose starrend. Verrückte Insel, die es mit den Deutschen hält. Denn die anderen, Malaparte etwa, dessen rotes tank-förmiges Haus (nach eigenen Entwürfen gebaut) auf dem Südostzipfel des Pentagramms lagert, Malaparte gilt in diesen Rängen höchstens als Logos-Außenseiter, gilt wenig mehr als Graham Greene, der von Anacapri aus, in seinem Rosarium, nach Südwesten hinüberlebt.

Verwunschene Insel auch insofern, als ihr immer wieder goldschwere Beschützer erstehen. Nach Augustus, nach Tiberius, welche die schönsten Sichtstellen, eigentlich alle Zacken des Pentagramms mit Lustschlössern besetzten, waren es Axel Munthe, der in Anacapri jede landschaftlich ergiebige Merkwürdigkeit hamsterte, alte Gebäude in einem hellenisch-arabischen Stil verjüngte und je nach innerer Gestimmtheit oder

Erforderlichkeit bewohnte, und in Capri Signor Edwin Cerio, der, selber Ingenieur und Architekt (immer waren diese romantischen Geldbesitzer zugleich Architekten, die dem Selbststilisierungswunsch des Lebewesens Capri nachgaben), alle Aussichtsversprechen, alle Bella-Vista-Punkte zusammenkaufte, die er von seiner Hochburg aus, im Zentrum der Stadt, erreichen konnte. Munthe oben, Cerio unten, sie beugten die Insel unter ihre private Herrschaft. Die Spuren ihres Wirkens sind dauerhaft eingekerbt in die Felsenbastionen. Sie werden sich kaum verlieren, ehe nicht das Shakespearewort »Zeit muß enden« wahr geworden ist.

Wachliegen und den Gedanken nachgehen. Ich bin dem Schlaf Yvonnes ausgeliefert. Rühre ich mich, kommt sie hoch. Kommt sie hoch, wird sie an dieser letztmöglichen Steigerung des Unwetters in reizender weiblicher Beängstigung teilnehmen. Wir werden ins Reden geraten. Sie wird morgens müde und »unbrauchbar« sein. Ich kenne meine Pflicht. Ich weiß, was mich erwartet. Also verharre ich weiterhin regungslos in diesem Riesensarkophag, den die Elemente von außen betrommeln.

Sind wir das Urpaar, das, nach Meister Klucks Glauben, in der Mitte der unterirdischen Insel kyffhäusert, wartend, daß es entdeckt werde. Und wenn es entdeckt wird, geschieht die Ausheilung der Schöpfungswunde? Könnte es sich wirklich so verhalten? Nein. Das sind Illusionskarossen. Man fährt mit ihnen hierhin oder dorthin. Man überzeugt einige Leute dazu, sich der Reise anzuschließen. Sie tun es eine Weile lang, bröckeln ab, bleiben zurück, besteigen andere Denkgefährte. Nachlieferung an den Weltgeist. Wir drängen ihm auf, was er uns, unserer Vermutung nach, schuldig blieb. Wir meinen, es ginge in ihn ein. Ergänzend. Wir haben ihm geholfen, die Schuld an uns abzutragen. Wir klopfen ihm, er uns auf die Schulter. Wir sind Freunde geworden. In denkwürdigen Werken zeugen wir von dieser Freundschaft. Und dahinter kichert die Wirklichkeit. Sie fällt uns mit Wandlungen und Verwandlungen an, die wir ihr eingegeben haben, indem wir sie fälschten. Fälschen wir die Wirklichkeit?

Ich muß wieder aus dem Bett. Etwas nicht ganz Geheures geht im Vorraum vor sich. Die Tür muß alle Stühle, Koffer, die ich dagegen stemmte, weggeschoben haben. Das Unwetter scheint drinnen umzugehen. Die lärmende Bettfeder umsichtig vermeidend, schiebe ich mich ins Kalte, das jetzt von spürbaren Windströmen durchirrt ist. Es gelingt mir, den Schlaf Yvonnes gleichsam zu überklettern. Barfuß in den Vorraum. Die Zwischentür muß ich anheben, damit sie nicht knarrt. Wie der Ansprung eines Tieres schießt Eisiges an meinem Körper empor. Ich bin in Wasser getreten. Der ganze Vorraum schwimmt. Nur die überhöhte Marmorschwelle hindert das Wasser, ins Schlafzimmer einzudringen.

Ich wate weiter auf Fußsohlen, die sofort fühllos werden. Marmorfliesen können Wasser zu Eis werden lassen. Ich schiebe unsere Frühstücksmöbel gegen die Entréetür. Alle Fensterriegel sind bis ans Ende ihrer Möglichkeit zugedreht, aber der Regen drückt sich hindurch, wie wenn er uns mit Gewalt ein Bad verschaffen wollte. Tiefgekühlt ins Bett zurück. Was müssen den Capri-Äternisten, männlichen wie weiblichen, für Regenschicksale in ihren einsamen und preisgegebenen Häuserwürfeln drohen. Die Vertreter der Unsterblichkeit, literarischer und fleischlicher Art. Madame Bismarck, ohne Telefon, nur mit Mary Baker-Eddy bewaffnet: dem fleischgewordenen Prinzip der Leugnung aller Leiden. Die Rilkedame in ihrem, die George-Dame in dem anderen Häuschen. Der Verwirklicher und Inspirator Däublers hoch über dem Brandungsgetümmel des Migliara-Abgrundes . . . Herr Föns im grauen Tumult des Nordens . . .

Doppelt eingeschlossen, in die wirklichen Mauern, und in das Gehäuse ihres Glaubens oder ihrer Gläubigkeit, trotzen sie der Tobsucht des Himmels. Die, nach Meinung unseres Hotelsekretärs, etwas in sich hat, das nicht mehr normal, nicht mehr »weltgemäß« ist. Aber man darf es nicht laut sagen.

Auf der Türschwelle ist ein Brief durchgeschoben worden. Schonungsvolle Art der Postzustellung, denn wir sitzen beim Abendbrot. Mit einem Blick sehe ich, daß er österreichisch frankiert, in Wien gestempelt ist.

Franz Spunda, der Wiener Dichter, hat also auf meine Bitte reagiert. Der Brief wird Nachricht enthalten über Däublers Verhältnis zum Okkultismus, vielleicht sogar – der Umfang läßt das erwarten – eine Schilderung jener Geistesbeschwörung im Tempel der Aphaia auf Ägina, von der mir Frieg berichtete.

Notizen in diesem Zusammenhang:

Die lange, durch gemeinsame Griechenlandstreifzüge gesicherte Freundschaft zwischen Spunda und Däubler. Der Briefwechsel, der sie in den Jahren von 1923 bis 1933 verknüpfte und den ich lesen durfte. Die Tatsache, daß Däubler ein schlechter Briefschreiber war. Selten gelang ihm da eine Zeile über den üblichen Geldjammer hinaus. Das Ringen um Honorare, das Einspannen aller verfügbaren Verehrer für das Ziel, Geld zusammenzukratzen, auf daß der Nordlicht-Dante zu leben hätte. Die ausführliche Schilderung des Krachs mit dem Insel-Verlag, der, nachdem er allzuviel an Däublers Büchern verloren hatte, plötzlich abrupt mit ihm brach, ihn auf der Strecke ließ, auch um das Elend seines Verendens sich nicht mehr kümmerte. »Lieber Spunda«, so schrieb Däubler am 1. 9. 30, »ich habe zwei Keulenschläge vom Insel-Verlag erhalten, war lange ganz zerknackt.« Schon 1927 muß das Verhältnis wacklig geworden sein! So berichtet er über seine Lesung in Dresden im Mai 1927: »Kippenbergs erschienen nur zur Hälfte und zwar zur weiblichen. Aber auch diese weibliche (die Rilke-Interpretin Katharina Kippenberg) kam, sah mich und floh, ohne mich begrüßt zu haben.« Und schon 1928 heißt es: »Lieber Spunda, nun liege ich schwer zuckerkrank auf der Nase.« Und 1929: »Durch Chicanen im Insel Verlag bin ich ganz heruntergekommen, liege auf der Nase.« Dann die mich in Bewegung setzende Nachricht: »Ich habe auf Capri viel geschrieben, *auch Tagebuch geführt*, was mir sonst nicht gerade liegt, aber wir hatten so ungeheuerliche Gespräche, der Frieg, der Kluck, der Cerio und ich, daß ich das in Stichworten festhalten mußte . . .«

Und dann der Hinweis auf seine zwei Novellen *Bestrickungen*, die er auf Capri Will Frieg diktierte und deren Manuskript an den Verleger Zsolnay, Wien, abgeschickt worden war: »Bitte, lieber Spunda, erkundigen Sie sich gleich um dieses Buch. Tun Sie so, als ob es selbstverständlich wäre, daß es genommen wird. Sollte dem aber sonderbarerweise nicht so sein, so kann ich es wohl gleich bei Reclam unterbringen. Diese Verzögerung ist für mich ganz verhängnisvoll.« – Erschienen ist es dann im Horen Verlag von Hanns Martin Elster, einem Freunde aus der Spätzeit des Dichters. Und immer die Angst: »Lieber Freund Spunda. Sind okkulte Kräfte an der Arbeit? Meine Erzählungen und 6 Griechenlandaufsätze sind eingeschrieben, doch ohne Kopie, verlorengegangen. Auch ein Aufsatz ›Pelion‹ scheint nicht angekommen zu sein. So sind 6 Monate Arbeit futsch.«

Später stellte sich heraus: nichts ging verloren. Aber die Angst lag immerwährend auf ihm und die Unfähigkeit, mit dem Praktischen im Leben fertig zu werden.

Lieber Herr Helwig!

Warum sagten Sie mir nicht gleich, daß Sie eine genaue Darstellung des ganzen Vorgangs wünschen? Ich bin auch nicht für Verwolkung, und wenn Sie alle Einzelheiten wünschen, muß ich natürlich darauf bestehen, daß mein Name genannt wird. Ich fand nun auch den Zettel, auf dem wir, Däubler und ich, gemeinsam den Prozeß skizziert haben, in einem Umschlag eines Buches von Eliphas Lévi.

Zuerst handelte es sich um die drei notwendigen Teilnehmer. Däubler hätte außer mir und sich den Lukas Peterich teilnehmen lassen, aber dieser zeigte keine besondere Lust, erklärte sich aber bereit, außerhalb des magischen Kreises als objektiver Beobachter zu fungieren. Zum Ersatz, denn drei müssen es sein, wählte D. meine Frau Désirée, die etwas ängstlich war, aber doch schließlich zustimmte. Mir wurde die Vorbereitung und Durchführung übertragen. Als Zeitpunkt wurde die nächste Vollmondnacht bestimmt. So war Zeit genug für alle, sich seelisch durch Lektüre des Papus darauf vorzubereiten. Weil meine Frau nicht lateinisch verstand, übersetzte ich ihr die ihr fremden Texte. Weil ein Schwert nicht aufzutreiben war, bestimmte D. daß ein Stilett denselben Dienst leisten könne, und er kaufte auf dem Markt ein Messer, etwa 25 cm lang, dann Weihrauch, griechisches Liwani, Kohle und ein Tonbecken. Die Vorbereitung bestand in Diskussionen über mythische und theologische Probleme. Gefastet wurde insofern, daß kein Fleisch von Warmblütlern genossen wurde.

Den Kreis (Cercle de Lundi, Papus, Seite 449) zeichnete meine Frau mit einer neuen Feder auf zwei großen Blättern, weißes Papier. Für den großen Kreis, der im Tempel gezeichnet werden sollte, brachte D. Kreide mit, die er bei der Liturgia des letzten Sonntags hatte weihen lassen.

Vollmond war ein Montag. Wir brachen am späten Nachmittag auf, wir vier, in der Barke des Bootsmanns Mitzo. Nach einer Stunde, gleich hinter dem Kap Strawros, legte sich der Wind, wir mußten rudern, so daß wir erst nach Sonnenuntergang in einer Bucht bei einem Fischerhaus ankamen. Mitzo weckte den Mann, weil er den Weg hinauf zum Tempel nicht kannte. Der Fischer befahl seinen zwei Jungen, etwa acht und zehn Jahre alt, uns mit einer Laterne hinaufzuführen. Die Burschen hatten Angst vor Phantasmata und redeten unaufhörlich. Sobald sie die Säulen vor sich sahen, riefen sie »Edo inä!« kehrten um und liefen davon.

Däubler bestimmte den Platz der Evokation: in der Mitte, wo das Standbild der Göttin stand, die anderen zogen den großen Kreis herum mit der geweihten Kreide, Lukas stellt sich außerhalb des Tempels unter einen Baum, etwas erhöht über uns. D. entzündete das Becken und legte Weihrauch auf. D. stellte sich rechts von mir. Desi links. Er drängte nervös: »Beginnen« Ich darauf: »Warten, der Vollmond wird gleich aufgehen.« Weil der Wind die zwei Papiere mit dem magischen Kreis an den Ecken aufriß, legten wir vier Steine auf.

Nach etwa zehn Minuten tauchte der Mond über den Wipfeln im Osten auf. D. gab mir einen sanften Stoß und ich begann mit dem Buch in der Hand in der zuvor von ihm und mir festgesetzten Reihenfolge:

Seite 449 Confessio, dann
Seite 411 Conjuration des Quatre und Conjuration des Sept,
Seite 412 Invocation de Salomon,
Seite 457 Oraison à Dieu.

Dann sollte, wie vereinbart, von allen dreien gerufen werden: »Britomartis – Aphaia!«, aber die rechts und links schwiegen. Es vergingen einige Sekunden, ich wußte nicht, was ich machen sollte. D. hatte sich umgewendet und schnaubte, Desi fragte flüsternd: »Was ist?« Da packte mich D. plötzlich an der Schulter, drehte mich in seine Richtung und sagte in höchster Aufregung: »Da sehen Sie!« Und er lief aus dem Kreis zu Lukas. Ich blickte in die Richtung, in die er mich gedreht hatte, und sah über den Wipfeln, dem Mond gegenüber eine helle Scheibe, vom halbem Monddurchmesser, langsam näher schweben, nicht lange, zwei bis drei Sekunden, bis sie sich auflöste.

Lukas bestätigte das Phänomen, während meine Frau behauptete, ein leichtes Schwindelgefühl gehabt zu haben. D. wußte sich nicht zu fassen und deutelte herum: vielleicht war es die Laterne der Burschen. Worauf Lukas: die müssen doch längst unten sein. Darauf D.: Es können Räuber gewesen sein, am Pentelikon hat man unlängst einige gefangen. Lukas darauf lachend: »Die werden auf Aigina mit einer Laterne spazierengehen!« Auf den Gedanken, daß er durch seine Nervosität das Experiment frühzeitig unterbrochen hat, kam D. nicht. Er schwärmte von dem Gesehenen: Mattsilber, ohne feste Konturen, etwas Gasartiges, Wässeriges. Hätte eigentlich beseligend sein müssen, doch es war für mich Furcht erregend. – Plötzlich fiel ihm ein: ein Kugelblitz! Aber weder er noch ein anderer hat jemals einen gesehen, man konnte nur vermuten.

Ich packte die Utensilien ein, verbrannte das Papier und löschte den Kreidekreis mit Wasser aus; darauf drang Däubler. Denn wenn der Fischer morgen herkäme und das sähe, könnte er uns in Aigina als Teufelsbanner verketzern; das wäre für Däubler übel, denn er hatte das Häuschen der Warwara für den ganzen Sommer gemietet.

Desi war sehr ermüdet. Ich machte ihr im Wald auf dem Laub ein Lager, während die Männer abseits weiter plauderten und sich in Vermutungen erschöpften. Ich stellte die Frage: »Was wäre geschehen, wenn D. nicht herausgelaufen wäre? Sollen wir das Ganze beim nächsten Vollmond wiederholen?« D. schwieg und starrte wie ein Somnambuler in den Mond. Wir legten uns ins Laub schlafen. D. wälzte sich unruhig von einer Seite auf die andere. – Sela! So war es.

Die Magie des späten Mittelalters, Agrippa von Nettesheim, die französischen Grimoires, scheint erloschen zu sein. Wohl gibt es Texte genug, aber die Tradition, die an sie anknüpfen könnte, fehlt. Magische Zirkel von heute, die behaupten, im Besitz echter Kenntnisse zu sein, können einer ernstlichen Prüfung nicht standhalten. Im Paris gab es wohl noch um die Jahrhundertwende Schüler der Magier Eliphas Lévi und Papus. Weil ihr Verlag, Chacornac, noch nach dem Ersten Weltkrieg bestand, dürfte sich noch einiges erhalten haben, wofern es nicht von dem Kreis um Gurdjew aufgesogen wurde. In Italien folgt Julius Evola der hermetischen Tradition, in Deutschland vermischt sich Magie immer mehr mit einem diffusen Okkultismus.

Die Gegenwart ist für eine Erforschung und Wiedergeburt der Magie ungünstig, weil alle äußeren und inneren Voraussetzungen dafür fehlen und obendrein vieles in unserer Umgebung anders geworden ist, was die feineren Naturkräfte schädigt, Abgase, Abwässer, Radio. Die magischen Kraftimpulse fehlen oder leben nur in der Politik verkrüppelt weiter. Was der Magier durch jahrelanges Training zu erzwingen sucht, erreicht der Gangster viel rascher durch Geriebenheit und Roheit. Eine moderne Magie hätte durch die Atomphysiker geschaffen werden können, wenn sie begriffen hätten, worum es sich handelt. Ihnen fehlt αἰδώς, die Ehrfurcht, die jede Erkenntnis adelt. Sie sehen in das Innere des Atoms, doch gleichzeitig darüber weg.

Däubler besaß im Jahre 1924 eine gewisse Kenntnis der französischen Magie, er witterte jede dem Boden entströmende Aura. Wie es zu dieser Zeit in seinem Innern aussah, zeigt seine Erzählung »Der Schatz der Insel«, 1925. Es war ihm gewiß, daß sich die Aura bis heute in alten Kultstätten erhalten hat. So lag der Gedanke nahe, als er auf Aigina wohnte, den Tempel der Aphaia zu untersuchen, in dem niemals eine byzantinische Kapelle eingebaut war. Also brachte ich ihm im nächsten Jahr das Buch von Papus »Traité élémentaire de Magie, Paris 1906«, mit, das er sofort eifrig studierte; er brannte darauf, gemäß dem dort dargelegten Rituale zu experimentieren und eine Evokation zu versuchen. Daß der Versuch nur zum Teil glückte, schrieb Däubler seiner eigenen Erregung zu, welche die Beschwörung störte. Später kam er nur selten darauf zurück, es war ihm peinlich, Anspielungen darauf zu hören.

Indessen ist eine Autostraße zum Tempel gebaut worden, seine Säulen, die 1925 auf der Erde lagen, sind aufgestellt worden. Jedermann kann ihn für Eintrittsgeld betreten. Dadurch ist seine Aura für immer zerstört.

F. Spunda

33 GEBORGENHEIT UND FREUNDSCHAFT

Yvonne zweifelt nach gemeinsamer Lektüre des Spundabriefes Däublers Christentum an, meint, es sei so ein Literatenchristentum gewesen, ein interessantes Gewand mehr um dieses mit Weltentwürfen und Weltlehren überladene Gemüt.

Ich versuche zu erklären, daß Däubler sich in seiner christlichen Entscheidung ernst genommen habe. Sein Glaube, daß Christus uns frei mache vom Schicksalszwang der Sterne:

»In Christo lebend, widerstehn wir also dem Gestirn. Im Heiland geschieht die Rückwälzung des Menschen in die Geborgenheit. Durch Hinblick auf seine Himmelsstellung überwindet er die Drehung der Welt. Was ins Rollen gerät, findet den Tod. Der Gekreuzigte ist Gott des Sterbens überm All der Vermehrung. Wer in Christo lebt, bleibt immer in das Kreisen einbezogen: frei ist der Wille zu Gott.«

Yvonne meint, ob das nicht so eine poetisch-intellektuelle Form von Gnosis sei. Ein wirklicher Christ würde sich unter Däublers kühnen Worten nichts Genaues vorstellen können. Ich zitiere:

»Geborgenheit in der Schöpfung ist die Zuversicht aller unbelehrten Kreatur, – wohl gäbe es ohne sie kein Wachstum. Der Mensch aber beruht auf seinem Glauben.«

Yvonne: »Da fehlt nur noch die Gleichung Apollon-Christus, mit der sich so viele große Geister den Glauben schmackhaft machten.« »Die Sonne ist das Ich der zarten Düfte«, antworte ich mit einem Nordlichtvers.

Aber sie wird erst durch eine Beilage der Spundapost wieder für den Kosmos-Poeten gewonnen. Das ist einer der letzten Briefe Däublers, aus dem die Not ohne jede lyrische Verkleidung spricht, das Menschenlos, das er zu tragen hatte.

Sanatorium St. Blasien (sic) im Schwarzwald/
3. Okt. 33

Lieber Dr. Spunda, anstatt in der Nähe Wiens, wie ich es vorhatte, befinde ich mich nun im Schwarzwald, ganz allein, mir selbst überlassen. Das mag auch etwas für sich haben, doch wird es zu lange dauern, wohl bis Mai 34. Damit wäre Hoffnung auf Besserung gegeben, mehr als Aussicht besteht nicht.

Großes Fragezeichen. Sie wissen doch, daß ich im Februar auf Capri schon drüben war, vier Menschen und sechs Tiere haben mich wieder zurückgeschleppt, das muß doch einen Sinn haben. So will auch ich gehorsam weiter keuchen, denn mehr ist mein Dasein nicht.

Das Sanatorium hier genießt einen vortrefflichen Ruf: ich hoffe auch, es wird schließlich das Richtige sein. Schade, daß aus Wiens Umgebung nichts wurde, dort wäre es besser geworden, weil ich nicht so verlassen geblieben wäre.

Daß Sie wieder eine herrliche Griechenlandreise machen konnten, ist mir eine wahre Freude. Vielleicht schreiben Sie mir einmal, wie es bei den Göttern oben zugeht.

Was gibt es sonst Neues? Beispielsweise in der Welt des Geistes? Ich bin ja seit langem ganz abseits von allen Dingen, die mich leben ließen.

Vielleicht sehen wir uns in einem Jahr, früher keinesfalls. Ich horche fortwährend nach Zielen, die immer weiter fort rücken. Nun, lieber Spunda, entsinkt mir das Schwert, ich bin schwach, darf nicht viel kritzeln.

An Sie, die Ihren, an Buschbeck und andere
Herzliche Grüße Ihres vereinsamten

Däubler

»Gibt es eigentlich«, fragt meine Frau, indem sie ihr Haar vor dem Spiegel richtet, »gibt es eigentlich Däubler-Kenner, die nicht nur in zügelloser Anbetung verharren, sondern auch Kritik an ihm üben? So aus der Vogelperspektive meiner Unkenntnis betrachtet, unterscheide ich nur zwei Arten des Verhaltens: entweder hat man nie von ihm gehört, und das ist überwiegend der Fall, oder man ist in ihn eingeweiht, und derer sind nicht viele.«

»Obschon von denen, die heute als Dichter herumgeboten werden, Dutzende auf ein Däublerlot gingen.«

Dabei nehme ich innerlich bereits reuevoll diejenigen aus, denen ich um ihres Werkes willen Dank schulde; aber ach, es sind Poeten, die dem Sichereignen des Schrecklichen, das uns mehr und mehr einschließt, nichts entgegenzusetzen wissen. Sie schneidern dem »Unsichtbaren« Gewänder. Das von ihnen Eingehüllte sinkt als Vergangenheit hinter ihren Versen her zurück. Es sind melancholische Chopin-Etüden, der großen Klage zugehörig, die auch schon nicht mehr vernommen wird. Nachwehen des Jahrhunderts der Seele, das sich neigt.

Um mich zu rechtfertigen, schlage ich Däublers *Gran Cane della Scala* auf und lese, den Daumen an der Zeile, die majestätischen Langzeilen:

»Es zieht der Stern zum Stern, sich fort um einen Stern zu ringen.
Den letzten gibt es nicht. Da klaffts: die Milchstraße stürzt ab.
In sich zurück! So du: zutiefst. Sogar der kleine Mond.
Durch dich hindurch. Wohin? Das Meer vor dir: dein Kap!
Durchs Ich hervor! Du fühlst, daß große Friedensorgeln klingen.
Du bleibst, im All entfremdet, eigner Totheit urgewohnt.«

»Alles, was du von Däubler zitierst«, sagt Yvonne und kuschelt sich dabei auf ihren Korbstuhl in die Wolldecke, »ist schwer, sprachlich unerfüllt, fast drohend. Gibt es eigentlich auch etwas Anspruchsloses von ihm? Ich meine, war er schlichter Melodien fähig, wie sie Claudius gelangen?«

»Gewiß«, sage ich, »er war wunderbar schlichter Melodien fähig, und ihm kam dabei wie einem geübten Gitarrenspieler zugute, daß er sein Instrument beherrschte. Hör dir das an und sag mir, ob es von Claudius ist:

Am Himmel steht der erste Stern,
Die Wesen wähnen Gott den Herrn,
Und Boote laufen sprachlos aus,
Ein Licht erscheint bei mir zu Haus.

Die Wogen steigen weiß empor,
Es kommt mir alles heilig vor.
Was zieht in mich bedeutsam ein?
Du sollst nicht immer traurig sein.«

Yvonne sinnt sich in das Gedicht hinein. »Die Boote laufen sprachlos aus, das ist Däubler«, bestimmt sie. »Aber es gibt nicht viele solcher Verse. Das meiste zerläuft bei ihm in einer barocken Aufwirbelung, die das Gelungene unter Schutt begräbt.«

»Geduldig ist der Wald,
Behutsamer der Schnee,
Am einsamsten das Reh.
Ich rufe. Was erschallt?
Der Widerhall macht Schritte.
Er kehrt zurück zu seinem Weh,
Das kommt heran wie leise Tritte.
Er findet mich in meiner Mitte.
Warum hab ich den Wald gestört?
Vom Schnee ward nichts gehört
Hat sich das Reh gescheut?
Wie mich das Rufen reut.«

antworte ich mit Däubler. Sie sagt, das wiederum liege nicht so sehr in der Nähe von Claudius als von Christian Morgenstern. Ich pflichte ihr bei.

»Däubler hätte«, behaupte ich, »auf solcherlei Sprachmelodie beschränkt, gewiß einen Rilkeerfolg einheimsen können: ›Woran ich trage, weiß ich nicht‹, sagt er im *Gran Cane della Scala*, ›doch was ich bin, ist meine eigne Wahl‹. Und was die Verschüttungen angeht, so befindest du dich da ganz auf der Urteilslinie Rilkes. Nach jener Vorlesung, bei der er nach Däublers Beobachtung ein so unglückliches Gesicht machte, schrieb er an Katharina Kippenberg nach Leipzig: ›Denken Sie, daß Däubler mir nichts gegeben hat, als noch einmal, nun vom Persönlichen aus, die erschütternde Verschüttung, mit der seine Gedichte, je mehr ich davon lese, mich überstürzen, bis ich unter ihnen, wie unter Geröll, verschwunden bin. Genau die gleiche Pein bereitete mir sein unaufhaltsam hereinbrechendes Lesen, erst Aschenregen, dann Schutt und schließlich Untergegangensein unter einem maßlosen Übergewicht schlackenhafter Wortmonstren.‹

Rilke, damals auf der Höhe seines Ruhms (von dem er sich freilich nie tragen ließ), konnte absolut nichts mit Däubler anfangen, der seinerseits auf nichts so sehr aus war wie auf Ruhm, um sich von ihm tragen zu lassen, denn das war für ihn der Stoff, in dem sich für ihn die höhere Berufenheit bestätigt hätte. Aber es gibt noch jemand, der ihm Freund war und zugleich ehrlich mit ihm haderte: Ernst Barlach.«

»Ernst Barlach«, fragt Yvonne, die ich nun immer tiefer in den deutschen Parnaß hineinkomplimentieren muß, um meine Überzeugungen deutlicher erscheinen zu lassen. Das Arbeitsheft in meinem Gepäck steht mir bei. Yvonne weiß über Barlach nur, daß ich jeweils tagelang in seine Hervorbringungen eintauche, dort unerreichbar versinke und wechselweise, wie im Zwang der Ergänzungssuche, über Reproduktionen von Zeichnungen, Plastiken, dann wieder über den Dramen und Tagebüchern des norddeutschen Grüblers verweile. Angezogen fühlte sie sich nie von dieser Gestalt. Sie scheint ihr antilateinisch, Jakob-Böhme-haft, in melancholischem Faltenwurf frühgotisch verfangen. Ihr Interesse belebte sich aber, als ich (vor unserm Capristart spielte sich das ab) mit der Post einen neuen Band Barlachkunst bekam und mit dem ersten Aufschlagen des Buches direkt auf ein Däublerporträt stieß. Eines der treffendsten. Da hatte die Anziehungskraft des Bezüglichen geheimnisvolle Verknüpfungen hergestellt. So trifft man ja auch in Antiquariaten wie magisch angezogen auf versteckte Bücher, in denen lange Gesuchtes aufscheint. »Barlach«, sage ich, und jetzt bin ich in meinem Fahrwasser, »lernte Däubler schon sehr früh kennen. Meines Wissens spielte sich (und damit ziehe ich mein Arbeitsheft hervor) die Freundschaft zwischen den beiden in Florenz ab. Von dort schreibt Barlach an seinen Freund und Förderer Reinhard Piper unter dem Datum des 25. März 1909: ›Mit dem guten Däubler ist es eine Not, er kann sein Epos nicht gedruckt kriegen. Ich selbst

Däubler, in der Zeit, da er mit Ernst Barlach befreundet war. Foto: Aus der Sammlung von Werner Helwig

habe noch nichts davon gesehen, aber Leute, die skeptisch bleiben davor, bewundern es aufs höchste und nennen ihn einen deutschen Dante.‹ – Schüchterner Versuch, den Verleger Piper neugierig zu machen.«

»Die Geschichte dieser Freundschaft«, sage ich zu Yvonne, die sich die Füße einwickelt und dem Rauch meiner Zigarette nachblickt, »ist nicht nur in dieser oder jener Beziehung tragisch, sie ist es im ganzen und sie ist ein Ganzes.

War Barlach in seiner Florentiner Zeit noch auf der Suche nach sich selbst, so hatte Däubler bereits den ganzen Umfang dessen ausgeschritten, was er konnte, wollte, sollte, was seines ›Amtes‹ war. Er fing ja, als Künstler, sozusagen mit dem dicken Ende an. Und das dicke Ende war das Manuskript seines begründenden, seines stiftenden Werkes, dessen Blätter er damals in beutelförmigen Tragtaschen mit sich führte. Das einzige, was an der Habe, die er herumschleppte, schwer war.

Aus Barlachs Briefen – Däublers Antworten, ich sagte es schon, sind nicht vorhanden – erschließt sich der Gang der Dinge. Schon am 26. September 1910 schreibt er an den ihnen beiden gemeinsamen Freund Moeller van den Bruck: ›Zu einer Arbeit hat mich eine Däublerskizze angeregt, er liegt da, etruskisch und landstreicherisch zugleich, mir schon gelungen scheinend, aber ich fürchte, ihm wird das Landstreicherische zu sehr überwiegen.‹ Was da entstand, ist später als Holzschnitzwerk unter dem Titel *Ruhender Wanderer* bekannt geworden. Die wenigsten, die sich von diesem Bildnis begeistern lassen, das eine ganze Dynastie von ›Ruhenden‹ in der modernen Plastik begründen sollte, ahnen, daß sie das erste Däublerdenkmal Barlachs und das erste überhaupt vor sich haben. Am 26. Januar 1911 schreibt Barlach, der eines dunklen, zugleich trockenen Humors fähig war, wiederum an van den Bruck: ›Ich werde ihn nicht Däubler nennen, dazu ist er zu sehr Landstreicher‹ . . . . . . ›Übrigens haben Klaus (der Sohn) und ich die Botanik um einen Namen bereichert, nämlich um den Däublerpilz, der in der Däublerschen Hutform gewachsen ist.‹ Am 4. September 1913 schreibt er an Piper: ›Er ist ein sehr schönes Modell, aber schwer. Man denke: so viel Fleisch, so viel Haar, solche Backen – aber prost Mahlzeit: all dies Fleisch und Bein soll und will überwunden werden, muß verschwinden und vergessen sein. Die gewisse ›erhabene Hysterie‹, wie

Worringer von der Gotik sagt, ist das wichtigste bei ihm und muß doch bescheiden unterm Scheffel stecken.‹

Barlach sollte nie wieder nach Italien kommen. Sein Weg führte von der norddeutschen Tiefebene, als Landschaft reinster Wesensentsprechung, nach Rußland, als deren mystische Vertiefung. In der Rückschau auf dies pfadbestimmende Ereignis schreibt Barlach später (2. Oktober 1934): ›Die Reise nach Rußland war es wohl, die mir den Begriff von Grenzenlosigkeit gab, aus dem heraus ich mich zu Unternehmungen ermutigt sah. Eine Grenzenlosigkeit, in der sich das Menschliche nur als kristallisierte menschliche Gestaltung behaupten konnte, wollte man das Menschliche überhaupt festhalten.‹

Wie so manche wortverliebte Deutsche dieser von Leistungen geschwellten Zeit, suchte und fand er den eigentlichen Anstoß ›draußen‹. Stefan George, nachdem er durch Mallarmé ›gegangen‹ war, äußerte, es hätte eine Zeit in seinem Leben gegeben, da er schwankte, für welche Sprache er sich entscheiden solle: Deutsch oder Französisch. Rilke schrieb wundervolle französische Briefe, dichtete in der Zeit nach den Elegien und Orpheus-Sonetten häufiger französisch als deutsch, und einmal ließ er in einer Bemerkung durchblicken, daß ihm das Russische wahrscheinlich die höchsten aller Aussagemöglichkeiten gewährt hätte. Däublers Selbstentscheidung wurde in Griechenland fällig, aber in welcher Sprache er hätte atmen sollen, wurde ihm zur Zweifelsqual in seinen letzten Lebensjahren. Und er hatte nicht mal die Wahl. Weder Französisch, noch Italienisch, noch Griechisch waren oder wurden ihm so geläufig, daß er darin hätte dichten können. Und daß Deutsch sein Schicksal wurde, liegt nicht zuletzt daran, daß es eine noch immer unfertige, eine wachsend sich bewegende Sprache ist, lehmweiches Material, wunderbar geeignet für Wortneuschöpfungen, wilde Begriffsklitterungen und Fügungseinfälle, wie sie dem Nordlichtautor eigen waren.

Bereits am 23. September 1915, also während des Ersten Weltkrieges, in dessen Wallungen Barlach sich als Patriot entdeckte, kommen däublerkritische Äußerungen von ihm: ›Ich glaube wirklich, es geht auf natürliche Art nicht an, ›psychische Geometrie‹, wie sie Däubler in Picassos Winkelkanten findet, zu porträtieren.‹

Am 23. April 1917 schreibt Barlach an Friedrich Düsel: ›Vor Däublers Kritiken und Ergründungen, mich betreffend, habe ich ziemlich viel Angst.‹ Verständlich, denn Däubler war so etwas wie ein Capri-Etrusker, wo Barlach sich in ein kierkegaardsches Ehrlichkeitsringen verstrickt fand. Sich Barlach auf Capri vorzustellen, scheint so unmöglich wie ein niedersächsisches Bauernhaus auf dem Monte Solaro. Barlach hatte sich gefunden und geformt. Seine Gewißheit, dem Norden, nicht dem Süden anzugehören, war endgültig. Erst die Nazis sollten sie ihm zerschlagen.

Die Auseinandersetzung mit dem befreundeten Dichter Däubler, der in seinen Kunstaufsätzen viel, wenn nicht das meiste für die Anerkennung Barlachs getan hatte, scheint in einer Tagebuchnotiz vom 2. Oktober 1914 durch: ,...... ertappe mich dabei, mich mit dem Krieg so abzufinden, wie etwa mit dem Besuch Däublers, der auch keine leichte und doch wieder eine Aufgabe war, in die man wie in eine Wetterungunst und zugleich in ein mühsames, aber im Ganzen höchst wertvolles Abenteuer einging.‹

Dazu die von scharfer Beobachtung zeugende Bemerkung über Däublers Verhalten zu Barlachs (natürlichem) Sohn Klaus: ›Es ist ja sonderbar, daß die leisen Sympathien mächtig und gelinde wirken, gerade bei Kindern, dagegen das zudringliche Freundschaftserbieten wie etwa von Däubler keine Wurzeln schlägt. Da scheint den Kindern eine Gnadenlast aufgebürdet zu werden, die ihnen den Weg versperrt und die Luft abdrückt.‹

Am 22. Mai 1915 trägt er ein: ›An Däubler wurde gestern abend ein Brief halb fertig, eine Antwort auf seinen Picasso-Aufsatz. Ich bekannte, daß ich von den Hymnen, Bannern und Blumen der italienischen Rede (d'Annunzios) Nasenstüber bekommen, daß ich den italienischen Rausch verstoße – an dem Däubler doch selbst seinen Teil hat.‹

Hier ist nun Erwähnung Will Friegs fällig. Er war beiden freundschaftlich zugetan. Barlach notiert am 23. Juni 1916: ›Herr Frieg aus Soest war bei mir, seine weißen Zähne, scharfgewetzt, schlitzen beim Sprechen das Gesichtsbraun auf und seine Rede ist durchblitzt mit Funkenmystik. Er hat Däubler in Berlin gesehen . . .‹

Zu diesem Zeitpunkt ahnte Frieg noch nicht, daß Barlach die Züge seines Gesichts mehrfach in Erz, in Stein, in Holz bannen würde und daß er in einer der Außen-Nischen von St. Katharinen zu Lübeck als *Sänger* und in Güstrow in der *Gemeinschaft der Heiligen* im Dom einen vorläufigen Ewigkeitsort zugewiesen bekommen würde.

Er wirkte als ausgleichendes, ja verbindendes Element zwischen den beiden schwierigen Männern, von denen der eine – Barlach – aber doch unentwegt dabei war, sich ›abzusetzen‹ vom andern.

Der böse Satz in Barlachs Tagebucheintragung: ›Aber ich wage den Brief nicht abzuschicken. Es ist zuviel Absage an Däubler darin‹ erfuhr mancherlei Aufhellung durch die nun rasch sich entwickelnde Freundschaft mit Frieg. Immer wieder geht die Rede von ihm im Güstrower Tagebuch. Des ersten Wahlowschen Hasen wird Erwähnung getan, ›davon wir bereits das zweitemal gegessen haben‹. Und am 17. Dezember 1916 heißt es: ›Aber vor kurzem war mein mystischer Bekannter aus Wahlow wieder zu Besuch.‹ Später: ›Als ich ihn sah, war er in Gesellschaft eines Klumpens Packpapier mit einer guten Kordel. Ich griff zu, er war von ziemlich runder Gestalt. Es war eine Hirschkeule, an der er das Langbein, das ihm die verdächtige Schinkenfigur gibt, selbsthändig abgehackt hatte. Ein Geschenk, darauf bestand er. Den anderen Hirschschenkel will er am Sonntag nach Berlin schmuggeln, um ihn mit Däubler zu vertilgen, wie er es schon einmal mit einem Hirschrücken gemacht hat.‹

Durch solcherlei reale Verbindlichkeit mit Däubler wieder ins Gleichgewicht gewogen, kam Barlach die Idee, sich den Koloß Däubler dadurch leichter zu machen, daß er ihn in einen Roman bannte und ihn damit vor sich bekam, anstatt ihn immer über sich zu fühlen. Der Plan gedieh leider über einige Notizen nicht hinaus. Aus ihnen freilich tritt der neptunische Dichter mit einer Mächtigkeit hervor, die nur dadurch gemildert ist, daß Witz und Humor, sogar Ironie an seinem Konterfei mitbeteiligt sind. ›Er schaut drein‹, heißt es da über Däubler, ›wie ein Tell, dessen Pfeil irgendwo ein Herz durchbohrt hat.‹ Besonders bedenkt Barlach seine ›Stiefelkähne‹. ›Er schaut drein wie ein Gesandter eines barbarischen Kaisers, verächtlich erhaben, trotz hereingekrempelter und immer wieder sich hervorstülpender, knittriger Hemdärmelsäume.‹ Das Wort illustriert Däublers Äußerung: ›Ich muß mir halt meine Freunde daraufhin aussuchen, ob mir ihre abgelegten Röcke mal passen werden.‹

›Auch die Verschmitztheit seines Auges darf man nicht vergessen, denn sein Auge hat viele Jahre hindurch als Wildauge gedient, wenn er im Dschungel großer Städte mit Übeln aller Art verfolgt wurde.‹

›Wenn er nicht arbeitet und sich leer und traurig fühlt, ist sein Blick weinerlich, denn die Dinge sind dann wie krank und tot. Aber wenn der Dichter-Großalarm bei ihm geblasen wird, dann strotzen die Dinge, dann werden sie zu Trauben der Mystik, dann wittert seine Seele himmlischen und geistigen Vorrat, und der Saft des Geschauten spritzt ihm aus den Augen.‹

Aber wehe ihm, wenn Barlach beobachtet, ›wie er im Portemonnaie nach einem Trinkgeld Umschau hält, als wollte er hineinkriechen‹. Und er ist zugleich so etwas ›wie ein umgekehrter Spion, der die Geheimnisse seines Heimatlandes in das fremde einschmuggeln muß, jeden Augenblick in Gefahr, als Fremdling erkannt und aufgehängt zu werden‹. Dabei hat Däubler nach Barlachs Meinung ›vier Zeiger im Gesicht, seine zwei Augenbrauenbogen treffen sich an der Nasenwurzel wie an ihrem Ansatz und schwingen sich schräg abwärts zwischen Nase und Backe bis zum Bart hinab, vier Zeiger, die sein psychisches Geschehen abmalen, wie ein Stern, der wie er selbst gefunden hat, schwingt und zittert‹.

›Seine Predigt ist zugleich Liturgie.‹ – ›Er schmeißt die Faust und hämmert einen Zauberschlag in die Luft – und die Welt erstarrt und schrumpft und gestaltet sich zum geometrischen Bild. Das balanciert er nun auf der flachen Hand, und, weil es noch glühend ist vom Schrumpfprozeß, läßt er es zum Abkühlen von der Höhlung der Rechten in die der Linken rollen und nimmt es dann zwischen Daumen und Zeigefinger der Rechten. Daran hindern ihn nicht die Hemdsäume, die aus dem Ärmel wulsten, oder Kragenverhältnisse, die ganz aus der Zeit gefallen sind. Dieser Kristall wird nun wie ein rohes Ei gehandhabt, ausgeblasen und wieder vollgedeutet, und Kolumbus-Däubler macht uns die Entdeckung einer neuen Welt handgreiflich vor.‹ Dabei ›schmaust er sich durch die Zeit wie durch einen Schlaraffenbrei‹ und ›thront in knochenloser Majestät‹.

Der Elan zu diesem Däubler-Roman verliert sich bei Barlach mehr und mehr innerhalb des ihm immer größer und sicherer gelingenden Eigenen. Am 11. Juni 1922 schreibt er an Moeller van den Bruck: ›Was ist mit Däubler? Wenn ich ganz rücksichtslos sein soll, so muß ich sagen, mir graut vor ihm, ich fühle eine Entfremdung, die mich erschreckt.‹

Däubler befand sich zu dieser Zeit schon im Nachklang seiner großen Leistung. Die Woge ebbte aus. Er überließ sich der Selbstdeutung, sammelte in herrlichen Schriften alles, was seiner Vision als Rechtfertigung und Nachtrag dienen mochte. Er wurde, wie er zuerst ein Seher war, jetzt der Kommentator seiner Vision. Er reflektierte sie durch, und was er an großer Prosa vermochte, entstand jetzt. Auf was sie zueilten, ahnten beide nicht. Däubler konnte die giftigen Schwaden des ausbrechenden Dritten Reiches dank seiner generös unverbindlichen Natur überstehen. Er starb, bevor das Schlimmste eintrat.

Barlach erlag. Vielmehr, sie erlegten ihn. Das Kesseltreiben, das gegen ihn einsetzte, nachdem die Deutschen ihren Henkern die Macht überantwortet hatten, endete mit dem langsamen, subtil geplanten und mit sicherer Gauleiterhand ferngesteuerten Mord. Ein unblutiger Mord zwar, ein gewaltloser sogar, aber der grausamste aller: Barlach wurde psychisch erstickt.

1934 erlebte er noch den Tod des immer mehr gemiedenen Freundes. Am 2. Oktober 1934 schreibt er darüber: ›Ich habe unter peinlicher Schonung aller Fleischteile so etwas wie einen Haar- und Bartrahmen zustande gebracht, in dem das Antlitz des toten Däublers ruht. Ich habe den gänzlich wesenlosen, wo nicht verlorengegangenen Mund modelliert, halb nach meinem früheren Däublerbildnis, halb nach Fotografie kurz vorm Tode.‹ Dem solcherart in einer Maske Verewigten noch einmal die ganzen Bedenken mit ins Bild zu geben, die ihn ein Leben lang beschäftigt hatten, konnte Barlach also auch in diesem bitteren Moment nicht lassen. Um so grauenhafter fiel ihn der eigene Tod an. In völliger Vereinsamung, nur von seinen eigenen Bildwerken, wie sie ihm die Nazis von allen Kirchen und öffentlichen Plätzen her ins Atelier zurückschickten, umgeben, ja zweifellos von ihnen erdrückt, erstickt, zu Boden gepreßt, schloß er – ein Verjagter und Gehetzter, zerhadert mit der Heimat, für die er sich entschieden hatte, abgelehnt von dem Volk, in dessen Sprache er unvergängliche, ganz ihm zugehörige, kaum je außerhalb seiner verständliche Dramen geschrieben hatte – am 17. Oktober 1938 die Augen, die gleichen, mit denen er Engel und Sänger, Blinde und Bettler, Ringende und Zerrungene, den Dämon und den Gott sehend gemacht hatte. Und Däubler? Ihn begrub man unter einer Last von Schweigen.

Ihrer beider Wiederentdeckung gehört denen an, die mit ihnen waren, mit ihnen lebten, überleben durften. Sind jene hinweg, wird auch das letzte Gedenken getilgt sein.

Diese grotesk ungleichen Brüder, in diesem Betracht sind sie zwangsvereinigt und werden, in welcher Ewigkeit auch immer – nie voneinander loskommen.«

Unseren langen und bangen Erörterungen über das Sterben der Dichter folgten noch einige Anmerkungen, ein sich wechselseitig erhellender Nachtrag. Etwa, daß Barlach nicht in der Umgebung seiner zurückgeschickten Werke starb, sondern im Krankenhaus zu Rostock am 24. Oktober 1938 im Alter von achtundsechzig Jahren. Am 23. Oktober 1937 hatte er sich noch zu dem Vorschlag eines Freundes geäußert, er solle emigrieren:

Man kann zur Flucht genötigt sein, aber man kann nur schaudernd erwägen, daß man in der Fremde sich selbst entfremdet wird – oder in Heimatlosigkeit vergeht.

Am 9. März 1938 schrieb er, als er die Nachricht vom Abbruch seines Hamburger Ehrenmals erhielt: ... *früher schrieb ich das Wort garrotte mit einem t, aus Unkenntnis, – jetzt weiß ich es besser, man muß doch wenigstens das Instrument orthografisch schreiben können, mit dem man behandelt wird. – Das französische Wort »garrotte« (aus dem Spanischen) bedeutet Erdrosselung.*

Und am 24. April 1938:

... *sah eine Ewigkeit von Schaffenszeit vor mir, heute pfeift der böse Wind hart und grausam, aber auch das ist kein Anlaß, alles verloren zu geben. Freilich kann jeder an einer akuten Verschlimmerung der Umstände zugrunde gehen.*

Am 16. August 1938, also zwei Monate vor seinem Tode:

Frau Böhmer geht diesen Weg ins Ungewisse mit mir, und ohne diese Hilfe würde ich wahrscheinlich einen noch kürzeren Weg dahin zu finden wissen, wo es gut sein ist, das heißt, wo weit und breit kein (Nazi) zu sehen ist.

Am 27. Mai 1938:

Was Sie von Reinhold Schneider und Hegner berichten, begründet reichlich die Tatsache des Krankseins, wo nicht aller Kreatur, so doch der gleich mir und ähnlichen. In solcher Atmosphäre gesund zu bleiben vermögen nur ganz, ganz andere.

All diesen Nachrichten, in denen immer wieder sein trockener Humor mit aufscheint, gingen Abbrüche, Verschrottungen, Rücksendungen seiner Werke voran: *Der hiesige Domengel ist nun auch heraus,* schreibt er am 25. September 1937 aus Güstrow, *soll eingeschmolzen werden. Das ist nun der vierte kirchliche Fall – Magdeburg, Kiel, Lübeck, Güstrow ...*

Am 24. Mai 1937: *In ziemlicher Stille ist am Geburtstag Hitlers der »Geistkämpfer« in Kiel abgebrochen worden. Er gehört zu den Arbeiten, die aus den Anforderungen des Ortes heraus die letzte Form erhalten hatten und nur für ihn entworfen waren und mit ihm eine Einheit ausmachten, wie auch das Magdeburger Mal. –*

Ich lebe aber noch, wenn auch merklich reduziert, schreibt er ahnungsvoll an Friedrich Dross, *erst hatten wir die große Wassermisere, eine böse Verunreinigung des Brunnens mit viel Molest im Gefolge, dann kam die Grippe, und der Rest war die Hauptsache, man spricht besser nicht davon. –*

Aber mit dem Gedanken, daß alle meine Arbeiten aus der Nationalgalerie und sonst vielerwo verschwinden, muß ich mich vertraut machen.

Über Däublers Ende, so hatte ich festzustellen, gibt es nicht sonderlich Zeugenschaftliches. Er starb am 13. Juni 1934 »als gläubiger evangelischer Christ« in St. Blasien im Schwarzwald in der pflegerischen Obhut seiner Schwester Edith, der er sich, anders und doch ähnlich wie Byron der seinen, am tiefsten verbunden fühlte. Seinen schriftlichen Nachlaß beschlagnahmte die Gestapo. Über Rilkes Ende weiß man das Wichtigste aus dem Berichtbrief von Frau Wunderly-Volkart (es betrifft den 24. September 1926):

Er kam schon am Morgen herunter, sah sehr angegriffen aus, hatte einen verbundenen Finger: an einem Rosendorn geritzt. Er war entzündet und tat sehr weh. Am nächsten Tag dasselbe am Finger der anderen Hand ... Dr. Haemmerli telefonierte mir sofort am anderen Abend: es sei sehr ernst, akute, schwere Leukämie ...

»Ihnen gilt«, sagte ich zu Yvonne, »was Däubler oft auswendig zitierte: der Dritte Gesang aus Dantes Hölle:

Per me si va nella città dolente,
per me si va nell'eterno dolore,
per me si va tra la perduta gente.
Giustizia mosse il mio alto fattore:
fecemi la divina potestate,
la somma sapienza e il primo amore.«

34 STAND ES IN DEN STERNEN?

Rilke erbrachte, Barlach ergrub sein Werk. Sie sind bis in den Duktus ihrer Handschrift fixiert und atmeten, redeten und arbeiteten im Zwang dessen, was über sie verhängt war. Und ihr Tod gibt die zugehörige Unterschrift.

Däubler, am 17. August 1876 geboren, vertritt das Schicksal des Löwen mit geradezu unwahrscheinlicher Übereinstimmung. Nicht nur, daß sein Gesicht, seine Körperlichkeit völlig dem Löwentypus zugehören, auch in der Stimme, im Gehen, im Essen wirkt er löwengleich. Löwen-Däubler hat die absolute Beziehung zur Sonne.

Ich bin der Glaube an die Macht der Sonnen,
Und meine Inbrunst zeitigt alle Strahlen.
Ich walle aus mir selber in die Zahlen
Und halte mich von Ewigkeit umsponnen.

Sein astrologischer Tag ist der Sonntag. Seiner Wesensgestalt entspricht der Kristall. In seinen negativen Auswirkungen wirkt er arrogant. In seinen positiven magnetisch. Seine Ichbezogenheit ist total.

Kein einziges sexuell gewürztes Gedicht findet sich unter seinen dreißigtausend Versen, wenngleich jedes Wort, das er setzte, dem Eros der Sprache entsprang. Er selbst verbleibt in immer wieder betonter Ich-Einsamkeit. Venus wurde übergangen:

Ich will kein Kind. Ich kam die Nacht zu tragen

Oder:

Geburten wozu? Meinen Streit und die Liebe
Verhalte ich einsam . . .

Oder:

Alles wird zu eines Balles urversuchtem
Rundungstraum.

Und zuletzt:

Welturanisch, unerklärlich
Liebt sich selbst das tiefste Ding.

Anders Rilke. Am 4. Dezember 1875 als »Schütze« geboren, gehört er dem Freitag (der Venus geheiligt) zu, ist dem Jupiter unterstellt. Der ihn begünstigende Stein: Smaragd. Loyal und freiheitlich zeigt er sich in seinem positiven, unüberlegt und mißtrauisch in seinem negativen Aspekt. Das ihm mögliche Sexuelle hat er gelebt, um es in der Schmiegsamkeit seines Verses zu sublimieren. Im Maße, wie der fleischliche Däubler sich dem Geist überantwortete, trachtete das Siebenmonatskind Rilke nach einem Groß-Sein im Fleische.

»Das Entsetzliche ist«, schreibt Rilke am 23. März 1922, »daß wir keine Religion besitzen, in der diese Erfahrungen so wörtlich und handgreiflich, wie sie sind, in den Gott gehoben werden dürfen, in den Schutz einer phallischen Gottheit, die vielleicht die erste wird sein müssen, mit der wieder eine Götterschar bei den Menschen einbricht nach so langer Abwesenheit.«

Und wie Löwen-Däubler in seinem Gedicht der Keuschheit huldigt, Schützen-Rilke in dem seinen der Gefühligkeit Form gab, so mußte Steinbock-Barlach (2. 1. 1870) eine saturnische

Jenseitigkeit in seinem Werk herausstellen. Auch er seinem Zeichen unausweichlich untertan. Er gehörte dem Samstag zu, dem letzten der Arbeitstage des Schöpfers. Er war in seinem positiven Aspekt beständig, durchhaltend, umweglos, und in seinem negativen mürrisch und egozentrisch bis zur Intoleranz:

Verworfen und neu erkoren,
Gestorben und neugestaltet,
Verwest, erkaltet und wieder entfaltet werden wir sein.

Verlöscht und entdacht,
Vergessen und neu gedacht,
Gekrümmt und wieder gegradet,
Verstoßen und begnadet.

Sein Werk ist weder vom Eros noch vom Sexus durchwaltet: es ist die Welt der Ringenden und Geschlagenen, der Reinen und Besitzlosen. Ehelos lebten alle drei.

35 GESCHICHTE EINER SEELE

Im Alter von vierzehn Jahren merkte ich, daß ich nicht mehr im Gymnasium weiterkommen konnte. Meine Mutter, Großmutter und Tanten verkehrten mit den Frauen einiger meiner Lehrer. Diese Damen meinten nun, man solle mich rechtzeitig aus der Schule nehmen und etwas Einfaches, etwa Handwerker werden lassen. Meine Verwandten, in ihrem Standesdünkel verletzt, machten mir später die größten Vorwürfe wegen meiner Dummheit und angeblichen Faulheit. – Laßt es nur gut sein, gab ich damals dreist zur Antwort, eines Tages werde ich mich ans Klavier setzen und dann verblüffe ich die ganze Gesellschaft durch mein Spiel, ohne je Klavierspielen gelernt zu haben.

(Aus *Bestrickungen*, 1927)

Diese Voraussage Däublers ist, wenn wir sie auf seine sinfonischen Wortwerke anwenden, in Erfüllung gegangen. Er hat – ohne nennenswerten oder in Zeugnissen nachweisbaren Bildungsgang – die ganze Geschichts- und Mythoswelt der Antike und des Orients ins Spiel seiner Worte gebracht.

Man hat ihn zwar nicht »Handwerker« werden, aber nach seinem vierzehnten Jahr durch Hauslehrer unterrichten lassen, bei deren Auswahl anscheinend eine glückliche Hand waltete. Sie sind ihm so wichtig wie unvergeßlich geblieben. In seiner Schrift *Aufforderung zur Sonne* (1926) widmet er ihrem Andenken ganze Abschnitte. Sie müssen erheblichen, vielleicht sogar entscheidenden Anteil an der Ausbildung seines Geistes gehabt haben.

Ich habe zwei Lehrer bekommen, der eine hieß Martino Marcowitz, stammte aus Galizien, doch sein polnischer Vater war jung gestorben, – seine Mutter Triestinerin, hat ihn italienisch erzogen: so ist es gekommen, daß er außer Italienisch ganz wenig Deutsch verstand.

Er sollte mich in sämtlichen Fächern, außer im Lateinischen, im Griechischen und – kurz vor der Prüfung, die ich in Fiume gut bestanden habe – in Mathematik unterrichten. Recht lieb sind mir seine italienischen Sprachstunden gewesen: wir lasen Dante, Manzoni. Zwei meiner Aufsätze sind ihm als auffallend, ja vielversprechend erschienen. Einer behandelt das Thema »Athen und Sparta«, der andere sollte die Beschreibung einer Polarnacht sein.

Darin sind wahrlich die den Weg bestimmenden Momente zu erkennen: seine Hellasverfangenheit, sein Nordlichtglaube.

Der andere Lehrer hieß Umberto Gerin. Er, Irredentist, unterrichtete Däubler in den klassischen Sprachen. Für ihn war der größte Dichter für alle Zeit, trotz Leopardi – Carducci. Mit dem Lehrer Marcowitz lag er Manzonis wegen im Streit. Diese beiden also rangen um die Seele des Knaben. Damals entstand in ihm der Wunsch, Maler oder italienischer Schriftsteller zu werden. Gerin war vor allem Anhänger von Campanella, Autor der Utopie *Città del Sole*, und er bestärkte Däubler in dem Entschluß, eines Tages ein dieses große Thema ergänzendes Buch unter dem Titel *Impero del Sole* zu schreiben.

Der sehr geschätzte Lehrer (wahrscheinlich bestand eine Eros-paidikos-Bindung) erlag früh der Schwindsucht. Aber seiner pathetischen Forderung: »Eine künstlerische Kosmogonie schöpfe uns«, ist Däubler nachgekommen.

Auch der Heimat seiner Kindheit erinnerte sich der Dichter gern. Triest liegt inmitten des antiken Illyriens, Schauplatz vieler ineinanderverschränkter Rassen und Sprachen, Land des Diokletian, des heiligen Hieronymus, des evangelischen Theologen Flacius Illyrikus, des Bildhauers Mestrović und des im Ersten Weltkrieg jung gestorbenen serbischen Dichters Bojić, dessen Heimatgedicht für Däubler voll von Prophetie war:

Unser Vaterland ist berühmt durch sein Unglück.
Wandelnd tragen wir es in uns.
Es lebt im Blut unserer ewigen Wunden,
Und (jetzt versuche ich dich, Schicksal) wir können es auch einmal begraben.

Der frühe Tod Gerins hat wahrscheinlich den Entschluß Däublers, doch lieber in der Sprache seines Elternhauses zu leben und zu schreiben, gefördert. Er verbrachte – immer noch Jüngling – einige glückliche, musikerfüllte Jahre in Wien, bevor er sich nach Neapel begab, um sein *Impero del Sole* zu schreiben.

Nach dem Erlebnis Beethovens und der Bezauberung durch Wagners *Siegfried* bekennt er: »Von nun an konnte ich nur noch in Versen grübeln, schließlich denken: Wahngebilde hat Musik in mir zu Gestalten vereinfacht. Die deutsche Sprache ist abermals meine Muttersprache geworden. – Dann bin ich von Wien abgereist. In Neapel fand ich Worte für meine Bilder. Die Gedanken sind beim Niederschreiben von Einfällen begleitet worden: das Musikalische zu einem Gedicht hat sich vielleicht sogar zu heftig eingestellt. Das *Nordlicht* hatte meine Kräfte bereits voll in Anspruch genommen: ich habe es am Fuße des Vesuvs in deutscher Sprache angefangen.«

Das Prinzip seines Dichtens hat er in die Verse gefaßt:

Namenlos sind meine Lieder,
Sagbar kaum, wie sie entstehn,
Laute tauchen auf und nieder,
Bis sie klar zusammengehn.
Endlich freuen mich die Rhythmen,
Die ein Lied sich ausgewiegt,
Und ich will mich ihnen widmen,
Ihre Stimmung hat gesiegt.
Würde ich durch die Gefühle
Tiefer Liebe überrascht,
Hätte ich im Truggewühle
Alles Wirkliche erhascht.
So vertrau ich meinen Liedern
Nur die wahrste Sehnsucht an.
Kann ein Wesen sie erwidern,
Steh ich schon in einem Bann.
Meine gutgemeinten Worte,
Zieht denn hin und immer fort,
Horcht an manchem fernen Orte,
Ob ein Herz, ein Strauch, verdorrt.
Findet ihr ein keusches Wesen,
Das euch wirklich ganz vernimmt,
O, so kann ich fern genesen:
Plötzlich werd' ich gut gestimmt.
Namenlos sind meine Lieder,
Soll ich ihnen widerstehn?
Mein Geschick klingt drinnen wieder,
Was da kommt, ist schon geschehn.

Überraschend schaltete sich mein Sohn mit einem Brief ein. In dem kleinen halbdunklen Postbüro händigt ihn mir die brillenäugige alte Dame aus, die ich nun von so vielen Fermo-in-posta-Nachfragen her kenne. Die sich aber weigert, mich zu kennen. Ohne mein Lächeln zu erwidern, folgt sie mir das manierlich-adressierte Kuvert aus. Lächeln als Muskelbetätigung, die man sich ersparen kann. Das Gesicht hält sich faltenloser. Eine Einsicht, die also nicht nur den Schönen von Genf eignet, da sie eisigen Gesichts, schwarz-umstachelten Kunstauges an einem vorüberschreiten.

Gerhards Brief, in reizendem Französisch, enthält einige poetische Pointen, die Yvonne, im Gehen lesend, hervorhebt. So aus der Capriferne betrachtet, wird der Sohn wieder kostbar. Man empfindet das Elternvergnügen. Er ist eben doch ein »reizender Kerl«. Wie könnte es auch anders sein. Zeichnungen sprenkeln den Text. Was ihm Eidechse ist, haben wir, haben seine Lehrer aus unzähligen Randzeichnungen in seinen Schulheften erfahren. Auch hier nun: neben dem Phantasie-Dampfer, der winzig auf hoher Woge schwankt, neben dem Phantasie-Vesuv mit seinen gar nicht vorhandenen, aber von Gerhard ersehnten explosiven Äußerungen, neben der Phantasie-Insel, die Eidechse, züngelnd und zum Fragezeichen ihrer selbst aufgerollt.

Inzwischen beschreiten unsere Füße ganz selbständig die langsam sich anhebende enge Straße. In den Durchblicken graue Dachkuppeln, vom Regen dunkel, und illustriert von einer bei dieser Gelegenheit sichtbar werdenden zartgelben Steinflechte.

Über uns – wie im Nachvollzug der Windungen eines kosmischen Schneckengehäuses – drehen Wolkenballen langsame Kreise in die herbstblauen Himmelshöhen.

Ich habe Yvonne unauffällig die *Tribune de Genève* entwunden und tief ins Einkaufsnetz versenkt.

Aber während ich arglos die kühle, von einem fast lautlosen Wogen durchwallte Weite einatme und ihr Gegenbild als Niederschlag in mir fest werden fühle: Erinnerungsbesitz, den zu mehren ich nie müde werde –, hat sie es fertiggebracht, die Zeitung hervorzuziehen. Ich merke es erst, als ich das vertraute Knistern des sich aufschlagenden, im Wind bewegten Blattes höre.

Meine Stimmung fällt in Scherben auseinander. Ich weiß, was mich erwartet. Die Schlagzeilen strömen eine fürchterliche Anziehungskraft aus. Schon überlisten mich meine Augen, und schon bin ich, von den Augen gezogen, über Yvonnes Schulter gebeugt, spähe von hinten, von vorn auf die Seiten.

Dans un discours-fleuve de 6^h.20, Khroutchtchev a passé en revue problèmes internationaux et intérieurs / Nouvelle flambée de terrorisme à Oran / La grande parade / 2000 soldats américains débarquent à Cherbourg / Les réactions occidentales / La puissance dė la bombe de 50 mégatonnes ...

Däubler explodiert darin, alle Kunst und ihre edle Anmaßung, die Äternisten von Capri, die immer wieder angestrengte Vision vom fröhlich erlebten Weltfrieden, Selbstfrieden, das wortreiche Denken auf Sinn hin: Bestandteile eines liebenswerten Wahns.

Wir gehen zögernd in die Welt der Bäume ein. Jener Bäume, deren Todesurteil bereits bestätigt ist. Schon zeichnen Planungsfachmänner, Straßenbauarchitekten, vollbeschäftigt und gut bezahlt, an der »Geländegestaltung« herum, wie sie hier vor sich gehen soll. Ich blicke zu den leise wedelnden Wipfeln empor, die, in diesem Augenblick vom Westlicht angestrahlt, die hohe Arbeit ihres Wachsens bis zu der Sekunde getreulich verrichten werden, da die elektrische Bandsäge ihnen die Nervenstränge durchtrennt. Was hundert Jahre brauchte, um sich aufzubauen, ist in wenigen Minuten am Boden.

Es taucht der Baum nur aus Vertrauen auf
Und unseren Glauben, den erschauen wir im Baum.

Ich nehme meine Zuflucht zu Däubler. Die kleinen Wegrinnsale, abwärts kurvend, schlucken meine Schritte. Agaven strahlen unverstört ihren zinngrauen Riesenstern auseinander, münden Blatt für Blatt in ihren nadelfeinen Stachel. Gräserne Erde, von unregelmäßig aufgebauten Steinmauern eingedämmt, spinnt ihren Duft in den beginnenden Nebel.

Die Welten lodern. In Demut ruht der Geist.
Mit Schlummerwurzeln greift ein Baum der Stille,
Der heilig wird, in unsre wildverletzte Welt.
Noch träumt ihn Gott . . .

37 YVONNE BEI SETT'ANNI

Mittags. Das altvertraute Lokal, gleich am Anfang des Torwegs gelegen, mit dem die Via Longana beginnt, hat sich eine frische Aufmachung zugelegt. Es sieht ebenso einladend wie teuer aus, winkt mit weißgedeckten kleinen Tischen, auf denen schon der Markenwein in versiegelten Flaschen bereitsteht und den Zwang ausübt, ihn akzeptieren zu müssen. Gedecke, das Essen vorbereitend und in Verbindung mit einer neben der aufgeschlagenen Eingangstür angehefteten Speisekarte rituellen Ablauf ankündigend.

Wir wandern zögernd durch den langgestreckten Raum, von dessen niedriger Decke das elektrische Licht funkelt, das man bei unserem Nahen eingeschaltet hat. Ein Cameriere folgt uns, mit der Serviette schweifwedelnd. Das Innere, nicht unbehaglich modernisiert, ist für andere Gäste als uns gedacht. Wir sehen es an den Erinnerungsfotos, die an den Wänden von hohen Besuchen und deren Tafelfreudigkeit künden. Soraya, noch als Kaiserin, an der Seite des Schahs. Filmstars, mit verlockend gebleckten Jacketkronen. Unterschriften dazu in flüssiger Verve, Dolce-Vita-Klima der neuen Geldgesellschaft des Westens. Die Tische sind, entgegen der früheren Gepflogenheit, einem schrägen Karomuster folgend, gruppiert. Nach vorne hin die berühmte Sett'anni-Terrasse mit dem Blick auf den Golf, auf das ferne Ischia, Procida, Napoli und, wenn man um die Ecke späht, den Vesuv.

Ich wähle einen Tisch, der in der Lage dem damals mit Däubler innegehabten entspricht. Rücke ihn beim Hinsetzen unauffällig ein wenig zurecht, denn Richtungen sind – erinnere dich an Klucks mystische Geometrie – verbindlich. Man ordnet sich dem Beziehungsgewebe des Raums ein und bestimmt damit das innere »Behagen«. Wir sind die einzigen, und es bangt uns ein wenig vor dem hintergründigen Rumoren, das anscheinend durch unseren Auftritt in Gang gebracht wurde. Er klappert in der versteckten Küche – in die man einstmals Zutritt hatte, um über die Töpfe gebeugt, das Ersprießlichste zu erkunden –, Schritte eilen, ein Brotkorb, als Bestätigung unserer »Niederlassung«, wird gebracht, ein Korkenzieher nähert sich der teuren Flasche, um Unwiderruflichkeit zu begründen.

Ich wehre ab, verlangte Vino aperto, zähle die Däublerspeisen auf, indem ich die weitaufgebogene Speisekarte, die mir hingehalten wird, ignoriere. Enttäuschung schattet über das Gesicht des Bedieners. Ich sitze auf dem Däublerstuhl in Däublerrichtung, während Yvonne meinen Platz einnimmt. Wir haben die Fenstertür als Bühnenausschnitt schräg vor Augen, bitten, daß das Licht wieder ausgeschaltet werde, damit wir angesichts der wolkendurchzogenen grauweißen Himmelshelligkeit Theaterbesucher spielen können. Man willfahrt unsern Wünschen mit Zögern.

»Ist hier noch ein Signor Däubler bekannt?«, rufe ich das Schicksal an. Aber der Cameriere versichert, der Herr habe noch nicht vorgesprochen, ob wir mit ihm verabredet seien und zu warten wünschten. Er ist ganz freudig, daß wir vielleicht zu dritt sein und entsprechend mehr verzehren würden.

»Nein«, antworte ich, »wenn überhaupt, dann könnte Signor Däubler hier nur in der Erinnerung anwesend sein.« Damit weise ich über die Fotos hin. Der Mann erhellt sich wie eine milde Lampe, indem er uns nun innerlich zur Dolce-Vita-Gesellschaft zählt. Wenn wir Bekannte jener Herrschaften sind und jemand erwarten, der aus diesen Fotos lächelt, dann ist unsere Daseinsrechtfertigung für ihn perfekt. Er eilt in den Hintergrund. Wir hören eiliges Getuschel. Dann tritt ein weißhaariger alter Herr mit angenehmen Zügen hervor, bewegt sich, wissend lächelnd, auf uns zu, fragt, ob wir den Poeta laureato Theodor Däubler meinten. Ich bejahe.

»Madonna«, sagt er und verrät mir die Neuigkeit wie etwas Kostbares, »der ist doch schon lange gestorben.« Yvonne beteiligt sich an meiner Frevelei, über die der Laureat, wüßte er in seiner anderen Welt davon, herzlich lachen würde. Auch sie schaut dem Besitzer – er ist es – erschreckt und Erklärungen heischend ins abwartend geneigte Gesicht. »Ich aß damals mit ihm hier«, erläutere ich die Umstände, »es war alles noch ganz schlicht. Man durfte die Olivenkerne auf den Boden spucken.«

Der Wirt lächelt verlegen, wie wenn er auf die bescheidenen Anfänge seines Herkommens verwiesen würde. Entschuldigende Gebärden, Kopf und Achseln arbeiten, um uns klarzumachen, daß das »tempi passati« seien. Man habe sich angepaßt. Man versuche, es den Gästen angenehm zu machen. Unterstreichende Gestikulation in Richtung der Fotowand, die den Ruhm des Hauses propagiert.

»Kannten Sie ihn?« frage ich.

»Nur zu gut«, sagt er, »ein großer Mann (er zeichnet mit beiden Händen einen auf seiner Schwanzflosse stehenden kleinen Wal in die Luft) und ein Fürst des Wortes. Er hat hier oft gesessen. Dies war sein Platz. Er hinterließ einiges. Sind Sie Verwandte von ihm?« Ich wittere Manuskripte, das Tagebuch ... und sage vorsichtig: »Nicht direkt. Wahlverwandte, verstehen Sie.« – »*Die Wahlverwandtschaften* sind Ihnen ein Begriff«, fasse ich nach, da ich an seinem Gesicht sehe, wie er versucht, diesen wunderlichen Verwandtschaftsgrad zu verstehen.

»Si si, Signor«, beeilt er sich zu versichern, »mir ist Goethe nicht unvertraut. Aber dann kann ich es Ihnen ja sagen, ohne Sie verpflichten zu müssen: es sind unbezahlte Rechnungen vorhanden. Der Herr war ein voluminöser Konsument.«

»Nicht nur«, verteidige ich den Poeten.

»Gewiß, gewiß«, sagt jener, »er war mehr als das. Er war Italiener.«

»Geboren in Triest«, bestätige ich. Yvonne macht ein Gesicht, das Ernst heuchelt. »Aber dichten tat er deutsch.«

»Nicht nur«, verbesserte mich der Wirt. »Man kennt die Verse, die er auf Capri machte. Und er zitiert wie aus einer Liturgie des Olympos:

»A Capri: –
O fronte seria, chè pensi cose gaie?
Intorno alle rocce scarne folleggia la sirena.
Il tastare della sua sfinge si fa rapace. . .«

»Weiter, weiter«, ermuntere ich ihn entzückt.

»Augenblick«, sagt er, »ich kann nicht alles auswendig«, geht in die Küche, kommt mit einem alten Kochbuch zurück, das voller Zettel steckt, zieht einen angeschmutzten Bogen heraus und fährt fort:

»Ma le rapide fanciulle delle onde si contendono
a migliaia i misteri delle grotte.
A, quella piú azzurra viene consacrato il nascondiglio, –
Quelle dai riccioli d'oro si precipitano ad accompagnare
Arione, liete di cavalcare su delfini.«

Ich entreiße ihm das Papier. Es ist Däublers Handschrift.

»Er ließ es hier liegen, als er einmal mit einem jungen Mann gespeist hatte, der – das war mein Glück – die Zeche bezahlte.«

»Sie kannten ihn gut!« sage ich, um meine Verblüffung zu tarnen. »Woran starb er denn?«, stelle ich ihn auf die Probe.

»Tuberkulose und Diabetes«, antwortet er prompt, »er lag hier bei den Grauen Schwestern. Auch dort stehen noch Rechnungen an.« Er lächelt melancholisch. »Anfangs 1933«, sage ich fragend.

»Sie wissen es also«, sagt er, und man spürt, er verdächtigt uns nun doch näherer Verwandtschaft. Seine Vermutung berichtigend und bestätigend, stelle ich mich dem Wirt mit meinem Namen vor.

»Par bacco«, sagt er, »ja, jetzt besinne ich mich auch auf Sie. 1933, da waren Sie oft mit Signor Frieg an der Piazza. Bar Tiberio. Haben Sie nicht auch mit Frieg hier gezecht, bis nach Mitternacht? Die Signora Frieg war auch mit dabei. Man mußte Sie mit Droschken nach Anacapri befördern.«

»Und auf der Piazza blieb ›un lago‹ übrig davon. Man erzählte es mir später. Es war mir passiert. Der Wein war zu jung.«

»Wir haben hier immer nur naturreine, gut abgelagerte Weine ausgeschenkt«, verteidigt der Wirt die Ehre seines Hauses. »Der Herr war zu jung«, wendet er sich mit einem verzeihungheischenden Lächeln an Yvonne.

»Wir möchten essen, was es damals hier gab«, sage ich. »Haben Sie diese guten, einfachen, kräftigen Gerichte noch?«

»Spezzatini, Suffrit, Trippa, Spaghetti Vongole, was Sie wollen und wie Sie wünschen«, verbeugt er sich. »Man wird es Ihnen bringen.«

Ich treffe meine Wahl. Der Wirt geht, um das Anrichten persönlich zu überwachen. -

Yvonne gibt sich ihrer Erheiterung hin. Ich spiele ihr ein kleines Däublertheater vor.

»So saß er da«, sage ich und demonstriere es zugleich, »der Ararat-Mystiker. Mit knochenloser Massivität.« Und ich mache mich etwas krumm, breite mich zugleich nach den Seiten über die Tischplatte aus. »Und so winkelte er die Knie«, zeige ich, indem ich die Schenkel bis an die Tischbeine spreize. »Und so schauten seine ungeheuerlichen Gehwerkzeuge rechts und links an den Tischbeinen vorbei, daß die Kellner achtgeben mußten, nicht darüber zu stolpern.

Chlochard-Schuhe, vitrinenfähig. Er zog sie, glaub' ich, nie

Werner Helwig und Frau in der Bar Tiberio, dem Stammlokal Däublers. Foto: Aus der Sammlung von Werner Helwig

aus. Charlotte Frieg mußte sie ihm mit Gewalt von den Füßen lösen, als er ins Krankenhaus sollte. Sie erbarmte sich seiner Vernachlässigung, die vom Staub der Jahre zu zeugen schien. Sie wusch ihm die Füße, Magdalena vor einem wankenden Zeus.«

Yvonne ließ sich für meine Späße gewinnen. Wir bekamen offenen Wein. Er wurde sogar in jenem gläsernen Litermaß antiker Form serviert, das damals üblich war. Wir netzten uns den Gaumen, brachen knisterndes Weißbrot. Sogar schwarze Oliven kamen, in getreuer Nachahmung verflossener Gepflogenheit, auf den Tisch. In der Küche wurde gewerkelt und getuschelt. Andere Gäste betraten das Lokal. Sie akzeptierten die Sachlage mit den schon vorhandenen Flaschen und zogen mit teuren Bestellungen die Aufmerksamkeit ein wenig von uns ab. Wir sanken in eine ephemere Rolle zurück. Ich spielte nicht mehr Däubler. Gesättigt starrten wir in einen regenfreudigen Nachmittag. Das elektrische Licht mußte wieder eingeschaltet werden. Ich beglich »la mia massima colpa«, ein Scherz, über den der Cameriere pflichtschuldigst lachte. Wir gingen, ohne die alten Rechnungen des Poeta laureatus bezahlt zu haben. Der Wirt verabschiedete uns wie alte Freunde, aber mit neuer Distanz. Seine Arbeit brauchte ihn.

Welturanisch, unerklärlich
liebt sich selbst das tiefste Ding.
Ewig still und unversehrlich
schließt sich der Uräus-Ring.

38 VERTEIDIGUNG DER NICHTSTUER

Unser dritter Sonntag. Wir beschließen ihn auf der Piazza, nehmen den gewohnten Wermut vor unserer Stamm-Bar. Castello stößt zu uns. Bericht, wie wir den Tag verbrachten. Castellos fröhlicher Hohn über Klucks seit vierzig Jahren entstehendes Riesenwerk. Er zeigt mit den Händen die zunehmende Dicke des Manuskripts. Mit Edwin Cerio sind die Pläne, Capri zum Weltenort des Völkerfriedens zu machen, zu Grabe getragen worden. Aber noch ein anderes Werk entstünde, meint er, in aller Heimlichkeit. Signorina Marguerite, letzte Überlebende aus Stefan Georges Zeiten, schreibe an einer Biografie Karl Wolfskehls, habe in ihrer Jugenstil- (der esoterischen Richtung, versteht sich) Villa (Nähe Villa Fersen) ein George- und Wolfskehl-Andenkenmuseum beisammen, dessen Verstauben sie mit tempelhüterischer Besorgtheit verhindere. Auch dort seien vierzig oder sogar mehr Capri-Jahre als Lebensjahre investiert, und die Frucht davon spiegele sich in den immer seherischer werdenden Augen der yogabewanderten Greisin; täglich pilgere sie von ihrer Bergvilla bis zur Piccola Marina hinab, um ein Weihebad im Meer zu zelebrieren.

Und dann gebe es da noch auf dem Südwestzipfel der Insel in dem alten, von Axel Munthe sarazenisch stilisierten Torre de la Guardia die Baronin Uexküll. – »Hat nichts«, sagt Castello in seinem charmant verdrehten Deutsch und schielt dabei von einem zum andern, als ob er unsere Zustimmung zugleich herausfordere und einsammle: »Hat kein Wasser, kein Elektrisch, keinen Ofen. Lebt nur da unter dem Schutz eines berühmten Namens und weigert sich, Menschen zu empfangen. Lebt von der Miete, die ihr der letzte Besitz einträgt, die Villa Discopoli. Und prozessiert zugleich mit den Mietern, weil sie sich weigern, die immer teurer und immer nötiger werdenden Reparaturen am Haus vorzunehmen. –Villa Discopoli, dahinten«, zeigt er zu Yvonne geneigt, »an der Via Tragara. Wo Rilke lebte, als er auf Capri war.« – Es sind die üblichen Klatschformeln, die hier in jedes Gespräch einfließen.

Ich versuche, seinen Worten die Schärfe zu nehmen, indem ich darlege, daß der »Kauz« eigentlich nur die extremste Fassung jener Menschenart sei, die das Persönliche suche, betone oder sogar erreiche. Ohnehin sei die Spezies im Aussterben. Die nächsten Generationen würden sich nur noch als Massenmenschen erfüllen können. Da gebe es für die Selbstverwirklichung nur noch die offiziell bereitgestellten Charaktertypen des Arbeiters, Sportlers oder Militärs.

Castello macht ein verschmitzt unzufriedenes Gesicht: »Was tut dieser Frieg, was leistet dieser Kluck? Was tun die ihnen Ähnlichen, von denen hier genug herumlaufen, alles gelassen überstehen: Kriege, Inflationen, Regimewechsel, Vesuvausbrüche, Atomexplosionen. Sie erreichen mit der Kunst des Faulenzens das höchste Alter. Wovon leben sie? Aus welchen Taschen? Von welchen verborgenen Schätzen? Du und ich, wir schuften. Wir können vorzeigen, was wir gemacht haben. Diese da, sie reden davon, daß sie ›denken‹. Sie reden davon, daß sie Weltrettungspläne entwerfen. Sie interessieren Anfällige für sich. Sie bekommen Geld. Wofür? Dafür, daß sie sagen, sie hätten etwas vor. Wo ist das, was sie versprechen? Sie tun nichts. Man bezahlt ihnen das Nichtstun. Sie rühren keinen Finger. Sie werden dafür belohnt. Werden wir dafür belohnt, wenn wir nichts tun? Es gehört Genie dazu, so etwas fertigzubringen.« Er seufzt und starrt seinem eigenen Blick ins Leere nach.

Ich sage: »Vielleicht haben sie die Funktion von Anregern, Verteilern. Vielleicht bleibt ganz im Dunkeln, was sie vermögen. Ich verdanke Kluck viel. Ich verdanke Frieg eine ganze Menge. Es sind Schlüsselkundige. Sie können, ohne selber darum zu wissen, Geheimkammern in dir aufschließen. Geheimkammern, von deren Vorhandensein du vorher einfach keine Ahnung hattest. Plötzlich siehst du über dich selbst hinaus, siehst sogar über den anderen hinaus, der das vollbrachte. Laß sie ihrem Nichtstun frönen. Sie schaden niemand. Es gibt Leute, die fleißig sind und sehr viel schaden.«

Yvonne wendet mit der ihr eigenen Behutsamkeit ein: »Ich mißtraue diesen Geheimkammern. Möglicherweise ist nichts anderes in ihnen zu finden als ein klein wenig Wahnsinn, so viel, wie in jedem Menschen schlummert. Wenn du Kluck nennst, entsteht Befremdung zwischen uns. Du scheinst dir selbst entwendet. Und wie veränderst du dich vor meinen Augen, wenn du von Frieg erzählst, von den Gesprächen mit ihm, von seiner fatalen Selbstgerechtigkeit. Dieses Leben auf magische Winke hin. Gehorchend einer überall verteilten Fügung, die nur darauf gelauert hat, sich durch dich zu verwirklichen. Zeitungsfetzen, Spielkarten, Bruchteile irgendwelcher Gegenstände, die dir der Wind vor die Füße treibt, alles sind Botschaften, denen Folge zu leisten ist. Du siehst in einer fremden Stadt das Schild ›Café Arcadien‹. Aha, das betrifft dich. Du trittst ein. Es zieht dich, du weißt nicht wie, zu einem Tisch hin, an dem einer sitzt, der sich dir später als Däublerleser vorstellen wird. Noch dazu als Redakteur jener Zeitung, darin gerade eben ein Artikelchen über dich gedruckt steht. Das Zeitungsblatt steckt in deiner Tasche. Dein Selbstausweis. Wieder einmal hat sich erwiesen, daß die Welt klein ist. Für die Käuze. Und rund. Und nur für sie bestimmt.«

Während sie schimpft, starre nunmehr ich meinem Blick ins Leere nach. Die Piazza schwankt hindurch. Die Salzmandel kracht erfrischend zwischen meinen Zähnen. Yvonne kennt Kluck, ohne ihn je gesehen zu haben. »Kein Mensch dahinter, wenn Menschsein Wärme bedeuten soll«, höre ich sie sagen.

Ich rufe mir Bruchstücke dessen ins Gedächtnis, womit Kluck mich früher überschüttet hat. Seine These, daß in die Insel, wie weiland Barbarossa in den Kyffhäuser, das erste Menschenpaar eingeschlossen sei. Daß alles von hier ausgegangen sei und hierher zurückkehren müsse. Seine Lehre von der absoluten Privatheit Capris. Alles Private sei unsichtbar. Also sei Capri unsichtbar. Was die Touristen bekriechen, was die Bodenspekulanten verkaufen, das alles sei gar nicht Capri. So sei auch sein Häuschen in Wirklichkeit unsichtbar. Seine Tür, die einzige Pforte, die aus dem Irrenhaus der Welt herausführe. Bei ihm einzutreten, bedeute, in die absolute Freiheit einzugehen.

Castello hört mir mit zweifelndem Interesse zu. Yvonne schließt, sie finde das alles schrecklich deutsch. Gelächterabschied. Heimweg durch die stark belebten Caprigassen. Zu Hause erwartet uns das Essen im Zimmer. Der liebenswürdige Sekretär des Manfredi Pagano hat es hinauftragen lassen. Es geht auf zwanzig Uhr. Angesichts des Nachthimmels heben wir die silbernen Hauben von den Platten.

Nein, wir haben nicht vergessen, die Schlagzeilen am Zeitungsstand zu lesen. Wir bleiben unsern Sorgen treu, trotz aller Capriversuchungen. Einige Leitartikel sind mit der zunehmenden Verseuchung der Luft befaßt und mit den Gefahren, die somit den durch Zisternen versorgten Wohngebieten des Südens drohen. Däubler, wo bist du? Kluck, was hilft uns deine Theorie? Ich erinnere mich an eine Stelle aus einem deiner Briefe, die in Tat und Wahrheit besagen will, daß du der all-einige Mittler zwischen dem zeitlichen und unsichtbaren Selbst seist. O Kluck, o Däubler, o Frieg, o Signorina Marguerite – was wird euch geschehen? Das gleiche wie uns allen. Was wird uns allen geschehen? Wir werden eines Morgens aufwachen und tot sein.

Auf der Terrasse sitzend, in duftloser Kühle:
Vor mir die Nacht, und auch das Meer, wie schon so oft,
Ein junger Tag aus altem Urlicht kann erstehn.
Der Mensch im Morgen kommt, auf den die Seele hofft:
Im Winde fühlen wir verwandte Sprachen wehn.

39 IM MYTHENLABYRINTH

Wieder die Labyrinthlinien ausgeschritten, in denen hier alle Wege verlaufen und durch die die kleine, enge Insel ausgedehnter wirkt, fast wie ein Kontinent. Die Häuserkuben, die Säulengänge, der Einblick in verwunschene Gärten, eine höhlenartig überwachsene Allee mit Zwergenstatuetten, an deren Ende eine Hauswand weiß und schweigend wartet. Wir schreiten hurtig aus. Yvonne, nachtblind von Natur, fürchtet das Einfallen der Dämmerung. Schließlich ein kunstschmiedeeisernes Tor, angelehnt. Ein Gärtner ist mit der Heckenschere beschäftigt. Wir bitten ihn, der Signora unseren Besuch anzukündigen, studieren unterdessen die eisernen Ornamente: Hakenkreuz neben Davidstern, Pentagramm neben Kreuz im Kreis: das fügt sich, jugendstilumrankt, ins Gitter. Auf verwaschener Marmortafel eine Inschrift, die besagt, daß der Architekt dieses bemerkenswerte Reduit vor einigen Dezennien erbaute. Eingeweihte wissen, daß er der jüngere Lebens-Freund jener älteren George-Dame war oder noch ist und immer bleiben wird, die hier haust. Denn an dieser Stätte und dem in ihr beheimateten Herzen zehrt keine Zeit, ist der Ewigkeitsanspruch Capris zu unzerstörbarer Figur geworden.

Während ich Yvonne mit all diesen Arabesken seliger Capri-

Stufenweg zum letzten Reduit des erblindeten Axel Munthe hinab: Torre Materita, ein alter Wachturm, den er sich beizeiten als Fluchtburg ausgebaut hatte. Foto: Herbert List

Besessenheit bekannt mache, kommt der Gärtner zurück: Signorina Marguerite sei nicht in Empfangsverfassung. Sie müsse zu einer Soirée, habe gerade die Locken gewickelt, lasse sich entschuldigen. Achtzigjährige Locken – mit achtzig Jahren noch auf Verabredungen aus sein, mobil in dieser totalen Verlassenheit am Ende des östlichen Capris (jede Richtung, in der man hier lebt, hat ja ihre magische Bedeutung), ohne Weltverbindung auch sie, wie uns Castello versicherte: dazu gehört der Mut esoterischer Verfangenheit. Einmal mehr also wird mir das Vergnügen gestundet, der Dame meine Aufwartung machen zu dürfen und zu erproben, ob ich vor ihrem prüfenden Blick bestehe. Wobei ich – daß ich's gestehe – am meisten auf das Ambiente erpicht war, die George-Sammlung, die Lechter-Gemälde, die Wolfskehl-Briefe, sonst nirgends mehr anzutreffende Dokumente einer Zeit, da man hoffen durfte, die Wörter wieder auf das WORT zurückzuführen, die Büchse der Pandora zu schließen und sich sichernd draufzusetzen.

Wie oft war ich damals (o, dieses alte, alte Damals, das sich perspektivisch nach rückwärts verringert und dem Punkt nähert, wo dann meine Teilhabe verlischt) auf dem Weg zur Villa Fersen vor diesem Haus stehengeblieben, hoffend, daß der Zufall mich hineinlüde.

Aber die Umstände fügten es nicht. Der Weihe-Bezirk blieb mir verschlossen, wie eben jetzt auch wieder. Es war, als lebe man, auch als Eingenisteter, auf der Insel unter bestimmten und bestimmendem Gesetz. Dennoch sollte es mir später – ohne Yvonne – gelingen, Mademoiselle Marguerite kennenzulernen. Für einmal nur, und das war kurz vor ihrem späten Tod.

40 VILLA FERSEN

Die Kälte steht dicht, Blaues spinnend, über dem waldigen Gelände. Der Pfad – an einer Mauer führt er entlang, die von

Marguerites Haus bis hierher reicht – ist von heruntergesunkenen Kiefernnadeln gepolstert. Durch die Stämme winkt regengestriemtes Weiß, die Villa, nein, der Palazzo des unseligen Barons. Im Stil der Belle-epoque, zwei Etagen hoch. Das Flachdach von einer Balustrade gesäumt, die mit den anmutig verrenkten Figuren eines nachempfundenen Barocks bestückt ist.

Das Ganze (wie auch die Welt des Pariser Barons) in völliger Auflösung begriffen. Der gegenwärtige Besitzer scheint sich einen Spaß daraus zu machen, diesen Zerfall genießerisch geschehen zu lassen. Oder liegt es daran, daß die Renovierung ein Vermögen verschlingen würde?

Noch immer streckt der hübsche Bronzeknabe antiker Herkunft auf dem verkrauteten Vorplatz seine Arme der Eingangspforte entgegen. Auf der Stirnseite (pompöse Freitreppe führt zu verglaster Veranda) beleuchtet die scheidende Sonne mit letztem Strahl einen Spruch in abbröckelndem Gold: AMORI ET DOLORI SACRUM. Das letzte, was der Baron zu sagen wußte. Mir fallen dazu die letzten brieflichen Worte des irischen Dichters William Butler Yeats ein: »Die Wahrheit werden wir nie kennen. Aber wir können sie verkörpern.«

Äußere das zu Yvonne, die mit unverhohlenem Entsetzen und vorsichtigen Füßen an meiner Seite bleibt. (Eindringlinge in einen fremden Traum. . .)

Moosige Feuchtigkeit. Herbstherbe Düfte.

Rauschende Baumkronen.

Man ahnt die sausende, saugende Tiefe, in die der Inselfels am Rand dieses Anwesens abstürzt.

Die Freitreppe empor über schief abgesackte Stufen. Einblick durch die kettengesicherte verglaste Flügeltür ins Innere. Marmorne Fliesen. Wieder eine Knabenstatuette. Sie flankiert die schneckenartig ins obere Stockwerk emporgewundene breite Innentreppe. Rechts und links von unserem Standort korinthische Säulen, deren Kannelierung am Schaft mit Goldmosaik ausgelegt ist. Andenkenjäger haben das zum Teil ausgebrochen.

Villa Lysis. Reduit des knabenliebenden Pariser Poeten Jacques Adelswaerd de Fersen, der auch dort, von seinem Epheben betreut, starb. Foto: Herbert List

Die Fensterreihen, die das Haus linieren, von verwitterten Holzläden bedeckt, die teilweise schief heraushängen. Wo der Verputz abgefallen ist, schäbiges Unterfutter. Die Marmorsockel sind nur marmorplattiert, wo die Platten geborsten und beschädigt sind, schaut Ziegelmauerwerk vor. Prunk als Fälschung. Hier hielt Adelsward Fersen, Erprober von Opiumräuschen, in den neunziger Jahren seine Feste ab. Dichtete antikisierende Stanzen. Knaben vergötternd, den »Leib vergottend«. Einer jener melancholischen Capri-Ästheten, die hier ihren Reichtum und ihre Träume investierten. Elixiere des Teufels. Zuweilen von der Kirchenbehörde gejagt, von den Eingeborenen toleriert: er wollte die alten Kulte wiederbeleben. Groteske Schau- und Gelageveranstaltungen in der Mithrasgrotte, zu der man von der Villa aus auf versteckten Pfaden in fackelbegleiteter Prozession wallfahrtete.

Hier gestorben, nach mancherlei geistigen und anderen Unfällen. Hier – verehrt. Und begraben. Und jetzt – vergessen.

Wenn es Roger Peyrefitte nicht gäbe, der das Ganze noch einmal in sein Capribuch gerettet hat – ein Ähnlicher, der, das eigene Wesen entlastend, auf einen Geistes-Verwandten zeigt.

Als wir hinterm Haus, unter den Bogengängen seines Fundaments, Zerfallsformen begegnen, die nicht mehr den Reiz des Wurmstichigen haben, sondern nur noch reine Abscheulichkeit sind, bleibt Yvonne zurück. Wie ich nach ihr rufe, strebt sie dem Ausgang zu. »Nein«, keucht sie, »nein und nein und nein.«

Inzwischen ist es immer kälter und dunkler geworden. Eiliger, fast fluchtartiger Abstieg zur Piazza.

41 DIE INSEL-SPHINX

»Es gab zu allen Zeiten eine Heimlichkeit in der Welt, die mehr wert ist in Höhe und Tiefe der Weisheit und Lust, als alles, was in der Geschichte laut geworden« . . . ich las die Stelle laut vor. Sie war angestrichen in einer schönen alten Ausgabe von Arnims *Kronenwächtern*. Die Französin Marguerite Hoffmann, in deren verstecktestem aller Caprihäuschen (es liegt auf der nord-östlichen Anhöhe des Monte Tiberio der verlassenen und zerfallenden Villa des Barons Fersen benachbart) ich Gast war, erklärte mir, die Stelle sei von dem Maler Melchior Lechter kenntlich gemacht worden. Man schrieb 1965, Hochsommer. Und die Signorina, wie man sie auf der Insel nannte, war einundachtzig zu dieser Frist. Sie hatte sich kraft geheimer Yogapraktiken, von denen sie in Andeutungen redete, wie »ich darf nicht mehr darüber verraten«, erstaunlich gut konserviert. Man kann ohne Übertreibung sagen, daß sie den Status einer reifen Fünfzigerin in bester Form, bei straffer Haut, rosigem Teint und junonischer Figur, die nichts von ihrem Reiz eingebüßt, durchgehalten hatte. Von der erstaunlichen geistigen Frische zu schweigen. Einzig das Gedächtnis machte ihr zu schaffen. Sie hat das Geheimnis ihres Jungbleibens mit in den Tod genommen. Ein Jahr später, während ich mit meiner Familie in Südafrika weilte, ist sie gestorben. Der Tod überraschte sie, für jeden, der sie kannte, unerwartet. Für sie selbst wahrscheinlich auch. Denn wir hatten noch verabredet, daß ich 1967 in ihrem Gästehäuschen einige Wochen sollte verbringen dürfen. Mit ihr ist – da der englische Romancier Norman Douglas 1952 nach einem halben Menschenalter Inseldaseins starb – die letzte Statthalterin des alten Caprigeheimnisses verblichen. Wenn man nicht den Inselphilosophen Willy Kluck, der immer noch, hoch in den Siebzig, in seiner Eremitenklause am Migliara-Abgrund haust, als den allerletzten bezeichnen will. Nach ihm wird, seiner These zufolge, die Insel dann wirklich völlig »unsichtbar« geworden sein. Denn was sich heute als Capri präsentiert, ist tatsächlich von der touristischen Menschtermite hoffnungslos verschandelt. Auch Douglas starb zweiundachtzigjährig. Sein zerfallendes, übermoostes Grab auf dem Fremdenfriedhof unterhalb des offiziellen Cimitero liegt in der Nähe der Grabstätte des Poeten Jacques

Fersen, des Umweltforschers Jakob v. Uexküll und der Freundin Rilkes: Freiin von Nordeck zur Rabenau, die ihm 1902 auf Capri die Rohübersetzung der *Portugiesischen Sonette* von Elizabeth Barrett-Browning schrieb. Wird sich das Grab von Marguerite Hoffmann dieser illustren Gesellschaft anfügen?

All dies drückt aus, was die Insel während ihrer Rilke-, Lawrence-, Douglas-, Haukland- und Däublerzeiten einmal war. Daß Däubler nicht dort begraben liegt, wie er es selber wünschte, ist ein bedauerlicher Zufall. Auf Anraten der Ärzte verließ Däubler die Insel. Es rettete ihn nicht. Sein Sterben in jenem Schwarzwälder Sanatorium war bei einem Lebensgewinn von nur fünf für ihn arbeitsmäßig unbrauchbaren Monaten sozusagen »mythoslos«, dazu unbetreut von dem verständnisvollen Capreser Freund Will Frieg. Das gehört zu dem Pech, das den Nordlichtdichter während seiner letzten Jahre verfolgte. »Ich habe meinen Jupiter verpfuscht«, hörte ich ihn einstmals klagen.

Douglas war Feinschmecker, Weinkenner und ein Parkbegeisterter ohnegleichen. Ihm ist die zauberhafte Pineta auf der Caterolahöhe zu danken. Er hat sie eigenhändig gepflanzt. Heute wipfeln dort böcklin-dunkle Zypressen mehr als fünfzehn Meter hoch. Aber sie sind durch eine Straßenbauplanung von grotesker Überflüssigkeit bedroht. Capri wird eben von »Fall zu Fall« unsichtbarer. Das letzte Unheil steht bevor, wenn, was Milaneser Wirtschaftskapitäne erwägen, das kleine Eiland von einer doppelspurigen Küstenautostraße umschnürt wird. Das Caprivermächtnis von Norman Douglas: *Südwind* nimmt schon spöttisch warnend Bezug auf solche Entwicklungen. Er erlebte noch, wie die Insel sich in der Hand von Industrieunternehmen negativ wandelte. Aber es war nicht seine Art, der Welt etwas übelzunehmen. Er genoß die Caprifreuden, denen er sich ergeben hatte, bis zuletzt und war, wenn man mit ihm zusammen bei Sett'anni tafelte, der heiterste Ironiker auf Lawrence Sternes Spur. Anders heiter, sozusagen auf esoterische Art, war Signorina Hoffmann. Sie lebte ganz dem Jugendstil in seiner geheimnisvollsten Ausprägung: der von Beardsley illustrierte *King Arthur* von Thomas Malory lag immer in Griffnähe jenes wunderlichen, von Lechter entworfenen »Chorgestühls«, in dem sie zu lesen pflegte. Ihr Haus wiederum war von einem Capreser Ingenieur mit dem schönen Namen Angelo de Angelis erbaut worden, einem Freund ihres Herzens, mit dem sie während ihrer vierzig Caprijahre getreulich verbunden blieb und der heute noch, nur wenige Jahre jünger als sie, genauso rüstig seinen Beruf versieht, als hätte er an der vitalitätsspendenden Ausstrahlung dieser klugen und kultivierten Eremitin essentiell teilgehabt.

Ihre Zimmer, deren Ausgestaltung Melchior Lechter bis zu den mit Ornamenten bemalten Wänden handwerklich geleistet hatte, entsprachen dem verwunschenen Äußeren des Anwesens, wie es wiederum de Angelis bis zu der mit Ursymbolen verzierten Gartenpforte hin geschaffen hatte. Die ganze Welt der neunziger Jahre war da lebendig geblieben, so etwa wie wirkende Steinzeit sich mit allen zugehörigen animistischen Riten bei gewissen, kaum aufspürbaren Stämmen Australiens halten konnte. Nein, nichts museal Verstaubtes war innerhalb dieser Bannzone zu spüren. Man betrat einfach ein anderes Jahrhundert. Und alle Ringe schlossen sich. Herrliche, an Bonnard erinnernde Landschaftsaquarelle an den Wänden, von denen man nicht glauben mochte, daß sie der Hand des strengen Georgekreis-Stilisten entstammten. Und dann eine unerschöpfliche Bibliothek der frühesten Insel-Drucke. Selbstverständlich fast vollzählig die ersten George-Veröffentlichungen im Lechter-Prunk, an handkolorierte mittelalterliche oder byzantinische Psalmwerke erinnernd. Man saß dort in einer von Seidenvorhängen mystisch durchhellten Dämmerung, und die Ohren rauschten einem von der Fahrt mit der Zeitmaschine. Die Herrin all dieses Zaubers, mit fast noch blondem vollem Haar, schenkte Espresso aus einer kleinen silbernen Barockkanne in Nymphenburger Porzellantäßchen, und der Zigarettenqualm verwob die Worte des Gesprächs,

Der von Melchior Lechter entworfene Kamin in Casa Eliana, dem Reduit der Marguerite Hoffmann. Foto: Benedikt Blatter

das immer ihn umkreiste, wie von selbst, den großen weckenden Freund mit dem westfälischen Bauerngesicht, der durch seine Buchgestaltung so viel zum frühen Ruhm, der ersten Wirkung Stefan Georges beigetragen hatte.

Da erfuhr ich auch von den sonderbaren Umständen seines einsamen Sterbens in Raron im Wallis.

Die schweizerische Fremdenpolizei hatte nämlich dem freiwilligen Emigranten Lechter, der als Arier und »Gotiker« keine ernstliche Bedrohung durch die Nazis nachweisen konnte, den 8. Oktober 1937 als Ausreisefrist gesetzt. Und Lechter reiste aus; das heißt: Er starb genau zur Frist. Da war er zweiundsiebzig Jahre alt. Man vertuschte das peinliche Vorkommnis im Sinne des Wesens dieses toten Malers, dem alles Sensationelle zuwider war. Er hätte, wurde verbreitet, aus eigenem Willen ausreisen wollen, da seine Mittel erschöpft waren. Noblesse oblige.

Eine andere Seltsamkeit: George, tatlos im Tessin seinem Tod entgegenharrend, hatte es abgelehnt, dem nur wenige Stunden von ihm entfernt hausenden Lechter wiederzubegegnen. So eingefroren in ihre Selbstvorstellung waren diese Männer, daß nicht einmal gemeinsame Not die Entfernung überspringen half, in die sie weltanschaulicher Differenzen wegen geraten waren.

Heute nun liegen die Erinnerungen an den eigenen Weg und an den mit dem Freund zusammen geleisteten in einem achthundert Seiten starken Manuskript von der Hand Marguerite Hoffmanns vor. Es wird wohl in den Archiven des Schiller-Nationalmuseums in Marbach am Neckar, das, dem Vernehmen nach, zum Generalerben all der wunderlichen und ergreifenden Herrlichkeiten bestimmt ist, auf den Verleger harren, der im Idealismus so stark ist wie in seinen Finanzen. Einstweilen erschien eine von Wolfgang Frommel im Castrum Peregrini Verlag herausgegebene und mit zahllosen Lechtervignetten und Fotoreproduktionen durchschossene Auswahl, die die großen Zusammenhänge wahrt. Auch hier waltet Zurückhaltung so sehr, daß man einige Fotos der trotz allem Pathos genau und einläßlich die Ereignisse historisch schildernden Autorin vermißt. Aber sie tritt sinnbildlich hervor auf einem Foto, das Lechter beim Malen eines Frauenaktes zeigt. Betrifft es auch nicht in der Tat und Wahrheit das Konterfei Margueritens, so berührt es doch als Vorahnung ihres späteren und wunderbar helfenden Auftretens im Lebenskreis des Malers. Sie jedenfalls deutete es mir in dieser Weise. Und, weiß Gott, ihre einundachtzigjährige Wirklichkeit war nicht sehr fern von dieser Darstellung anmutiger Frauenschönheit.

Doch da kein Bild – im Zusammenhang des Menschlich-Allzumenschlichen – ohne Gegenbild bleibt: Nach Tod und stillem Begräbnis der schatzhütenden Dame kam ein Gerücht auf, das bis zur Frist noch nicht widerrufen wurde. Das Gerücht besagt, daß Marguerite Hoffmann im Laufe ihrer letzten, so formvollendet bewältigten Jahre unter Aufbietung von Renten lebte, die sie sich dadurch beschaffte, daß sie ihren kostbaren Besitz mehreren Interessenten (eine berühmte Stiftung, ein Museum sollen sich darunter befinden) zugleich vermachte. Die hätten dann das Nachsehen gehabt. Im Haus, das sein Erbauer gültig erbte, verblieb, was sie erhofften.

42 TEMPELGEWITTER

Donnerstag, den 19. Oktober, morgens, nach dem Frühstück. Es war mir abends gelungen, uns beide um die Zeitungslektüre zu betrügen. Wir durften friedlich schlafen, wenn auch Sturm die ganze Nacht mit scheußlichen Wuchtstößen gegen die großen Fensterscheiben des Vorraums hieb. Ich hatte mir freilich noch einen Extraspaß geleistet. Während Yvonne, von Erschöpfung aufgelöst, zubette ging, machte ich noch einen kleinen Spaziergang zu den Faraglioni. Vom nächtlich ausdrucklosen »Quisisana« strebte ich durch die Via Camerette zur Via Tragara und an all den Palazzi vorbei, in denen so unendlich viel Capri – ja eigentlich Literaturgeschichte abgelagert ist. Da ist die Villa Discopoli, ein Haus im Stil der Kolonialausstellungen um die Jahrhundertwende, mit arabisch stilisierten Gesimsen und mit grünblau gemusterten Jugendstilkacheln, die der Alhambra ohne Erfolg nacheifern und in Bändern um den ganzen Bau laufen. Sogar die Fenster sind davon umrahmt. Hier lebte und dichtete Rilke im Jahr 1907, und Leopold von Schlözer zeichnet in einem von Ehrfurcht überladenen Deutsch die Gespräche auf, die er mit ihm hatte. Ein neuer Eckermann, der aber nichts mitzuteilen wußte. Oder es war Rilke selbst, der sich als unergiebig erwies. Gleichwohl schrieb er schöne Gedichte gerade in diesem pseudoromantischen Bezirk:

Wie Blicke blendend, wie eine warme Arene,
vom Tage bevölkert, umgab dich das Land,
bis endlich, strahlend, als goldene Pallas-Athene
auf dem Vorgebirg der Untergang stand,

verstreut von dem groß ihn vergeudenden Meer.
Da wurde Raum in den langsam sich leerenden Räumen,
über dir, über den Häusern, über den Bäumen,
über den Bergen wurde es leer.

Wer Capri kennt, weiß genau, von wo aus das »gedichtet« ist, eben von der Punta Tragara, zu der mich meine Schritte, gemächlich vor mir herfallend, führten.

Da hatte ich dann ganz unbelästigt von Mitschwärmern die Wahl zwischen freien Bänken, von denen aus die unvermißbarsten Akzentuierungszeichen der Insel, eben jene Faraglioniklippen, einzusehen sind. Es sind deren drei, die der Mond mit schief verzogener Rundung stählern anspiegelt, überraschend freigegeben von klumpigen Wolken: Faraglioni di Terra, Faraglioni Mezzo, Faraglioni di Fuori.

Das schwarze Gewese des Meeres bauscht sich rauschend an ihnen, schleppenhafte Schäume um ihre Basis entbreitend. Was haben wir mit den Landschaften? Sie überwältigen uns so, wie den früheren Menschen die Vorstellung Gottes. Aus den Landschaften träumen uns an die innersten Beunruhigungen unseres Gemüts. Es war auf Capri, vor dreißig Jahren, daß ich diesen Satz erfand und mich in ihm zufrieden fühlte.

Der ganze kontinentale Horizont war von Gewittern überlagert. Schicksalspralles Donnern. Blitze, die nicht einzeln, sondern in Wänden über der Küste aufleuchteten, sekundenlang eine gespenstische Fernsicht enthüllend. Hinter mir ein wunderliches Schlackern. Der Hund ist es, der gleiche, schwarze, vertrauensvoll egozentrische. Anscheinend doch herrenlos. Er sättigt sich an (radioaktivem) Regenwasser, wie es sich um die steinumrandeten Oleanderbäume hat sammeln können. Schwarze, erdige Brühe. Hat er mich wirklich wiedererkannt? Nachdem er aufschnüffelnd von mir Kenntnis genommen hat, lagert er sich so neben meine Flanke, daß ich seine Wärme an der Wade, wie er die meine an seinem dicken lockigen Fell verspürt.

Und da entstand in mir – ich weiß nicht, wie sich die Zusammenhänge ordneten – der Wunsch, der zugleich Entschluß wurde, donnerstags zu den Tempeln von Paestum zu fahren. Noch sind die Unwetter mit dem Aufbau ihrer Umzingelung beschäftigt. Noch ist Capri frei und die Schiffe fahren zu gewohnten Stunden aus und ein. Wenn auch vielleicht mit Verspätungen. Aber das werden wir nie wieder im Leben haben: Paestum im Gewitterlicht. Ich starrte hinüber und wähnte, im Golf von Salerno jene Stelle zwischen zwei Blitzen ermitteln zu können, wo eine auffällig umzirkte Helligkeit die Anwesenheit der drei dorischen Tempel verrät.

Fragte sich nur, ob es mir gelänge, Yvonne zu dem Wagnis zu überzeugen. Es gelang mir.

Und jetzt begibt sich dieser Donnerstag, der in unserm Leben Geschichte machen wird, Landschaftsgeschichte. Ich warte, daß Yvonne ihre Selbsteinrichtung bewältigt, höre sie im Bad, höre sie im Koffer wühlen. Mit den Regenhäuten überm Arm hasten wir zur Funicolare. Unten, bevor sich Yvonne besinnen kann, schnell die Rückfahrkarten für den Dampfer nach Amalfi. Schon durchschneiden wir ein graphitgraues Meer, sehen die Wellenberge mal back-, mal steuerbords zerschlitzt zurückfallen. Im Windschatten der kontinentalen Küstengewässer schimmert unter der sporadisch einfallenden Mittagssonne sogar etwas von jener Sommerbläue im Wasser auf, die das unfeste Element so dicht erscheinen läßt, daß man wirklich meinen könnte, es sei beschreitbar.

Im Autobus von Amalfi nach Salerno. Alles hurtig, um sich nicht durch Nachdenken den Mut zu verlegen. Seefest sind wir schon immer gewesen. Und während andere Leute gequält ihre Speisekarte am Boden ausbreiteten, haben wir uns mit Salami vergnügt. Dann mit dem Zug nach Paestum. Schon sind wir im Bezirk wolkiger Verfinsterungen. Das Abteil riecht kalt nach dem Rauch verflossener Zigarettenminuten. Auch ich rauche. Uns trägt jetzt die Lust am Abenteuer. Der Zug scheint vor dem glaswanddicken Regenstrom zu flüchten, der über Salerno niedergeht. Wir fahren auf dem Meeresboden eines in Perlen und Striemen anstehenden Gewässers. Die Abteilfenster werden zu Aquariumsglasscheiben. Draußen grünt und bräunt eine Algen- und Korallenwelt. Nach knapp zwei Stunden rutscht der Ausblick auf die Tempel gänzlich überraschend ins Fensterbild. Wackelsäulige Ungetüme. Wir steigen aus, die einzigen, der Stationsvorsteher pinschert in sein Büro zurück, kaum hat er den Zug empfangen und verabschiedet. Wir, in die steifen Regenhäute geduckt, marschieren naßfüßig die lange Wegzeile entlang zum Tempelbezirk hinüber.

Triefend langen wir in der Pensione Nettuno an, wo ich als früherer Gast wiedererkannt werde. Was ist Zeit? Sogar die in ihre katholische Witwenverdüsterung eingeschlossene Besitzerin kommt aus ihrer Kammer hervor, um uns Unerwartete zu begrüßen. Hinter ihr her glimmt es aus der düsteren Kammer heraus von einem ganzen Aufbau von Heiligenbildern, Heiligenstatuetten, überglinstert von kleinen, rot verglasten »ewigen Lichtern«.

Unser Weltverzehr regelt sich im vergnügten Tafeln. Yvonne hat sogar ihre angeborene Gewitterscheu verloren. Der Nachmittag verhängt sich schwärzer und schwärzer mit Wolkenkulissen. Zwischen zwei Gewittern gehen wir hinaus ins Tempelgelände. Alles ist, wie es immer war: der Wald von sonderbar verrenkten riesigen Pinien in dem altertümlichen Gutshof gegenüber den Tempelfronten. Die tausend Dohlen, die in ihnen schwatzen und sich bei geringstem Anlaß zu einem schweifenden Reigen in die Lüfte heben, um sich danach auf den Tempeln niederzulassen, wo sie dann, deren Architektur gleichsam beflügelnd, in langen Reihen auf den porösen Architraven hocken.

Wir schreiten mit Dämmerung und Blitz zugleich in all das

hinein, und ich verspüre wieder, wie damals, den dumpfen Hieb gegen die Brust, mit dem der Neptuntempel, gewaltigster und tönendster in seiner Maßvollkommenheit, mich erschreckt, mir in die Knie fährt, mich wankend macht, zur Anbetung zwingen will.

Brich auf, Gewitterbaum, entwurzle dich, um hoch zu wandern. Beblüht mit Blitzen, donnre deine Frucht in uns: die Furcht.

Klein und Alleinherrscher wie noch nie, stehen wir im Geviert seines Innenraums. Die vom Regen lehmdunklen Säulen widerstreben in ihrer Ordnungsstrenge dem Wolkengewimmel, das tiefer und tiefer hereinhängt. Es ist jetzt dunkel wie in einer grauen Nacht, trotzdem der Nachmittag kaum fortgeschritten ist. Dick umwallt uns der Duft von Erde, nassen Disteln, abgeblühten Rosen. Eine Gewitterwand wälzt sich über die gebirgigen Höhen des Hinterlandes und zuckt armdickes Gesträhl in die Tempel. Sie stehen da, in dunkler Silbernässe. Der eben einsetzende Regen rinnt in den breiten Kanelüren nieder und läßt die Säulen als Strömende erscheinen.

Ungern erinnern wir uns an den Zug, mit dem wir zurückmüssen, wollen wir das letzte Schiff erreichen, das von Amalfi nach Capri zurückfährt. Erwägungen, in der Pensione Nettuno zu übernachten, verwerfen wir, denn morgen dürfte das kreisend sich zusammenziehende Unwetter die Überfahrt illusorisch machen. Ein letzter Blick in die heilige Hölle der umwetterten Tempel. Es wird schlimmer hier. Sogar die Dohlen haben sich in ihre Pinien zurückgezogen und sind verstummt. Ein krachendes Dröhnen drängt uns zu Entschlüssen. Laufend erreichen wir den Zug, der, voll erleuchtet und fast menschenleer, einläuft, nur andeutungsweise hält, uns kaum Zeit lassend, hineinzuhüpfen, und schon weiterrast. In weißen Wänden von elektrischer Materie sehen wir die Tempel verbrennen. Schwarz stehen sie im sekundenlangen Lodern und versinken, ausgelöscht. Regen rumort am Zug entlang.

Es klappte alles. Wie Badende, die sich aus der Brandung

retten, verlassen wir das kleine Schaukelschiff an der Grande Marina. Alle Sorgen sind wie weggespült, hinter uns zurückgeblieben. Wir genießen es, als Fahrgäste bestaunt zu werden. Eine besorgte Menschenmenge von Capresern hatte sich am Quai eingefunden, um unter den paar Ankömmlingen ihre Angehörigen zu ermitteln.

43 DER DIEFEN-»BACCHO« AUF CAPRI

Dann und wann kann man übrigens Diefenbach auftauchen sehen. Grau in Grau, von den Graus, die altes Holz an Lattenzäunen unter dem Einfluß von Sonne und Regen annimmt – so berichtet Rainer Maria Rilke am 11. Dezember 1906 in einem seiner vielen Capribriefe.

In der *Frankfurter Zeitung* vom 21. Dezember 1913 wiederum ist ein Gedicht zu finden, dessen Autor sich »Diogenes« nennt und das an den Tod Diefenbachs am 15. Dezember 1913 erinnert. In Versen, die teils spöttisch, teils bedauernd gehalten sind, wird das Andenken des seltsamen, 1851 geborenen Mannes beschworen: *An dem schönsten Punkt der Erde / bist du vor mich hingetreten, / feierlich in der Gebärde / und im Kleide des Propheten: / Eines leidgeprüften Mannes / Furchen im Gesicht, dem schmalen, / ein gealterter Johannes / schrittest du auf den Sandalen. /* Einige Zeilen weiter heißt es dann: *»Freund auch – und Verächter aller:/ überm Blau der Caprigrotten / schlicht und schäbig wie ein Waller*. Und auf den Tod des »Meisters« Bezug nehmend: *Losgelöst vom Erdenleide,/ Mohn in deinen langen Haaren,/ wanderst du im grauen Kleide/ zu der Patriarchen Scharen./ Ungerufen, ungeladen / trittst du den Geweihten näher, / grüßest du wie Kameraden / Nazarener und Essäer.*

Wem ist er heute noch Begriff, der Maler, der seinen Schüler Fidus (Hugo Höppner) auf die Linie seiner damals so erfolgreichen, den Jugendstil beflügelnden Manier brachte? Keine der frühen Nummern der Zeitschrift *Die Jugend*, die nicht ganzseitige Zeichnungen und zahlreiche Vignetten dieses unter den Nazis zu traurigem Nachruhm gelangten Germanenverherrlichers aufwiese.

Fidus hat geerntet, was Diefenbach, als Stil, durch seine »Kunst« anregte.

Aber auch der graue Weise, der seine letzten Lebens- und Schaffensjahre auf Capri verbrachte, hatte seine große Zeit. Da entstanden Riesengemälde, die, würde man sie im Viereck zusammenlehnen, zimmergroße Räume ergäben. Sie füllen heute einige der aufgelassenen Kulträume des alten Karthäuserklosters, das unter der Bezeichnung »Certosa di Capri« den Touristen vorgeführt wird.

Die Certosa gehört zu den ältesten Monumentalbauten der Insel in christlicher Zeit. Ende des 14. Jahrhunderts von Giaccomo Arcucci, Graf von Minervino und Altamura, Sekretär der Königin Johanna I. von Neapel, Sprößling aus der vornehmsten Familie Capris, erbaut, wuchs sich die Anlage zu einer Art Zwingburg der Kirche aus. Ungeheure Reichtümer wurden in ihr gehortet. Die Insel mit allen ihren Hervorbringungen, Landwirtschaft und Fischerei, war ihr untertan. Im Lauf der Zeit sprengten dann die Capreser ihre Macht, da sie zu drückend geworden war. So zerfielen Glanz und Herrlichkeit des Anwesens.

Heute sind nur noch die Gewölbe da. Säulenhöfe zeugen vom einstigen Zuschnitt. Ein Raum von edlen Maßen dient noch als Kirche, enthält jedoch nichts Besonderes an Kunst.

Auffallend aber ist die Hinterlassenschaft Diefenbachs, dessen letzte und zweifellos merkwürdigste Werke hier überleben durften. Sie entzückten damals Fürsten, Könige und die Hautevolée der sich entfaltenden Industriegesellschaft. Auf der Freitreppe seiner Villa empfing der Maler seine kaufkräftigen Besucher im Apostelgewand, von Bart und Haar umwallt.

Er hatte, nach schwer ringenden Anfängen, umstritten und mit seiner Generation zerhadert, endlich Ruhm und Ruhe gefunden. Sein Ausstellungspalais, weithin kenntlich durch

Kreuzgang in der Certosa. Hier befinden sich die Caprigemälde Diefenbachs. Foto: Herbert List

K. W. Diefenbach auf einer Klippe der Marina Piccola. Foto: Aus der Sammlung von Werner Helwig

den Kinderfries, den er schwarz auf die weiße Außenwand gepinselt hatte, barg den größeren Teil jener Gemälde, die heute in der Certosa zu sehen sind. Der Kinderfries, ein Jugendwerk des Meisters, war unter dem Titel *Per aspera ad astra* so bekannt und beliebt geworden, daß sich viele, wenn sie den Namen Diefenbach hören, nur auf ihn zu besinnen vermögen. Auf Tausenden von Postkarten war dieser Silhouettenreigen verbreitet. Man erkennt in ihm das Vorbild der späteren »Lichtgestalten«, durch die Fidus »berühmt« wurde.

Im Gegensatz dazu war Diefenbach düsteren Wesens. Glücklos auch in Sachen Eros (er bezichtigte seine Frau, Mutter des Knaben Helios, ihm Gift ins Brot gebacken zu haben, eine spätere »Jüngerin« beging unter erschreckenden Umständen Selbstmord . . .), blieb ihm nichts anderes übrig, als sich in Rollen zu steigern, die ihn seiner Umwelt als »Narren«, als »Kohlrabiapostel« erscheinen lassen mußten. Pazifist und Vegetarier, Lebens- und Weltreformer, ein Eigenwilliger, der seine neurotische Schwäche in ungeheuerlichen Entwürfen kompensierte, sah er sich als den entscheidenden Dritten im Verein mit Wagner und Nietzsche. Der nordischen Götterwelt des »Ring«-Schöpfers fügte er Christus hinzu. Nietzsches Forderung nach dem Übermenschen verwandelte er in eine solche nach dem Gottmenschen.

Noch in einem 1927 erschienenen Diefenbachsonderheft der *Schönheit* (an der ja auch eine so undiefenbachsche Figur wie Erich Maria Remarque vorübergehend mitarbeitete) ist ein Aufsatz zu finden, der diese Dreiheit ernstlich feiert und herausstellt. Das waren aber nur noch Nachwehen. Die Prophetenära war vorbei. Die Zeit bewegte sich auf den endgültigsten und vernichtendsten Weltreformer zu, der aller seiner ahnungslosen Vorläufer wunderliche Anliegen in sich vereinigte und tödlich vollendete. So mag es sich Meister Diefenbach nicht vorgestellt haben, wenn auch seine tempelähnlichen Baupläne in manchem Betracht die Ambitionen der späteren Gewaltherrscher vorwegnahmen.

Da gab es Zeichnungen von Monstregebäuden mit einer riesigen Sphinx auf dem Flachdach. Im Haupt solcher Steinsphinx hätte sich – so war es vorgesehen – der Schöpfer des Kinderfrieses sein Reduit eingerichtet. Das Maßlose war seine Domäne. In Neapel hatte er sich in einer unbenutzten, ägyptisch stilisierten Monumental-Grabstätte sein Atelier eingerichtet. Ein Foto zeigt ihn im härenen Gewand neben dem von Rätselgiganten (im Friedhofstil der neunziger Jahre) flankierten, acht Meter hohen Portikus. Es gehört zur willkürhaften Überschwenglichkeit dieses Mannes (der nicht nur seine Familie gegen eine Gift und Galle sprühende Umwelt in Schutz nehmen mußte, sondern der sich dann auch noch mit dieser Familie selbst zerstritt, sie floh, sich von ihr absetzte), daß er, auf der Reise nach Indien begriffen, wo er mystische Erfüllungen für sich erhoffte, auf Capri hängenblieb. Das Vakuum der Insel »sog« ihn an.

Seinen Kindern lud er mythische Namen auf, die durch ihre

Bedeutungswucht ihr menschliches Schicksal komplizieren mußten. Der Lieblingssohn Helios zum Beispiel, ein völlig im Sinne der Diefenbachschen Menschengestaltungslehre Er- und Verzogener, entwickelte sich aus einem niedlichen Blondkopf, als welcher er auf Capri antik gewandet herumlief, zu einem gefährdet-gefährlichen Unseligen, in dem sich austobte, was ihm die Eltern an charakterlichen Ungelöstheiten vererbten. Seine in der Certosa (mit der des Vaters zusammen) bewahrte Totenmaske gleicht einem »Robert, der Teufel«, wie ihn sich der damalige Erfolgskomponist Meyerbeer kaum treffender vorgestellt haben kann. In katastrophalen Gegensätzen, eingebildeten und erlebten, spielten sich Werk und Wesen des Mannes ab, der sich der Sonne geweiht hatte und sich als ihr Priester empfand.

Davon erzählen die vierundzwanzig Kolossalgemälde in der Certosa. Sie alle sind nachtumwittert. Sie wirken wie Hintergründe zu einer Oper der Schwermut und der Untergänge, der Sonnenuntergänge zumal. Wer je diese rotglühenden Abendstimmungen auf Capri erfuhr, jenes Zuviel an dekorativer Südlichkeit, Palmen als schwarze Schattenrisse vor flammend überfluteten Berghängen, dazu ein Himmel, der sich drückend niedersenkt, an den Rändern in weiträumige Nacht übergehend, und unten das Meer in glasigen Blautönen, vom Inselschatten auslöschend überlagert, der wird vor Diefenbachs Riesentafeln ein nachdenkliches Wiedersehen feiern. Nachdenklich, weil des dräuend Traumhaften anscheinend doch ein wenig zuviel getan ist.

So kann man ab und zu ausländische Besucher – selten genug läßt man sich ja die hallenden, in sich selbst vereinsamten Gewölbe vom Kustoden aufschließen – boshafte Bemerkungen murmeln hören: »das reinste Tomatenpurée«, oder: »wer möchte so was hängen haben. . .«

Daran mag die Maltechnik des Meisters mitschuldig sein. Erdiges ist wie mit gefärbtem Mörtel hineingespachtelt, und die Klippenstücke (darf man so sagen im Gegenspiel zu »Seestücke«?) zeigen das Wasser in böcklinhafter glasschmelzähnlicher Glätte. Mir scheint gerade darin ihr unerklärlicher Reiz zu bestehen. Es sind späteste Nachwehen der Romantik, Zarathustrapathos mit Wagnerpomp, Toteninsel mit Weltanschauungsbeigaben. Hier und da lugen marmorbleiche »Villen am Meer« aus dichten Gebüschen. Am schwächsten wirken zweifellos jene Bilder, auf denen Figürliches in diese Welt der absoluten Landschaftsverlorenheit hineinkomponiert ist. Vor ihnen hört man denn auch das Wort »Kitsch« entrüstet ausrufen. Indessen, die Neuentdeckung des Jugendstils und der ihm vorangehenden »Nazarener« und »Präraffaeliten«, die psychologische »Erschließung« und damit Neubewertung eines Franz Stuck oder der Wiener Schule jener Zeit, haben unsern Sinn gewendet. Wir haben gelernt, Handschriftliches in Bildern zu entdecken und darin den Ausdruck nicht so sehr des Künstlerischen als des Zeitklimas.

Wer in dieser Weise Diefenbach gegenübertritt, wird der künstlichen Träume gewahr, in denen sich eine Generation verlor, anstatt die Wetterzeichen zu bemerken, die das Kommende deutlich genug verrieten.

Rilke hat – um auch das noch zu erwähnen – von dem spektakulären Künstler, den die Capreser »Diefen-Baccho« nannten und von dem sie ernstlich behaupteten, er male »coll aiuto del diavolo«, weiter nicht Notiz genommen. Auch die von dem Maler bevorzugten »schwarzen« Stimmungen spielen in seinen trefflichen Caprigedichten (meiner Zählung nach sind es 36) keine Rolle. Denn der Dichter war – anders als der Maler – kein Capri-Fan. »Ich bin nicht allzu entzückt von Capri, das aus den Mißverständnissen deutscher Bewunderung gemacht scheint«, schrieb er an Lou Andreas-Solomé. Auch an die Anwesenheit Maxim Gorkis sich zu gewöhnen, der im Garten seiner Casa mit Lenin Schach zu spielen pflegte, bereitete ihm Mühe. »Gorki«, schrieb er an die Frau des Verlegers S. Fischer, »der sich als Anarchist feiern läßt, aber angenehmerweise vorderhand statt Bomben Geld unter die Leute wirft, haufenweise. . .« Und in einem Brief an Leonid Pasternak, Vater des Boris, fragt er: »Ist Gorki wirklich noch ein russischer Mensch? Ich fürchte, er ist sehr ›Westler‹ und verdorben durch den westlichen Ruhm und den internationalen Sozialismus.«

Einmal mehr erwies sich also die Sireneninsel als ein Beziehungsstern welt- und kulturpolitischer Tendenzen, die heute Welt-bewegend geworden sind.

44 CAPRI–ETRUSKER

Auf der Piazza, unterm Uhrturm, im Regenmantel mit hochgestelltem Kragen auf Signora Claretta Cerio wartend, fällt mir noch ein Nachtrag ein zu meinen Rilke-Ermittlungen. Das muß ich Yvonne erzählen. Es ist sonderbar typisch für all diese feinfühligen Menschen, wie sie sich in den Einhilfen täuschen, die sie von außen her erwarten und durch ihr »Tun« beschwörend zu beschleunigen wähnen. In der Nähe von Rilkes Einsamkeitsturm Muzot gab es eine verlassene ländliche Kapelle, die mit in das Gewahrsam des Muzot-Besitzes gehörte. Jedenfalls war der Schlüssel in Rilkes Händen. Wie es sich aus seiner Natur versteht, bezog er dieses aufgelassene Heiligtum auf sich, fühlte sich ihm verpflichtet und »opferte« in ihm, da es der heiligen Anna galt, um die vermuteten oder erhofften metapsychischen Kräfte für sich zu aktivieren und das dort vor Jahrhunderten niedergelegte Glaubensguthaben sozusagen »anzuzapfen«. Es fing damit an, daß er zum Gedächtnis ausgerechnet Alfred Schulers, des Großmeisters einer römisch-heidnischen Renaissance im frühen George-Kreis zu München, einen Strauß Narzissen am zerfallenden Altärchen niederlegte. Es hörte damit auf, daß er – es war im Dezember 1925 bei Gelegenheit der Selbstfeier seines Gebutstages eine ziemlich große Summe für die Restaurierung dieser Kapelle bei seinem Verleger »lieh«. Er leiht sie sich freilich in gutem Glauben, denn mit dem Jahr 1926 soll sein Verfügungsrecht über eine in Wien für ihn verwaltete Erbschaft beginnen. Eine Erbschaft, die, wenn er sie hätte antreten dürfen, ihn, den ewig Mittellosen und auf die Spenden seiner Freunde Angewiesenen, mit einer Art Leibrente ausgestattet hätte. Die Kapelle wurde auf Kosten des großzügigen Inselverlegers restauriert. Rilke aber ereilte der Tod, bevor er in den Genuß dieses Erbes, eines ersten, wirklich ihm aus Eigenem zufallenden Besitzes, gelangen konnte. Es war ihm also nicht gelungen, die alten Flur- und Bodengeister, die er in dem Heiligtum gebunden wähnte, für sich zu gewinnen. Sie ließen ihn nicht nur im Stich, sie widerlegten ihn, wie ihn die Rosen widerlegten, die er züchtete und die ihm vermutlich die tödliche Infektion verursachten. Sein »Mildesein« mit den Dingen, sein angestrengtes Hineinhorchen in das Wesen alles dessen, was ihn umgab, seine Spürsüchtigkeit, um geheime Verflechtungen zu erkunden, wurden bitter getäuscht. Wie er von den Rosen enttäuscht worden war, so wurde er mit der Kapelle enttäuscht, durch deren Wiedererweckung er »des Geschickes Mächten« den Dank abstatten wollte für die endlich erlangte Gewährung von »Besitz«. Er durfte sich seiner nicht freuen. Er wurde böse zermalmt. Sein Ende war das trostloseste aller.

Madame Claretta läßt mich warten. Um der Zeit Gelegenheit zu geben, zu verstreichen, ersteige ich die Treppe neben dem Uhrturm. Noch nie habe ich sie mit Bewußtsein wahrgenommen. Capri hält für den Capri-Passionisten einen unerschöpflichen Vorrat kleiner Überraschungen bereit.

Ein Mann, heruntersteigend, fragt mich, ob ich das WC zu benutzen wünsche. Ich verneine erstaunt. »Aha«, sagt er, »dann wollen Sie auf die Bank.« Und er lächelt an mir vorbei wie ein Eingeweihter. Tatsächlich eröffnet sich von einer kleinen, ummauerten Plattform aus sowohl die eine wie die andere Möglichkeit. Ich meide beides und blicke auf die Piazza nieder. Ihr Zuschnitt, unten immer als Quadrat empfunden, erweist sich von hier aus als gestrecktes Rechteck. Die Via Vittorio Emanuele herauf sehe ich eben eine Dame kommen, die Claretta Cerio sein könnte. Beeilten Schrittes, die Haare sich um die Ohren schüttelnd. Sie ist nicht allein. Ein jüngerer Herr von jener Eleganz, die das Teure mit dem Unauffälligen zu verbinden weiß, begleitet sie. Verstimmt eile ich die Treppe hinab. Begrüßung. Claretta stellt uns, schnelläugig die Verbindlichkeiten regelnd, einander vor. Wir werden also zu dritt in Cerios Schätzen beschäftigt sein. Leicht gehemmt suche ich – die Verlobungsgerüchte, die auf der Piazza kursieren, fielen mir ein – nach passenden Worten, um meine Wünsche zu präzisieren. »Signora«, sage ich (mein Blick streift den soignierten Kavalier. . .), »ich betrauere mit Ihnen den Tod ihres Mannes, der, wie ich inzwischen erfahren mußte, hoch in den Achtzig, sein Capri für immer verlassen hat.« – Die Witwe nickt zerstreut und ungeduldig. – »Für mich«, fahre ich unbeirrt fort, »ist es auf besondere Art bedauerlich, da ich Auskünfte über meinen Freund Theodor Däubler von ihm erhoffte.« – Sie scharrt mit der Fußspitze auf den Piazzafliesen. – »Soviel ich weiß, schrieben Sie über das *Nordlicht*, als Sie, damals noch Deutsche, Germanistik studierten.« – Sie wirft einen Blick auf den Uhrturm. – »Also darf ich voraussetzen, daß Sie ein wenig Bescheid wissen um das Verhältnis Edwin Cerios zu dem Dichter. In einem seiner zahlreichen Capribücher, ich glaube, es ist in *L'Ora di Capri*, würdigte er den toten Dichter auf seine Art: etwas ironisch, aber im ganzen zustimmend.« – Signora Cerio zeigt sich mit mir einig. – »Waren die beiden gelegentlich zusammen, ich meine, fand ein Austausch statt, der vermuten läßt, daß schriftliche Dokumente vorliegen?« – Befremdetes Mienenspiel. – »Ich meine, sind Ihnen in diesem Zusammenhang Schriften bekannt, die in der berühmten Bibliothek Ihres verewigten Gatten zu finden wären?«

»Meines Wissens nicht«, kommt endlich ein Wort.

»Ich suche nämlich ein von vielen Freunden Däublers bezeugtes ›Anacapresisches Tagebuch‹. Man erhofft Hinweise auf seine letzten Intentionen.«

Claretta Cerio: »Ich war ja, wie Sie sich denken können, noch nicht dabei, als sich die beiden begegneten.«

»Aber Sie wurden später Privatsekretärin bei Herrn Cerio. Sind Ihnen da nie Däublerdinge vorgekommen, gab es nie Gespräche darüber? Ich denke, Sie, als Däublerkennerin, oder gar Begeisterte. . .«

»Nicht immer«, wehrt sie ab.

»Verständlich«, sage ich, »aber. . .«

»Sie können selber nachschauen. Es ist viel Schriftliches da, in Mappen geordnet. Und ganze Konvolute von ungedruckt gebliebenen Büchern meines Mannes, Entwürfe, Briefschaften, was Sie wollen. . .«

Ihr Sprechen fegt über mich hin und setzt meiner Gemächlichkeit mit zu. Der Kavalier mustert mich mit jener Neugier, die man etwa im Zoo einem Tapir erweisen würde. Claretta bestückt eine lange Zigarettenspitze mit einer Lucky Strike, nicht ohne mir die glanzpapierne Packung vorher hingeschüttelt zu haben. Ihre nervöse Höflichkeit löscht aus, was Capri mir in diesem Moment sein könnte. Ich gehe, wie erblindet, neben dem Paar her. Gegenüber der Piazza-Kathedrale wird eine Haustür mit einem riesigen Schlüssel geöffnet, und wir treten alle zusammen in einen dunklen Flur. Hinten ein Saal voll milder Helligkeit, vollgestellt mit den, wie mir erklärt wird, Möbeln der verstorbenen schwedischen Königin. Ein feiner Parfümduft erinnert an die Caprijahre »Ihrer Majestät«. (Ist Munthe nicht – besinne ich mich – ein sozusagen morganatischer Ableger des schwedischen Königshauses?)

Im Geschwindschritt werde ich an Schaukästen vorbeibegleitet, in denen die Caprifunde des Vaters von Edwin Cerio, jenes berühmten Arztes und Naturforschers Ignazio Cerio, aufbewahrt sind. Beide erreichten ein gutes Alter, beide zusammen verkörpern mit ihrem Tun und Mühen und Sammeln mehr als ein Caprijahrhundert. Während Mammut- und Mastodonzähne, Steinzeitgeräte und Urnen, Werkzeuge und Vasenscherben, Marmorproben aus der Villa Jovis und von anderen römischen Ausgrabungsplätzen der Insel an uns vorüberziehen, besinne ich mich auf Castellos wortlose Andeutungen: Das inseleigene Prinzip der Entzweiung des Zusammengehörigen und der Vereinigung von Getrenntem.

Was für ein schloßartiger Bau. Noch nie hatte ich ihn von innen gesehen. Das Faulenzen und Spintisieren auf der Piazza war eine zu anstrengende, zu stark in Anspruch nehmende Arbeit. Claretta Cerio schleust mich durch Säle und Sälchen, bis wir in jenem Raum landen, wo – wie jeder Eingeweihte weiß – alles, was je über Capri geschrieben wurde, versammelt ist. Eine zwischen Geist und Kitsch (im Kitsch anregende Hinweise zu entdecken, hatte mich Frieg gelehrt. . .) erstreckte Chronik aller Stadien der Zauberinsel, wie sie sich in denkenden, forschenden, inspirierten Wesen seit Jahrhunderten spiegelte.

Man spürt es: mit dem Eifer der Überzeugung war diese Sammlung begonnen worden. Edwin Cerio, Sirenologe und Begründer des Ordens der Capri-Äternisten, hatte weit zurückgegriffen, weit vorausgeplant. Er hatte die schönsten Villen, die ihm für seine Zwecke geeignet schienen, zusammengekauft, hatte Historie und Futurismus miteinander verbunden, hatte mit originellen, hübsch gedruckten Prospekten geworben, hatte namhafte Menschen zu interessieren, in den Bann seiner Vision zu ziehen versucht.

Die Bücher, die ich besichtige, sind mit einem Ex libris von besonderer, darauf hinweisender Bedeutung versehen. Da findet sich, in fein ausgeführter Grafik, Capri als Mitte der Welt, von allen Kontinenten umlagert. Und in dieses Capri ist eine kleine Sirene hineinkomponiert. Sirenen sind freilich nicht heiter. Man beschwört sie nicht ungestraft. In solchen Setzungen sind unsere Niederlagen vorbereitet, wie bei Rilkes Rosenmystik, wie bei Däublers atemseligen Strophen, die ihren Sänger an Lungenzersetzung sterben ließen.

Meine beiden Gastgeber nahmen auf einer Bank unter den Borden Platz. Sie erinnerten ein wenig an das Etruskerpaar auf dem Sarkophag von Caere.

Reihenweise standen hinter ihnen die hohen Schweinsledermappen, in denen sich die ungedruckten Werke des verblichenen Gatten drängten. Den zehn erschienenen Cerio-Büchern – alle mit Capri befaßt – reihen sich ebenso viele nichterschienene an. Gestört durch die spöttische Überwachung hinter mir, vergrub ich mich in die Papierwelt eines produktiven Geistes. Warum half Dame Claretta mir nicht in diesen Hörselberg der Ideen hinein? Wog ihr die Zukunft mehr als das, was hier so gewichtig Vergangenheit geworden war? Durchschaute sie den Spuk der abgelegten Hoffnungen? Capri als Grabmal des neunzehnten Jahrhunderts?

Um wenigstens etwas geleistet zu haben, notierte ich Buchtitel, wobei ich mich der Spötterbank immer mehr näherte. Signal für die *promessi sposi*, sich in andere Räume des Museo Caprense zu verlieren. Noch hörte ich ihr gespensterverscheuchendes Gelächter, dann herrschte Grabesstille. Ich nutzte die Freiheit, indem ich mich einer Reihe von Briefordnern zuwandte. Wieviel Korrespondenz um einen Traum, der geblieben war, was er darstellte: ein schönes Denkgespinst.

Unter Buchstabe D – nichts zu finden.

In einem Anfall von Müdigkeit, Verzicht auf den Zufall, der sich störrisch stellte, wollte ich schon den Ordner zuklappen, da kam im Blättern K zum Vorschein. Kluck, fiel mir ein, da gab es doch Dinge zwischen ihm und Edwin Cerio. Wirklich, da war ein Brief von ihm mit jenem sonderbaren Briefkopf, den sich der alte Inseleremit für seine Welt ausgedacht hatte: »I P S / International Private Service / Office Anacapri / Italy« Flüchtiger Einblick überzeugte mich, daß er des Abschreibens wert sei. Viele Seiten meines Notizbuches füllten sich. Dabei drängte sich mir sogleich die Überzeugung auf, daß dies zunächst als »Geheimsache« zu behandeln wäre. Ein Dokument, eine Art Bekenntnis, war auch noch da – ungemein anziehend, wie mir schien. Als ich meinen Raub in Sicherheit hatte, beschäftigte ich mich auf andere Weise. Mir schien, man käme.

Mit einem Band Waiblinger (Stuttgart 1823) zog ich mich in die Fensternische zurück, las halblaut den Caprivierzeiler, der sich darin als Motto zeigte:

Reizt mich die Freundin mit weiblicher Macht, mit dem Zauber der Jugend,
Zeigst du mir männlichen Sinn. Kraft und Beständigkeit nur,
Kein Erdbeben erschüttert, kein Liebesfeuer das Herz dir,
Schäumend umrauscht dich die See, klippiges Felsengestad.

In diesem Moment trat auch Madame Cerio, diesmal allein, in den Raum. Will sie mich – und wobei – ertappen? Ich zeige ablenkend auf das kleine Gedicht, bemerke einiges über diesen Waiblinger, der doch wohl mit jenem identisch sei, der eine der späten Hymnen Hölderlins in seinem Roman *Phaeton* namenlos überliefert habe. (Ironisches Kopfschütteln.) »Phaeton«, fahre ich fort, um meiner Verlegenheit Herr zu werden, »unter welchem Namen er den wahnsinnig gewordenen Diotima-Dichter zu schildern versuchte.« (Erneutes Kopfschütteln.)

»Mit durchsichtiger Anspielung auf die griechische Sage. Sie kennen sie doch? – Phaeton, Sohn des Helios, der sich, entgegen der Warnung des Vaters, der Zügel der Sonnenpferde bemächtigte, den Wagen umwarf und geradewegs in den Hades fiel. Hölderlins Hades – verstehen Sie – war der Wahnsinn. Waiblinger übertrug die alte Sage auf ein modernes Schicksal.«

Nachsichtig lächelnd mahnt sie, es sei Zeit zu gehen. Sie könne sich ihren Verpflichtungen nicht länger entziehen.

Verabschiedung unterm Tor der Kathedrale, wo das letzte an Verbindlichkeiten aufgelöst wird. Meinen Fund in der Tasche mit der Hand umschließend, eile ich zum Manfredi Pagano zurück.

»Du hattest nicht schlecht gedäublert, dort bei Sett'anni«, erinnert sich Yvonne. »Ich glaube, dir ist die Insel nur durch ihn bedeutend, was sage ich, allesbedeutend geworden.«

»Heute ist es so«, antworte ich, »daß jeder beliebige Daseinsmoment, wenn man ihn seziert, alles zugleich enthält. Mache dir einen einzigen Tag zu Hause völlig gegenwärtig, die Post, die Nachrichten, die Sorgen um den Sohn, das Ringen um Schlaf, die Berührungen der Innenwelt mit der Außenwelt, was alles aufeinander abzustimmen ist, die kleinen Reibereien, die um verfehlte Übereinkünfte drehen, Essen, Trinken, die Musik, in die du dein Ohr versenkst, die Pflichtarbeit, um dieses ganze Gewese aufrechtzuerhalten, das tägliche Niederringen der Unlust, das Ersticken der Frage, ob alles so sein muß, wie es ist, der Smog des Nachts, der Streit um ›Fensterauf‹ oder ›Fensterzu‹, die Anstrengung, das Lieben an der Gewöhnung vorbeizuretten, da ist doch auch alles mit drin. Und zugleich ist's dadurch kostbar, daß es plötzlich durch kriegsmäßigpolitische Überwältigungen in Frage gestellt, aufgehoben werden könnte. Der Osten lauert schon auf der Türmatte und horcht in unser ›Haus des Lebens‹ herein. Er will uns seinen Daseinsentwurf aufdrängen, dieses große Grau-in-Grau, darin alles untergehen soll, was Konturen hat: das Ende des Lachens.«

»Du sagst es, aber handelst nicht danach. Anstatt dieses bedrohte Zuhause zu feiern, solange es sich noch begibt, sinnst du auf Ausbrüche, bist innerlich unerreichbar, schaffst Einsamkeit um dich herum und läßt an dir abrinnen, was wirklich zu dir gehört und bereit ist, dich zu bestätigen. Warum muß es das Behelfsmäßige sein, die Reise, das Jenseits von dir selbst, diese Modell-Insel, diese auf kleine Rhythmen verringerten Tätigkeiten wie Frühstück, Spazieren, Meditieren, Landschaften wie Mahlzeiten verspeisen, auf der Piazza däublern, abgelebten Zeiten nachspüren, Nachtgang zu den Faraglioni, all diese Veranstaltungen, darin ich dir nicht viel mehr bedeute als dein Auditorium.«

»Sieh diese sich selbst nicht kennende Wolke«, antworte ich mit spöttischer Feierlichkeit, »sie wird uns mit ihrem Segen zudecken, bevor wir uns bei ›Monsieur‹ Tiberius unterstellen können. Kehren wir lieber um.«

»Du findest gleichgültig, was ich vorbringe?«

»Sieh die gleichmäßige Arbeit des Sturms in den Baumkronen. Brandung oben und Brandung unten.«

»Ich hasse Capri«, sagt Yvonne.

»Capri ermöglicht die Gleichung von Mythos und Rhythmus«, sage ich und fühle mich als meerumspülten Felsen.

»Der Westen ist so reich geworden, daß er sich selbst nicht mehr erleben kann«, sagt Yvonne. »Was uns bevorsteht, ist Einebnung, wo nichts mehr die Dinge hindert, auf der Stelle zu drehen.«

»O Menschheit, die sich spinnenartig rings verbreitet / Die alle Erdenbrunst in das Bewußtsein leitet.«

»Es rächen sich die leergelebten Tiefen«, antwortet Yvonne, die sich auch nicht schlecht in unsern Däubler-Dokumenten umgesehen hat.

»Es hat im Ich die Weltidee sich selber übertrieben«, bleibe ich ihr den Bescheid nicht schuldig.

»Man könnte glauben«, sagt Yvonne, »dieser Dichter suche von seinem Jenseits her nach willigen Figuren, um sich in ihnen fortzusetzen.«

»Was sollte ihm Besseres einfallen«, bestätige ich.

Jetzt hält Yvonne sich im Gehen an und betrachtet mich: »Und wo bleiben wir?«

Ich stemme sie mit beiden Armen an der Weinbergmauer fest: »Sind wir nicht in alledem mitenthalten?« »Bei euch sind alle Dichter verfehlte Religionsstifter«, sagt sie schließlich, »sie machen euch gemütskrank. Sie sammeln, in Ermangelung eines Publikums von normalen Wortverbrauchern, eine Gemeinde um sich. Eine Gemeinde von Selbstbestehlern.«

»In deinem Frankreich«, sage ich, »gab es den Gemeindestifter Mallarmé. Valéry sagte über ihn, daß es zu einer gewissen Zeit keine kleinere oder größere Stadt in Frankreich gegeben habe, wo nicht irgendein junger Mann bereit gewesen wäre, sich für ihn zerreißen zu lassen.«

»Literarische Religionen«, sagt Yvonne, »sind unschädlich. Nur bei euch kommt jene sektenhafte Verschworenheit zustande, die das ganze Leben dem vergötterten Vorbild nachstilisiert. Dein Däubler, dein Rilke, sie leben uns was vor aus fremden Konten, und sie leben nach aus fremden Konten. Sie haben das Unheil der deutschen Selbstverlorenheit in Fluß gebracht und in die Reservoire ihrer Verkündigung geleitet. Frauenlose Männer. Ein Greuel. Sie haben ihre Anhänger geheiratet, mit ihnen gezeugt. Weltanschauungswechselbälger.« Sie lacht hinter ihren Worten her. Auch ich lache. Was bleibt mir übrig. Aber ich antworte mit Däubler und als sein Anwalt:

Auch rauchts vom Haus nicht auf, für mein Familienmahl.
Ich traf kein Weib. Ist meines tot? Vielleicht verlassen?

Ein Donnerschlag begleitet unseren Eintritt in Manfredi Paganos tiefgewölbtes Hotel. Nach dem Essen tische ich meinen Bibliotheks-Fund auf. Der richtige Moment dafür scheint mir gekommen.

Migliara, den 2. September 1959

Sehr verehrter Herr,

ein Großindustrieller, dem es gelungen ist, mit Hilfe eines ganz neuen Wirtschaftsprinzips unermeßliche Reichtümer zu erwerben, geht mit dem Plan um, hier auf Capri ganz privat ein großes Fest zu feiern.

Dieser Großindustrielle ist ein sehr vielseitiger Mensch. Jahrelang war er als hervorragender Arzt und Wissenschaftler tätig. Seine wissenschaftlichen Forschungen haben ganz ungewöhnliche Ergebnisse gezeitigt, die er jedoch aus bestimmten Gründen der Öffentlichkeit bisher vorenthalten hatte.

Seine große Leidenschaft ist aber die Literatur und die Kunst. Er war ein intimer Freund des Dichters Theodor Däubler und hat diesen in seinem Hauptwerk »Das Nordlicht« wesentlich inspiriert. Däubler hat diesem interessanten Menschen einen ganzen Roman gewidmet, der leider Fragment geblieben und daher unveröffentlicht ist.

Der Zufall wollte es, daß ich diesen Herrn vor Jahren in Berlin kennenlernte und es mir gelang, ihn für die Verwirklichung eines Festplans hier auf Capri zu gewinnen, denn die Wahl war zwischen Capri und der Osterinsel, wo er als Wissenschaftler jahrelang in der Einsamkeit für die Atomforschung gearbeitet hatte.

Der Gedanke, auf Capri eine Privatakademie ins Leben zu rufen, hat ihn aber nach und nach so gefangengenommen, daß er sich für Capri entschieden hat. Als ersten Vorschuß für diese Privatakademie hat er mir eine Million Lire zur Verfügung gestellt und mich beauftragt, den Caprifreunden etwas über meine Erlebnisse, besonders an der Migliara, zu erzählen, denn die Migliara sei der interessanteste Teil der Zauberinsel.

Ich bin deshalb zur Migliara wieder zurückgekehrt, um zunächst meine früheren Erlebnisse an der Migliara besser schildern zu können. Sie beginnen auf den folgenden Seiten und können auf Wunsch fortgesetzt werden.

Mit freundlichen Grüßen
Ihr Willy Kluck

»Der ›Großindustrielle‹, klar, das ist er selbst«, erläutere ich, »ein Kapitalist des Geistes. Die Million Lire aber existiert realiter. Er hat sie aus seinen Kriegsversehrten-Renten seit 1920 erspart, auch wohl durch geschickte Anlagen auf der Bank, durch Geldverleih an Hiesige langsam zusammengebracht. Sein Prinzip: ›völlige Bedürfnislosigkeit‹ kam ihm dabei zustatten. Der Arzt und Wissenschaftler, alles Abspaltungen seines Ich. Der ›Herr in Berlin‹, das war der Philosoph (Neukantianer) Friedländer, dessen *Schöpferische Indifferenz*

Kluck zu den höchsten Findungen des Geistes rechnet. Däublers Fragment gebliebener Roman, sollte er etwas mit dem verlorenen Tagebuch zu tun haben? – Wir müssen doch noch hinauf zu ihm. Angemeldet habe ich uns schon.«

»De Dieu«, sagt Yvonne, »da ist wieder etwas, wovon ich nichts wußte.«

»Aber nun weiter im Text«, lenke ich sie ab. »Hier in diesem Dokument ist seine Lebenslehre zusammengefaßt. Das ist, wie du siehst, original. Ich hab's entliehen. Aber niemand weitersagen, hörst du?«

Kluck:

»Capri wurde oft mit einer Sphinx verglichen. In der Tat, das Problem von Capri ist das der Sphinx, denn es besteht in der Antwort auf die Frage: ›Was ist der Mensch in seiner Totalität?‹ Diese Antwort hat bisher nicht gegeben werden können, weil das menschliche Erkennen bisher in einer ganz bestimmten Weise begrenzt war, wodurch der Mensch es immer nur mit einem Teil seiner Totalität zu tun hatte.

Der Mensch besitzt aber nicht nur ein zeitlich begrenztes Verstandesbewußtsein, sondern auch ein allen Menschen gemeinsames ›kollektives‹ Unbewußtes. Das Verstandesbewußtsein verhält sich zu diesem all-gemeinsamen Unbewußten wie der Fisch zum Meer. Erst wenn dieses weltweite Unbewußte in seinem Wesen erforscht ist, kann die Antwort auf die Frage, was der Mensch in seiner Ganzheit ist, gegeben werden. Diese Erforschung kann jedoch nicht in der Zeit geschehen, da die engen Grenzen des Verstandeserkennens in der Zeit nicht überschritten werden können. Der Mensch ist aber nicht nur ein zeitliches Wesen, sondern auch ein zeitloses. Eines kann ohne das andere gar nicht vorgestellt werden. Durch seine Idealität hat der Mensch – wenn die Notwendigkeit gegeben ist – Zugang zur Zeitlosigkeit und zur absoluten Gegenwart.

Bisher glaubte man, das Bewußtsein sei in seiner räumlichen Reichweite durch den menschlichen Leib begrenzt. So ist z. B. für das Christentum die menschliche Gestalt die Wesensform der Seele. Für den Buddhismus ist die Seele in den Leib (das neuntorige Haus) eingeschlossen. Für die Wissenschaft kommen die Sinnesempfindungen und damit das Bewußtsein nur innerhalb der Leibesgrenzen zustande.

Aus sehr einfachen Experimenten geht jedoch hervor, daß unsre Empfindung exzentrisch ist: die Tastempfindung kommt an der Körperoberfläche zustande; das Gesicht reicht bis zu den fernsten sichtbaren Sternen, dort bringt es aufgrund objektiver Wahrnehmungsursachen die entsprechenden subjektiven Wahrnehmungsbilder hervor. Das ›Gesicht‹ vermag daher in seiner Aktivität den gesamten sichtbaren Weltraum zu umspannen. Körperlich leben die Menschen in der Zeit nebeneinander, optisch leben sie ineinander und bilden eine weltweite räumliche Einheit. So weit aber, wie die Sinne reichen, reicht auch unser Bewußtsein, und so weit reicht auch das allen Menschen gemeinsame Unbewußte. Der Glaube, daß unser Bewußtsein nur innerhalb der Körpergrenzen zustande kommt, beruht also auf einem Vorurteil, das dem zeitlich begrenzten Verstandeserkennen entspringt.

Für dies begrenzte Erkennen stellt die Menschheit eine Vielheit von räumlich und in den Bewußtseinseinheiten getrennten Einzelwesen dar. Überschreitet man aber die Grenzen des zeitlichen Erkennens von der Zeitlosigkeit her, so entdeckt man, daß diese zeitliche Vielheit der Einzelmenschen in der Zeitlosigkeit ein einziges unsterbliches Vollindividuum bildet, das die ganze Menschheit und ihre Vergangenheit, Gegenwart und Zukunft potentiell in sich enthält.

Jeder Mensch hat daher die Wurzel seiner Existenz mit allen andern Menschen gemeinsam. Im Grunde sind wir alle ein einziges SELBST: jeder ist in der Zeitlosigkeit die ganze Menschheit. Alle stammen wir ab von dem zeitlosen SELBST, dem kollektiven Vollindividuum.

Das andre Extrem der in der Zeitlosigkeit zum SELBST zusammengefalteten Menschheit ist ihre restlose Entfaltung in der alsoluten Gegenwart. Zwischen diesen beiden Extremen vollzieht sich das zeitliche Leben als Symbol sowohl des einen als auch des andern Extrems. Beide Extreme schränken sich in der Zeit durch Mischung gegenseitig ein wie reines Schwarz und Weiß in ihrer Mischung zu Grau werden.

Das SELBST ist der absolute Souverän, während die vollentfaltete Menschheit das Reich der freien Weltbürger darstellt. Diese beiden Extreme bilden die Urformen des sozialen Lebens. Jede nur denkbare soziale Lebensform setzt sich immer aus diesen beiden Urformen zusammen.

Mit der SELBST-Entdeckung bekommen die Begriffe ›öffentlich‹ und ›privat‹ eine ganz neue Bedeutung. Bisher war das öffentliche Interesse das allgemeine und das private das besondere. Entdeckt sich der Mensch aber im zeitlosen SELBST als Summe aller Menschen, so vertritt er das Interesse aller Menschen, also das allgemeinste. Alle geteilten Interessen der zeitlichen Gegenwart zusammen stellen nur einen unbedeutenden Bruchteil des allgemeinen Interesses dar. Das SELBST aber ist das Privatissimum, das Mysterium des Lebens. Der Mensch wird mit seiner Erbmasse geboren, ohne die er den zeitlichen Daseinskampf nicht bestehen kann. Diese Erbmasse verhüllt den zeitlosen Urgrund des Lebens, der erst aufgedeckt werden kann, wenn die Erbmasse abgetragen, der Mensch also abgekämpft ist. Auf dem Festlande ist es schier unmöglich, sich aus dem Kampf ums Mehr herauszulösen. Vielleicht ist es nirgendswo so leicht möglich wie auf Capri, denn Capri vermag dem Menschen alles zu nehmen, was ihm im zeitlichen Leben lieb und teuer ist. Aber nur auf Capri kann man begreifen lernen, daß alles, was anderswo geschätzt wird, hier vollkommen wertlos wird, wenn man das ›private‹ Capri, ›die magische Insel‹ entdeckt, denn die magische Insel ist die Urheimat des SELBST. Durch die Entdeckung des SELBST eröffnen sich ganz neue ungeahnte Perspektiven, die die kühnsten Verstandesphantasien absolut überbieten. Zunächst zeigt die Entdeckung des SELBST als Gipfel des Individualismus, daß es stets das Individuum ist, das die Kollektivität schafft und daß beide eine untrennbare Einheit bilden: in dem zeitlosen *›Alle-in-Einem‹* besteht die Kollektivität nur potentiell, während das SELBST real ist; in dem *›Einer-in-Allen‹* der absoluten Gegenwart dagegen ist das zeitlose SELBST der gemeinsame Urgrund aller, während die entfaltete Vielfalt der Personen als Reich der freien Weltbürger vollkommen real ist.

Zeitlos entsprechen sich im SELBST die leibliche Gestalt und das weltweite ›Gesicht‹ sphärisch vollkommen: das magische Gesetz entfaltet die unsichtbaren Flügel der Allmacht des ›Gesichts‹; Schauen ist Schaffen, Vorstellung ist Darstellung als Synthese von Subjekt und Objekt: zeitlos schaut der Mensch das ›Ding an sich‹ als seine eigene freie Weltschöpfung. In der absoluten Gegenwart dagegen lebt jeder ideell vom zeitlosen SELBST her: jeder erkennt sich in allen vermeintlich Anderen als seinen Reichtum an Personen, die jeder mit jedem beliebig vertauschen kann. Persona heißt, wie Sie wissen, Maske des Schauspielers (von personare = hindurchtönen). In der absoluten Gegenwart ist der Schauspieler das unsichtbare SELBST, das durch alle auswechselbaren Masken der freien Weltbürger hindurchtönt.

Will man nun die SELBST-Entdeckung beginnen, so muß man sich der Wissenschaft des IPS (IPSE = SELBST) bedienen, die den Schlüssel zu diesem Wagnis bietet. Überschreitet man aber die Grenzen des zeitlichen Erkennens von der Zeitlosigkeit her, so ändert sich das Leben vollkommen: die Mythen des zeitlich-konventionellen Lebens (geschichtliche Symbolik) erweisen sich als Spiegelbilder des zeitlichen Erkennens mit allen Kennzeichen des mittelbaren Denkens, während jenseits der Verstandesgrenzen eine überschwängliche Spontaneität herrscht. Das Wagnis der SELBST-Entdeckung ist daher das Abenteuer aller Abenteuer, das ohne den Schlüssel des IPS unweigerlich mißlingen muß. Die Irrenhäuser der ganzen Welt sind voll von den Unglücklichen, die ungewollt und ohne Orientierung jenseits der Grenzen des Verstandeserkennens gelandet sind.

Die Wissenschaft des IPS, der die Idee der sozialen Urformen entnommen ist, enthält die Prinzipien des Seins, denen auch der Mensch unterworfen ist, solange er diese Prinzipien nicht kennt und nicht anzuwenden versteht. Da diese Prinzipien aber im öffentlichen Leben gänzlich unbekannt sind, so weiß eigentlich niemand, worum und in wessen Namen dort gekämpft wird. Nicht um die Vorherrschaft eines von zwei angeblich unvereinbaren sozialen Idealen oder um ihre Koexistenz geht es, sondern um die Zerstörung der aus der Erbmasse gebildeten Scheinbasis des zeitlichen Lebens, damit die echte Basis des unsterblichen Seins im Namen des absoluten Souveräns, des SELBST, in die Erscheinung treten kann.

Während sich im öffentlichen Leben der Zusammenbruch der Scheinbasis des Verstandes seit 1914 in unverkennbarer Weise vorbereitet, kündet sich seit mehr als 150 Jahren das Wetterleuchten des heraufziehenden ›Weltgewitters‹ in einigen Gipfelpunkten der Weltliteratur an. So erlebte z. B. Ibsen (›Peer Gynt‹), daß die Insassen eines Irrenhauses in Kairo, die alle ganz sie selbst sein wollten, eines Nachts plötzlich normal wurden, während von dieser Stunde an die übrige Welt delirieren, und eine Umwälzung zu Wasser und zu Lande folgen mußte.

Ibsen drückte diese Voraussicht 1871 folgendermaßen in Prosa aus:

»Endlich ist Frankreich zusammengebrochen. Wenn nun erst das faktische Preußen zusammenbrechen wird, dann stehen wir mitten in der Revolution des Menschengeistes. Hei! wie die Ideen da krachen werden . . .«

Der im falschen Persönlichkeitsbegriff des begrenzten Verstandeserkennens befangene Ibsen hatte noch keine Ahnung von dem eigentlichen, dem zeitlosen SELBST. Immerhin entdeckte er intuitiv, daß der Weg zum SELBST durch das Irrenhaus hindurchgeht. Capri ist aber das von Ibsen gesuchte Irrenhaus, das ›Manicomio azzurro‹, wo der Mensch allein ganz zu sich SELBST kommen kann.«

Meditation. Dem Sohn zugewendet. Er ist zwei Meter hoch in dieser Frist, ein Riese mit Kindergesicht, rührend gutmütig. Musikliebhaber. Genau umschriebene Urteile. Er liebt Konzerte. Portugiesische und südamerikanische Gitarren. Was ihm gefällt, ist immer wirklich gut. Feinhörig im Einstellen des Grundig. Mit Witterung für den Zufall. Wenn er die Knöpfe dreht, kommt immer etwas Bach, Ravel, Flamenco. Er hat Antenne für das, was die Wellen gerade liefern. Aber er liest *Inter-Avia*, ausschließlich *Inter-Avia*. Er kennt sich in Flugzeugen aus, wie wir früher in Briefmarken. Viele kennt er am Geräusch. An der Silhouette alle. Auch die russischen.

Außer *Inter-Avia* liest er bestenfalls noch *Science et Vie*. Besonders, wenn Raketenprobleme behandelt werden. Und in den Illustrierten alle Raumfahrt-Phantasien. Knall und Explosion liebt er gleichermaßen. Bastelt Raketen. Strebt in ihnen von sich selbst weg. Er hat Vulkanologe werden wollen, aber die Zeugnisse erlaubten es nicht. Er besucht die Kunstschule, mit dem Ziel, Airtours-Grafiker zu werden. Um auf diese Art wenigstens in die Nähe seiner Interessen zu gelangen. Denn die Prüfung für Pilotenausbildung hat er nicht bestanden. Und für den Ingenieur reichen die Zeugnisse auch nicht.

»Daß man sich kennenlernt, verdankt man seinem Sohn.« Däubler hatte keinen. Er machte sich angenehme Knaben zu Söhnen. Er dichtete ihnen zu:

Und statt der goldenen Sonnenpollen,
Schnellt die Liebe, unduldsam,
Ohne leiblos auszurasten,
Aus dem tiefsten Wesenskern
Knaben vor, die sich betasten
Und sich haßvoll und doch gern
Ansehn und beim Schwelgen hasten:
Denn bald sind sie feind und fern.

Viele sah ich, die verblaßten,
Doch der Liebe ewger Stern
Gab sich andern, die's erfaßten,
Das Geschlecht erst zu ersperrn.

Nein. Man erreicht sie nicht. Sie haben sich dem Ball und dem Rad verschworen. Ball und Rad, die Garanten der Selbstverödung. Der Ball muß immer toller flitzen, das Rad muß immer wahnsinniger rasen. Grenzen sind nicht gesetzt, höchstens solche, die durch den totalen Selbstverlust entstehen.

Seine Wunschträume. Wie er sich das Mädchen vorstellt, in das er hineinexplodieren möchte. Ganz ohne Zärtlichkeit. Nur um sich loszuwerden, das große Ungewisse, das er darstellt und das sich nicht klären läßt. Von uns, seinen Eltern, jedenfalls nicht. Mein Sohn ist älter als ich. Ich habe das Kindergesicht nach innen, das er nach außen trägt. Wir lieben ihn. Aber wir erreichen ihn nicht. Er ist nett. Er ist von einer geradezu eingefleischten Ehrlichkeit. Er kann nicht lügen, ohne daß man es sofort merkt. Er ist fast reizend, wenn er lügt, weil er es nicht kann. Aber es ist kein moralisches Plus. Er kann es nicht, weil er der Selbststeigerung ausweicht. Ist er subtil? Er hat alles, um es zu sein. Er läßt es nicht zu. Wie er sind seine meisten Kameraden. Auf sie alle wartet der Moment, wo sie das Gewaltsame suchen als die einzige Möglichkeit, als den letzten Ausweg, das einzige Heilmittel, um sich der Zivilisations-Langeweile zu entringen. Existenz ohne Abenteuer, das ausgeräumte Unterbewußtsein. Das fix und fertig durchmöblierte Sein. Die genormte Wohnmaschine. Die Greuel der technischen Medizin. Das weißgekachelte Sterben. Der Lebensweg, der absehbar ist in allen Stadien. Das Politische als das Rollfeld, auf dem der Materialismus anfährt, uns überfährt, zum Stoff seiner fatalen Geschwindigkeit macht. Der Gottesverlust, den wir nicht vertragen haben. Die Romantik, in der er sich vorbereitete. Die Relativität, die den euklidischen Raum zum Einsturz brachte. Die flügelstarken Geister, die an das Letzte rühren wollten und uns das Ende vererbten. Das große Graue.

Das mystische Suchen, das Mythenverbuchen,
Der Pakt der Eunuchen, die Kraft zu verfluchen,
Die Inbrunst beim Beten, das Wunschkraut-Entjäten,
Das Werk der Asketen, die Sehnsuchtsraketen
Verflachen am Ende: du stehst an der Wende.

Yvonne schweigt zu meinen Worten. Und als sie neben mir auf der grüngenarbten Steinschwelle anlangt, die uns schon dem ungeheuren Trümmergebirge der tiberianischen Prunkvilla entgegenhebt, sieht sie an mir vorbei. Ich weiß, was sie denkt: etwa dies: Unrettbar Mann. Im Wirklichen nur heimisch, insofern es den Denkspielen Gerüste leiht. Die Welt geht unter am Mann. Es ist nicht aufzuhalten. Sie haben sich selbst nicht ertragen. Sie wollen von der Erde los. Um den Vorgang zu beschleunigen, vergiften sie die Erde, tilgen ihre Bewohnbarkeit, verbrennen – wie heißt es doch – die Schiffe hinter sich. Die Raumschiffe. Das Ziel, in dem sich der Sohn, alle Söhne der Welt, in diesem Augenblick gefallen: Kosmonaut. Muß Zeit enden, endet auch Heimat.

»Le plus grand penseur serait la mort si elle pensait juger la vie.«

Unterdessen haben wir den Eingang zu jenem Trümmerbezirk erreicht, der römisches Weltdenken so bedrückend wuchtig bezeugt.

47 VILLA JUPITER

»Wir stehen hier«, sagte ich zu meiner Frau, indem ich die Miene eines capresischen Fremdenführers annahm, »auf dem Kapitol der Insel, Hauptsitz des Tiberio, dem noch elf andere, über alle Himmelsrichtungen verteilte Villen zugehörten. Jedes einem Monatsgott namentlich unterstellt und damit der klimatischen Gegebenheit Ausdruck verleihend. Denn für jeden Monat kann ein anderer Platz der Insel als der angenehmste gelten.

Dieser kaiserliche Villenstaat wurde beherrscht von einem Felsenthron, der Exedra, dort drüben an der Südfront des Monte Solaro gelegen. Sie bietet dem Blick die schroffsten Abhänge des Inselkörpers aus höchster Sicht. Im Rechteck von Säulen umstellt, vielleicht überdacht – das ist nicht sicher –, bildete diese Exedra einen Meditationsort von ausgesuchtem Reiz. Farbige Bodenplatten und ein wenig Mauerwerk sind erhalten geblieben. Reste einer gemauerten Bank, zu der sich der Caesar in einer Sänfte tragen ließ, sind noch zu erkennen. Dort genoß er jenes Gefühl, von dem Nietzsche wußte: ›Einst sagte man Gott, wenn man auf ferne Meere blickte.‹ Was Tiberius dort ergrübelte, setzte er hier (damit wies ich auf die Ruinen der Villa Jupiter hin) in die Tat um.

Schau dir dieses Zellengeweb von offen zutage liegenden Kammern und Säulen an. Sie bargen den bürokratischen Apparat, mit dem er das schwierige Geschäft des Regierens bewältigte. Ein Imperium von nicht mehr vorstellbaren Ausmaßen war in Ordnung zu halten.

Er lenkte es ausschließlich mittels Briefen, die er an den römischen Senat richtete, und zwar elf Jahre lang, ohne sich während dieser Zeit je in Rom blicken zu lassen.

Er war ein Versteckter, geschlagen mit Melancholie, der erste Homo caprensis. Wenn wir seine Staatsbriefe besäßen, von denen Tacitus uns nur erinnerte Bruchstücke kennen läßt, würden wir einen Vorläufer heutiger intellektueller Unseligkeit in ihm entdecken.

Er hatte einen mürrischen, etwas formlosen Mund, wie seine Porträtbüsten verraten. Aber Stirn und Auge waren von strengem Zuschnitt. Kann er der Lüstling gewesen sein, als den ihn römischer Hofklatsch verdächtigt? Oder war's nur seine Introvertiertheit, die den Zeitgenossen nicht geheuer schien?

Gehörte er zu jenen, die in Ausschweifungen Erleichterung

suchen, ohne sie je zu erreichen? Sein Denken war so verschachtelt wie seine Bauten. Bei der Verwirklichung seiner architektonischen Wunschträume bewies er nicht immer den besten Geschmack.

Jedenfalls war es das Schwere, tief Gesicherte, was er als Mitte seiner Bauten schätzte, während sich ringsum die Wandelgänge, Lust- und Luftpromenaden in griechisch heiteren Proportionen entfalteten.

Er liebte rosige Tönungen. Im Dom von Capri sind einige der Marmorfliesen, die er von weither nach Capri befördern ließ: Herrlichkeiten in Schliff, Farbe und Anordnung. Aus den Götterkohorten der Antike ließ er den einen, den Spätling Mithras, erstehen, Befürworter einer ersten Trinität, nämlich der von Sonne, Kosmos und Geist.«

»Er wäre somit ein eifriger Leser Theodor Däublers gewesen«, versucht mich Yvonne.

»Das wäre zu bezweifeln«, gehe ich auf ihre Anmerkung ein, »er genehmigte die Kreuzigung Christi. Eine Entscheidung, die hier auf diesem Felsenkapitol getroffen wurde und deren Bedeutung und Reichweite er erst ahnte, als er sich fragte, wie es eigentlich dazu gekommen sei. So will es die Fabel.

Und es würde gut zu Capri passen, der Ort dieser Entscheidung gewesen zu sein. Das Todesurteil verhalf einer aufstrebenden Religion zu ihrem mächtigsten Symbol. Ohne das, wie wäre es weitergegangen?

Im Festkalender der Geschichte fehlen zwei Daten: der Apfelraub Evas und die Verurteilung des Heilands. Aus beiden entwickelte sich, was wir Abendland nennen.

Und wie wenig wissen wir über den Menschen Tiberius, dem solche Teilhabe auferlegt war. Tacitus berichtet, er habe sich, alternd, an entlegenen Plätzen (jener Exedra?) zu verbergen gesucht, weil er sich seines körperlichen Zustandes schämte –, ›denn seine hochaufgeschossene Gestalt war übermäßig hager und gebeugt. Sein Scheitel war kahl, sein Gesicht voller Ausschlag und meistens mit Pflastern beklebt.‹ Ekzema, das Lei-

Signalturm der Villa Jovis, Hauptsitz des Tiberius. Foto: Aus der Sammlung von Werner Helwig

den der Sensiblen, von Echnaton bis Richard Wagner. Und dazwischen und danach wäre vieles einzufügen. Helios geißelt, die ihn lieben.

Tiberius huldigte – wie alle in ihrem Selbstverständnis Unsicheren den Sternen. Er verstand sich auf Astrologie, vermochte betrügerische Astrologen hereinzulegen, war mit okkulter Magie und der sie bewirkenden Muttergöttin Kybele vertraut. Vielleicht war in ihm eine Art ›Faust‹ angelegt, aber auch ein Hamlet. Die verräterische Briefzeile, mit der eine seiner Botschaften an den Senat endet, lautete: ›Versammelte Väter, was mich betrifft, so bin ich ein sterblicher Mensch, und die menschliche Natur hat mir Grenzen gesetzt.‹«

»Und warum hat man ihn mit so viel Haß zum Unhold gestempelt?«, fragt meine Frau.

»Da muß ich mit Axel Munthe antworten. Dieser mittelmäßige Schriftsteller hatte Organ für introvertierte Existenzen. In seinem *Buch von San Michele*, das, seinem banalen Weltruhm zum Trotz, manche hermetische Stelle enthält, berichtet er, bei seinem ersten Aufstieg nach Anacapri sei ihm der ›Versucher‹ entgegengetreten. Der übliche Handel wurde ihm vorgeschlagen. Für paradiesische Jahre, die ihn hier erwarteten, solle er einen Preis erlegen, wie er ähnlich von dem Caesar Tiberius entrichtet worden sei. Ging es bei Munthe um das Augenlicht, das eines Tages preiszugeben war (wie es ja dann auch geschah), so hatte Tiberius tiefer für das Inselglück zu büßen: ›Ein Brandmal der Niedrigkeit auf seinem hellen Namen für alle Zeiten.‹

Ein wissendes Wort, nicht weniger stark als das des Caesars selbst: ›Quid scribam vobis, patres conscripti, aut quo modo scribam aut quid omnini non scribam hoc tempore, di me deaeque peius perdant quam perire me cotidie sentio, si scio.‹

›Was und wie ich euch schreiben soll, versammelte Väter, oder was nicht, wenn ich das weiß, sollen Götter und Göttinnen mich noch tiefer elend machen, als ich täglich mehr mich elend werden fühle.‹

Gesegnet sei sein Gram. Unserer ist endgültiger, da seine Ursachen nicht mehr überspielt werden können. Wir haben ›unseren Jupiter‹ endgültig verpfuscht.«

48 ANTONINOS TIBERIADEN

Antonino kannte sich am besten in den Gerüchten über den Caesar Tiberius aus, und ich weiß heute noch nicht, war ihm das Grausen teuer, das davon ausging, oder war es das Werk der capresischen Pfarrer, die nicht müde wurden, am Beispiel dieses bleichen Römers die Sünden namhaft zu machen, die uns gefährden. Jedenfalls, in Antonino hatten sie den willigsten Biografen ihrer Predigten gefunden.

Antonino – als Schiffsjunge hatte er noch an der China-Intervention der europäischen Seemächte England, Frankreich, Deutschland und Italien teilgenommen. Es galt den Boxeraufstand in Peking zu unterdrücken, kein kluges Unternehmen, wenn man bedenkt, daß es die erste – für alles Spätere symptomatische – chinesische Erhebung gegen die Bevormundung durch den Geschäftsimperialismus des Westens war. Antonino erzählte Bemerkenswertes darüber. Vor allem hatten ihm die heute Pekineser genannten Hündchen Eindruck gemacht, deren man, zum erstenmal für die ganze nichtchinesische Welt, in den Vorhöfen des kaiserlichen Palastes ansichtig geworden war. Ein Pärchen davon gelangte durch einen englischen Offizier nach London: Stammeltern des heute in die Tausende gehenden Hündchenvolkes bei uns und überall. Aber auch im Ersten, dann im Zweiten Weltkrieg hatte Antonino seine Rolle als Marinaio tapfer durchgespielt, bevor er sich auf seiner Heimatinsel zur Ruhe setzte, das heißt, den Fremden als Führer zur Blauen Grotte diente und nebenbei auch ein wenig fischte. Er bewohnte eine winzige Kammer unten in der Grande Marina in einem der alten, weißen Würfelhäuser.

Er war zu uns gestoßen in den dreißiger Jahren, eine Vatergestalt mit kurzgeschorenen grauen Haaren und immer noch schwarzem Schnurrbart.

Wir, das war jene damals Wert und Wesen Capris bestimmende Künstlermeute, deren hervorstechende Eigenschaft im Nichtstun bestand, auf daß dem antiken Namen der Insel, Apragopolis, Ehre und Nachachtung geschehe. Unter ihnen Will Frieg, Theoretiker und Deuter der modernen Kunst, sofern sie sich durch Namen wie Wilhelm Morgner, Barlach, Munch, George Grosz, bekundete. Theodor Däubler kam später hinzu. Der Maler Castello, Sohn der Insel und einer der ersten, der sie in Abstraktionen zu erfassen versuchte, war von kindauf mit Antonino befreundet. Eines seiner unvergeßlichen Worte, mit denen er uns betroffen machte: »Wenn jemand wie Sie mit mir ist, weiß ich gleich viel mehr über mich selbst, dann werde ich bald heiter und kann reden.«

Antonino verdankte uns, wir ihm die merkwürdigsten Selbsterschließungen. Denn wenn er redete, geschah es, daß er, ein Mann aus den schlichtesten Inselverhältnissen, plötzlich ganz der unsere wurde und in unsere anspruchsvollen Erörterungen mit Zustimmungen einstieg, die uns entzückten und erstaunten. Weisheiten aus einem Jenseits des geschulten Bewußtseins.

Ist es nun, gleichsam im Gegenspiel zu sich selbst, die opernhafte Romantik der Insel, die der Entstehung so schrecklicher Tiberius-Legenden günstig war (nirgends sieht man blutigere Western als dort im Kino), oder hat die Kirche sie mit solchem Eifer gepflegt, weil so oft Ausländer mit »abartigen« Neigungen ihre Liebesobjekte unter den Jugendlichen des Inselvolkes suchten – es mag beides seinen Anteil daran haben. Kommt hinzu, daß der Insel »seit Menschengedenken« Mordfälle und ähnliches erspart blieben, so daß die darauf anscheinend doch erpichte Psyche des Süditalieners alte und neue Gerüchte wunschbildgemäß aufbauscht.

Antonino – indem ich mich auf ihn besinne, spüre ich wieder

seinen forschenden und zugleich treuherzigen Blick, mit dem er uns maß, wenn wir ihm zuhörten, er also der »Herr des Gespräches« (ein Wort von ihm) war. Er lotete damit seine eigene Glaubwürdigkeit, wie sie sich durch uns darstellte, aus. Und je stärker wir uns gefesselt zeigten, desto flüssiger geriet er ins Erzählen. Sah man ihn je anders als in seinem blauen Seemannstroyer und der weißen Mütze mit dem schwarzen Schild? Sein Angezogensein war Teil seiner Person, zugehörig wie Haut und Haar. Seine Sammlung tiberianischer Greuel gab er zwar nie als eigener Überzeugung entsprechend aus. Es war der Widerschein dessen, was man sich über den Dämon »Timberio« unter den Insulanern berichtete. Und das war nur am Rande identisch mit dem, was die römischen Geschichtsschreiber (lange nach dem Tod des Caesars) andeuteten, und zusätzlich war's ergänzt durch das, was die Kirche zu überliefern für nützlich hielt. Bestätigendes ist nur durch eine Marmortafel geboten. Sie wurde bei der Ausgrabung der Mithrasgrotte am Osthang des Inselgebirges entdeckt und verblüffte durch ihre griechische Inschrift Kenner und Phantasten gleichermaßen. Durchaus möglich, daß fromme Nutznießer ein wenig nachgeholfen und die aus anderen Zusammenhängen stammende Inschrift absichtsvoll in der Höhle versteckt haben.

Da gibt in der Art eines Marterls das bedauernswerte Kind selbst Kunde von seinem Ende. Nicht nur der Moira Gebot sei es dem Hades überantwortet worden, sondern durch Herrschergewalt. Eben noch hat es der Caesar mit Geschenken überhäuft, um es dann, plötzlicher Laune folgend, zu vernichten. Knapp fünfzehn Jahre habe es erreichen dürfen, und schon sei ihm das Licht des leuchtenden Tages genommen worden. »Hypatos bin ich genannt«, so schließt die Klage, »dich ruf ich noch an, mein Bruder, / Eltern, ich flehe zu euch, o weinet nicht länger, ihr Armen.«

Die in den Felshang wie ein halbgeöffneter Riesenmund hineingewölbte Grotte, im Sinn der Alten Matromania geheißen, was das Volk in ein vieldeutiges Matrimonio verdrehte, als ob der Caesar dort von wollüstigen und grausamen Riten begleitete Hochzeiten veranstaltet hätte, liegt in der Nähe der in den neunziger Jahren erstellten Villa des französischen Barons Jacques Adelsward Fersen, jenes »Erneuerers« des vermuteten alten Kults. Er pflegte mit einem Gefolge von antik kostümierten Freunden (und Jünglingen) auf schmalen Pfaden zu der Grotte hinabzuwallen, um das, was er sich unter einer antiken Orgie vorstellte, zu zelebrieren. Wenn die früheste Sonne zur Zeit der Wende genau in den Grottenhintergrund strahlte, mag sie ein gespenstisch anmutendes Treiben beleuchtet haben. Die Kirche sorgte für Verbot, die Stadtbehörde für Ausweisung des ambitiösen Barons. Seither zerfällt die Villa, verstaubt die Grotte, die, außer römischen Mauerresten an ihren Wänden entlang, kaum etwas von ihrer ursprünglichen Bestimmung verrät. Nur die Sonne spielt das alte Spiel der Opferstunde von Jahr zu Jahr weiter, indem ihr erster Strahl auf das gemauerte Podest fällt, wo das Kultbild gestanden haben mag. Laut Antoninos Mutmaßungen, die ihren zweifelhaften Halt durch den arrangierten Fund der Marmortafel gewannen, sollen hier hübsche Knaben in der Art geschlachtet (er sagte nicht geopfert) worden sein, daß man ihre nackten Körper über einen Steinaltar bog und durch langsame Schnitte mit einem Steinmesser (kreuzweise über Magengrube und Leistengegend) zu Tode folterte.

Andere Greuel sollen sich in der Blauen Grotte begeben haben. Neuste Funde von menschengroßen marmornen Götterfiguren (ein Poseidon und ein Triton) scheinen in der Tat zu beweisen, daß die mysteriöse Lichthöhle schon zu Zeiten des bösen »Timberio« bekannt und kultisch »erfaßt« gewesen sein muß. Auch dort ist ein Podest ältesten Datums festzustellen und der Anfang eines Geheimganges durch den Fels zu der darübergelegenen caesarischen Bellavista von Damecuta, deren antike Pergola einen herrlichen Blick auf Ischia, Procida und Pozzuoli gewährt. Geheimgang – da wird natürlich sofort

Marmorstatuen aus der Zeit des Tiberius, kürzlich aus der Blauen Grotte geborgen. Inzwischen sind noch zwei dazugekommen. Wahrscheinlich bestand ein ganzer Fries solcher Meeresgötter an den inneren Wänden entlang. Foto: Herbert List.

die Folklore des Gerüchts mobil. Dazu gehört, daß der empfindungsreiche Caesar sich hier Lustbäder besonderer Akzentuierung leistete. Er habe, so berichtete Antonino, dort Knaben und Mädchen, so jung wie denkbar, herumschwimmen lassen, sich erst an ihrem blauumperlten Gliederspiel ergötzt, um sich dann unter sie zu mischen, wobei die Kinder gehalten waren, an ihm entlang und zwischen seinen Beinen durchzugleiten und dabei streichelnd die empfindlichen Stellen seines Körpers zu berühren.

Wem das nicht genügt, der darf noch vermuten, daß die gleichen Knaben und Mädchen anschließend oder während des Vorgangs gemartert und erdrosselt wurden. Den von Ekzema und Eiterpusteln entstellten Leib des Caesars gesehen und berührt zu haben, mußte auf der Stelle geahndet werden. Die Leichname der Kinder seien dann ins Meer hinausgetrieben und von ihren jammernden Eltern aufgefischt worden.

So Antonino, der nicht müde wurde, zu beteuern, daß »man« es sich so erzähle. Seine Meinung dazu verschwieg er.

Beliebtes Thema dieses »man« ist auch heute noch der Salto des »Timberio«, ein Felsabsturz neben seinem Regierungspalast, der Villa Jovis auf dem östlichen Inselgipfel. Hier sollen Mißliebige, falsche Ratgeber, des Betrugs überführte Astrologen, diebische Palastbeamte, Gesandte, die schlechte Botschaften überbrachten, auf Geheiß des verstimmten Caesars hundert Meter tief ins Klippenmeer geworfen worden sein. Vorher verständigte Schiffsleute schlugen dann von ihren Booten aus mit Ruderstangen zu Tode, was von den Gerichteten noch ungefähr lebte.

Es heißt auch, daß der große Grausame in seinen zwölf Caprivillen Meditationsräume unterhalten habe, in denen Reliefs und Figurengruppen aufgestellt waren, die als erotische Beispielbilder auf den Sinn (auf die Sinne) wirken sollten.

Zahllose solcher Plastiken sollen später von den allmählich die Insel in Besitz und Bearbeitung nehmenden Weinbauern ergraben und an den Tag gebracht worden sein. Die Kirche sorgte dafür, daß sie in den überall (und heute noch feststellbaren) Kalkbrennöfen verschwanden, um zum Weißeln der Häuser zu dienen. Aus der schwarzen Lust das Weiß der Unschuld zu gewinnen, das heute noch die Häuser dort charakterisiert, war so recht nach dem Geschmack der Frommen.

»Was würden wir«, konnten wir uns nicht versagen, einzuwenden, »darum geben, wenn diese Kunstwerke noch existierten.« Antonino zuckte die Achseln und sagte, die Hände erhebend: »eh. . .«.

War »Timberio« wirklich ein solcher Pornomane und Voyeur, wie es sich die Capresen mit angenehmem Schaudern vorstellen?

Daß er ein vor ihm flötenspielendes Knabenpaar nach der Entzückung, die ihm ihre Musik schenkte, am Platze mißbrauchen und danach eines gequälten Todes habe sterben lassen, weil sich die Jungen gegenseitig der Schande anklagten, die sie sich da hatten gefallen lassen müssen, ist wie einiges andere auch, bei den römischen Historikern angedeutet. Es gewann nur in der Aussage Antoninos neue Züge und wir wußten nie, ob dies der »schöpferischen« Inselmentalität, oder dem Ausschmückungsspaß unseres Freundes zu danken sei.

So auch die flüsternd vorgetragene Behauptung, daß der »Timberio« den Lutschzwang der Säuglinge für mancherlei körperliche Selbsterregungen ausgenutzt habe, oder auch daß er, um seiner erlahmenden Potenz Auftrieb zu geben, der Hinrichtung von Nackten durch den Strang beiwohnte und das erektive Ergebnis der Todeszuckungen in einer Schale sammeln ließ, um sich den Unterleib damit einzureiben. Kurzum, alles was an Greueln in der Vorstellung möglich war. Dabei ist ihm wahrscheinlich nichts anderes passiert, als daß die Zeitgenossen sein Bild mit jenen Zügen ausstatteten, die ihnen als die eigenen geläufig waren. Und zwar so nachdrücklich, daß dadurch eine Verzerrspiegelung seines wahren Porträts – alles andere vergessenmachend – fortleben konnte. Elf Jahre regierte Tiberius von Capri aus das römische Weltreich, wie es ihm von Caesar Augustus zugekommen war. Er vermochte dessen Zerfall nicht aufzuhalten. Der Wurm war schon drin, wie man heute sagen würde.

Unseren Erörterungen, ob Tiberius es möglicherweise in der Hand gehabt hätte, die Kreuzigung Christi zu verhindern, folgte Antonino mit einer aus Schaudern und Neugier gemischten Anteilnahme. Seinem neapolitanischen Temperament, das Dramatisierungen zuneigte, aus ihnen Genuß zog, wobei er den Standpunkt der Vernunft einnahm, um sich mit besserem Recht dem Sensationellen zu ergeben, mochte die Vermutung begrüßen; nur daß seine Heimatinsel der Ort einer solchen Entscheidung hätte gewesen sein sollen, machte ihm Kummer.

Ihm zuliebe gaben wir dem Zweifel Raum. Dieser aber besagte, daß Pontius Pilatus nicht der Zustimmung des Kaisers bedurft hätte. Freund Humbert Kesel, der es als Historiker wissen mußte, erklärte uns, daß die sogenannten Pilatusbriefe, von denen die böse Kunde herrührte, apokryph seien. Sie stammten aus dem 3. Jahrhundert n. Chr. Außerdem gehe, erläuterte er, aus einer Inschrift in Cesarea und aus Münzlegenden – Beweisstücke, die zuverlässiger sind, als jede schriftliche oder neutestamentarische Überlieferung – hervor, daß Pilatus gar nicht Landpfleger, sondern Präfekt gewesen sei. Als solcher konnte er – oberster Beamter der römischen Besatzungsmacht in Judäa – ohne Rückfragen Todesurteile bestätigen. Pilatus sei – fügte er hinzu – ein Stockrömer gewesen, der die Juden verachtete und oft in ihrem religiösen Leben brüskierte.

Antonino war's zufrieden, gab aber doch, wie wir auf Umwegen erfuhren, unter Einheimischen die schlimme Mär als wahr weiter. Sie paßte zu gut in das Konzept seiner Tiberiusverteufelungen. Sonderbar und wiederum capri-gemäß spielte sich sein eigenes Ende ab.

Er, der so gut über den Tod und seine Winkelzüge Bescheid zu wissen schien, sagte sich den eigenen, im Scherz, voraus – ohne zu ahnen, daß es ernst war.

Er starb – Antonio Ballapalla ist der Name, der auf einem Steinkreuz des Cimitero von Capri steht – an einem Schirokko-Tag des Jahres 1957 in seiner kleinen, weißgekalkten Kammer an Herzschlag, nachdem er zuvor, beim Abendessen zu seinen Marinaio-Kameraden geäußert hatte: »Io credo, che domani farò un grosso viaggio.«

49 TIBERIUS-ANEKDOTE

Die Stelle, wo es geschah, heißt Salto des Tiberius. Es geht die Legende, daß der melancholische Kaiser hier zu seiner Erheiterung Renitente habe ins Meer stoßen lassen. Tief geht es an senkrechten, scharfzackigen Felswänden hinab. Unten sind einige grauverwitterte Klippen vom traumblauen Thyrrhenischen Meer umschäumt. Die ortskundigen Führer zeigen es mit einem kleinen, grausamen Lächeln den Fremden. Zögernd tastet man mit dem Fuß auf der natürlichen Plattform, beugt sich zögernd nach vorn, um nicht dem Saugen des Abgrunds, der Gewalt des Schwindels zu erliegen. Sor Chocco war einer dieser Fremdenführer. Er feierte Hochzeit mit der reizenden kleinen Ersilia. Beide waren Inselkinder und vertraut mit der Praxis des Fremdenführens. Und mit dem Salto des Tiberius. Der Hochzeitszug näherte sich der Stelle. Angesichts des gefährlich schönen Abgrunds sollten Fotos gemacht werden. Erst von den Verwandten, dann von der engeren Familie, dann von dem Paar. Alle stellten sich in achtungsvoller Entfernung vom Rand der Plattform auf, machten freudig lächelnde Gesichter für die Kamera und »zur Erinnerung«. Die schöne Ferne mit den silbern besonnten, nackten Bergen von Sorrent, Positano, Amalfi umrahmte zweckdienlich ihren festtäglich gebügelten Auftritt. Nachdem das alles mit vielen Scherzworten, Gelächter, rührenden Ungeschicklichkeiten überstanden war, wollte Sor Chocco seine kleine Ersilia ganz allein auf ein Bild bringen. Der so gern mit grausamem Lächeln demonstrierte Abgrund sollte das hübsche Köpfchen des Mädchens sichtbar umrahmen. Ersilia tänzelte mutig und geübt in ihrer steifen weißen Hochzeitstracht, schleierumweht, myrtenbekränzt, auf goldenen Stöckelschuhen, wie sie die Schuster auf Capri unübertroffen zartberiemt herzustellen wissen, auf der Plattform herum. Sie wandte dem Abgrund den Rücken. Sor Chocco zielte mit der Kamera, lachte seiner Schönen zu, winkte, dirigierte, fixierte ihre Stellung im Sucher.

Und sie setzte ihr hübschestes Fotografiergesicht auf, ergab sich willig, furchtlos den Weisungen ihres Bräutigams. Dann sah Chocco im Sucher plötzlich ein verzerrtes Gesicht, Augen, die entsetzt auf den Boden starrten. Hochgerissene Augenbrauen. Seitwärts geworfene Hände. Und schon schwebte sie, ein großer weißer Menschenvogel, rückwärts tretend in den Abgrund. Eine kleine Sandviper, von den vielen schütternden Schritten aus ihrem Nistloch getrieben, hatte sich züngelnd gegen sie erhoben.

Am nächsten Tage folgten die Hochzeitsgäste als Trauergäste einem kleinen schwarzen Sarg, der, mit silbernen Palmblättern verziert und mit Blumen beladen, zum Campo Santo getragen wurde. Noch einmal aber rückte die aufregende Begebenheit ins Gespräch der Piazza, als die Filmstreifen entwickelt worden waren. Es zeigte sich, daß Sor Chocco den verhängnisvollen Schritt Ersilias ungewollt geknipst hatte. Alles war genau auf dem Bild zu sehen, das windgebauschte Hochzeitskleid, die Hände, der Kranz. Nur das Gesicht war nicht wiederzuerkennen. Es war, als hätte die verwandelnde Angst dessen antike Möglichkeiten hervortreten lassen. Es glich der Schreckensmaske einer Medusa.

Eine amerikanische Fotoagentur erwarb dieses in der Welt wohl einzigartige Bild um eine erkleckliche Summe. So erklecklich, daß Sor Chocco seinen Posten als Fremdenführer aufgeben und eine kleine Trattoria an der Via Municipale in Pacht nehmen konnte.

50 IN DEN GEWOHNTEN KORBSESSELN

Kaltes Wetter. Durch die Scheiben der Bar Tiberio sehe ich auf der schon abenddunkeln Piazza Castello ankommen. Er blickt sich suchend um, und sein mir unendlich vertrautes Gesicht erhellt sich, als er mich entdeckt. Marine-Pullover, Krempelhose und, wie gewohnt, ohne Kopfbedeckung. Er ist merkwürdig jung geblieben, wenn ich rechne, daß wir gleichaltrig sind. Malen scheint zu konservieren, einsam bleiben inmitten einer weltweiten Freundesschar ebenfalls. Gesundheit ermöglicht die dazu nötige Undurchdringlichkeit. Er hüstelt zwar immer und spuckt verstohlen in sein Taschentuch, aber das tun alle Capreser. Das Inselklima setzt den Bronchien zu.

Castello, zögernd, zerstreut, Heiterkeit in Blick und Miene, hindert mich, zur Begrüßung aufzustehen, setzt sich, legt den *Corriere della Sera* auf den Tisch. Im Moment überwältigt mich jene verhüllte Abenteuerlichkeit, die nur auf Capri möglich ist.

Etwas, wie wenn Zeit »abgelassen« würde. Man liegt luv und ist leicht.

Wir betrachten das Getümmel, das sich hier zu Gruppen zusammenstrudelt, dort auflöst, hier Einzelne zögernd zurückläßt, die suchend um sich spähen, dort Paare in gestenreiche Unterhaltung verstrickt. Eisiger Durchzug kommt aus den Torwegen. Nässeschauer halten die Fliesen feucht, verleihen ihnen unter den Lampen einen rinnenden Glanz.

Wir wiederum sind für jene draußen in hellster Sicht. Man blickt herein. Ab und zu hebt Castello grüßend die Hand. Ich höre, daß ihn der Piccolo, der uns den Wermut hinstellt, mit Professore anredet. Solche Titel fallen einem hier von selbst zu, wenn man genügend alt geworden ist in einer bestimmten Beschäftigung. Ich habe es, beim Hotelportier, erst bis zum Dottore gebracht. Castello kassiert die Anrede mit lässiger Würde, und da ich ihn anblinzle, schaut er leicht befremdet. Bei mir mehrt sich das Gefühl, daß er das Durchpassieren ganz bestimmter Persönlichkeiten draußen nicht versäumen will. Er sammelt Begrüßungen ein, als ob er Bedarf daran hätte.

»Ja, Madame Bismarck«, beantwortet er eine Frage von mir, »eine kuriose Person, sehr nett, ein Eichhörnchen.« Er macht mit beiden Händen eine Krabbelfingerbewegung vor seinem Mund. Die Charakterisierung ist zwar treffend, stimmt mich aber doch ein wenig traurig. Die einsame Bewohnerin der Piccola Caterola ist mit den Jahren gleichsam kleiner geworden, befindet sich in einem Schrumpfungsprozeß, der ihre lebhafte Ausdrucksweise zum Komischen hin verändert, indem sie, innerhalb ihrer Person bedrängt, ihre Bewegungen beschleunigt. Sie weiß es nicht. Sieht man sich selbst? Also kann sie es nicht korrigieren. Was sie in ihren besten Jahren war, ist sie geistig geblieben. Welch bewunderungswürdige Festigkeit.

Ich sage Verteidigendes zu Castello und frage mich und ihn, was aus uns mit dreiundsiebzig geworden sein dürfte.

»Da sei beruhigt«, sagt er, »das Alter erreichen wir nicht.«

Familie Helwig und Maler Castello amüsieren sich über den zugelaufenen Hund. Foto: Aus der Sammlung von Werner Helwig

Und er blickt mich, zurückgelehnt und mit hochgehißten Augenbrauen, bedeutungsvoll an.

»Wir haben uns so ausführlich auf die Welt eingelassen, wir halten solche Mengen Welt in uns fest, daß ich mir die Ablösung von alledem gar nicht vorstellen kann«, sage ich.

Castello starrt suchend nach draußen.

»Und außerdem«, sage ich, »hat uns die Zeit große Stücke Leben einfach gestohlen. Jahrzehnte haben sich in politischen Sorgen aufgezehrt, die uns aufgezwungen wurden. Ganz zu schweigen von den heutigen Konsequenzen, in die wir ungefragt hineingeraten, als wären sie das Leben, unser Leben.«

»Ja, der Krieg«, sagt Castello, und erzählt von der Landung der Amerikaner in Salerno. Wie nachts alles erhellt und überstreut gewesen sei von den Explosionen gewaltiger Schlachtschiffe, die, mit Munition beladen, von Flugzeugen aus bombardiert wurden, wobei das eine in das andere stürzte und alles zusammen in einem Aufflammen unterging, das Meer in Brand setzend. In Ölpfützen, die auf dem Wasser brannten, zappelten die Soldaten, die sich schwimmend retten wollten.

Und wie sich später noch, als wolle er den teuflischen Illuminationen der Menschen entsprechen, der Vesuv mit einem Ausbruch meldete. Capri war zugedeckt von Asche und Trümmern.

»Da ist noch viel mehr in Flammen aufgegangen«, sage ich. Und als er mich erklärungsheischend anblickt: »Nämlich unsere Gegenwart. Die Lebenswelt unserer Generation. Müssen wir nicht immer wieder in die Vergangenheit zurücktauchen, um dort Reste von Dasein zusammenzuraffen?«

Castello hat keine Lust, in dieser Richtung weiter zu denken. Außerdem muß er nach draußen grüßen. Eine Dame wechselt vorbei.

»Und wie war es in der Bibliothek?« fragt er. Ich erzähle es ihm.

»U«, macht er mit affektiert hoher Stimme, und seine rechte Hand schleudert sich dabei ein wenig im Kreise, »das habe ich mir gedacht. Du warst der willkommene Vorwand für Claretta. Ihr Freund ist nämlich jener Anwalt, der früher gegen Cerio arbeitete. Ist wie ein Stück von Pirandello, das Ganze.«

Ich erkundige mich nach den näheren Zusammenhängen. Aber in diesem Augenblick erhebt sich Castello im Sessel und winkt eifrig nach draußen, mit kleinen einladenden Verbeugungen. Ich sehe einen eleganten Mann, der mit einer Art von Taubstummensprache zurückgestikuliert. Er zeigt dabei auf seine Backe, die von einem großen Heftpflaster kreuzweise verunziert ist. Er macht deutlich, daß er in diesem Zustand nicht gesellschaftsfähig sei, und eilt grüßend und abwinkend vorbei.

»Wer war denn das?«, frage ich Castello.

»Der Marchese«, antwortet er, als ob es unmöglich sei, eine so bedeutende Person nicht zu kennen. Er ist nämlich der Verbindungsmann jener milanesischen Industriellengruppe, die den

Fortbestand der Pineta von Caterola mit ihren Bauplänen bedroht.

»Bist du befreundet mit ihm?«

Er zuckt die Achseln. Läßt vermutungsweise durchhören, daß der Marchese sich für seine Kunst interessiere. »Man braucht Beziehungen«, sagt er. »Ich als Maler kann es mir nicht leisten, auf Beziehungen zu verzichten.«

Da mir sein ständiges nothaftes Ringen um finanzstarke Käufer bekannt ist, kann ich natürlich nur zustimmen. Ich stimme ihm zu. Schweigend.

Mit den Capri-Etruskern gerät man gelegentlich in Schwierigkeiten.

51 MIGLIARA

Autobus nach Anacapri. Rasche Auffahrt durch einen sonnigen Sturm. Vorbei an der stinkenden Müllverbrennungsanlage. In den Kehren weite Ausblicke über den Golf. Vesuv im Mittagsdunst. Napoli unsichtbar. Wir werden in der Via Catena zum Essen erwartet. Die rundliche Signora, die vielen erwachsenen Söhne, die Tochter (Giacinta heißt sie), alle sind sofort auf Yvonne konzentriert. Sympathie auf Gegenseitigkeit. Dann die Tafelei. Familiensilber ist eigens uns zu Ehren aufgelegt. Der rührende fromme Kitsch an den weißen, kühlen Wänden. Mich berührt sogar das mit Vertraulichkeit.

Nach dem Essen tranken wir Brüderschaft. Kamen auf die alten napolitanischen Schlager zu sprechen. Es erwies sich, daß der Padrone nicht übel bei Stimme ist. Als ich ihm ein paar Takte jener Canzone vortönte, die zu Däublers Zeiten Capri heimsuchte, fiel er sofort mit tremolierender Stimme ein. Der Refrain, jedem unvergeßlich, der das Lied einmal gehört hat, bebt von jenem großen Pathos, das heute nicht mehr gilt:

E' na passiona / cchiu forte 'na catena / ca me turmenta l'anema / e nur me fa campà.

Nach dem Espresso, der in goldumschnörkelten Schälchen gereicht wird, brechen wir auf, Richtung Migliara. Verwinkelte Treppen und Mauern. »Es ist eine kubistische Insel«, hatte Will Frieg einmal zu mir gesagt. »Es ist eine vollkommene Insel«, hatte ich geantwortet, »und das ist ihr Malaise.«

Yvonne geht vor mir her. Ihre zarte Gestalt hat etwas Wehendes. –

In den überhohen Weinbergmauern sind in Abständen Einschnitte von Schluchtengängen, die steil zum Monte Solaro hinaufführen. Am Wegrand Müllablagen der Bauern. Schicht über Schicht, in der Sonne gärend.

Rattenbrutplätze. Seuchenherde von morgen, übermorgen.

»Wie diese Capresen immer nachlässig das Bedenkliche geschehen lassen, bis es zum Schaden anschwillt. Und dann die überraschte Klage, gewaltig, antik empört, die Heiligen anklagend.«

Vorbei an der baum-versteckten Villa, wo in den dreißiger Jahren ein reicher Engländer butterweichen Salat unter Käseglocken zog. Der Aufwand war kostspieliger als das erzielte Produkt. Ihm aber schmeckte er besser als alle Salate der Welt. Heute ist der dazumal übertrieben gepflegte Garten verwildert. Zwischen Steinlinden und Steineichen schallt Fußball-Lärm. In rotgestreiften Trikots ist Anacapreser Jugend um den Ball bemüht. »Aber ich komme nicht mit hinein.«

Yvonne sagt es vorbeugend.

Ich habe sie über Freund Kluck wissen lassen, was geeignet schien, den Brieffund in Cerios Bibliothek zu erklären: Pensionierter Kriegsverwundeter des Ersten Weltkriegs und seither heimisch auf der Insel. Philosophiepartner und Widersacher Will Friegs, mit Däubler bekannt und wohl einer der wenigen, die das *Nordlicht* wirklich aufgenommen, in sich umgesetzt haben. Er besitzt das Rezept für die »Rettung der Welt«, basiert auf der *Schöpferischen Indifferenz* Friedländers, jenes Neukantianers, der unter dem Pseudonym Mynona skurrile Humoresken schrieb.

Kluck hat sich auf allen Wipfeln der metaphysischen Spekulation gewiegt. Richard Wilhelms chinesisches Weisheitsbuch *Das Geheimnis der goldenen Blüte* wurde ihm ebenso zum Vehikel seines Erkennens wie Ibsens *Peer Gynt*, aus dem er seine Lehre von der Unzerstörbarkeit des »Selbst« entwickelte. Mit Cerio verband ihn die Absicht, aus Capri das entscheidende Weltfriedenszentrum zu machen. Von Ulysses bis Tiberius hat er alle Namen, die je auf Capri wirkten, in ein Deutungssystem gebracht, dem dann auch noch die späteren, wie Axel Munthe, einverleibt wurden. »Die wahren Götter Capris«, pflegt er zu scherzen (und er scherzt gerne . . .), »sind Tiberius und Munthe.« Um der Idee gerecht zu werden, der er sein Leben überantwortete, hat er die wichtigsten Weltsprachen studiert. (»Jetzt ist es die elfte«, sagte er bei unserem Wiedersehen.) Dabei hilft ihm eine Entschlüsselungsetymologie, die den Versuch darstellt, alle Sprachen auf eine Ursprache zurückzuführen. So wurde aus Wahn Wirklichkeit und aus Theorie Anwendbares. Für ihn. Aber seine Beweismittel sind so bis ins letzte verästelt, daß ihm sogar der kritische Zuhörer schließlich erliegt. Erst nachher greift er sich an den Kopf, versucht die Denkmasse abzuschütteln, die ihm dieser Logos-Mathematiker aufgeladen.

Wird er mir etwas über Däublers Tagebuch sagen können? Wird er bereit sein, mir anzuvertrauen, was er weiß? Denn er ist vorsichtig, sobald es seine Zauberwelt betrifft. Er beweist sie mit stundenlanger Umständlichkeit, wobei er vom Hundertsten ins Tausendste gerät, aber er hat noch niemand gänzlich in sie hineinziehen können. Oder wollen.

Ich sollte ihn also vorsichtig angehen. Auf Umwegen einer allgemeinen Ventilation der »Lage« ans Ziel meiner Wünsche zu gelangen versuchen.

Während wir die letzten Schritte auf dem Pfad zum Migliara-Abgrund gehen, probe ich innerlich vor, was ich ihm – er muß jetzt hoch in den Siebzig sein – sagen will.

»Was mich am meisten beschäftigt«, wende ich mich innerlich an Kluck, »ist, daß wir die Ähnlichkeit mit uns selbst verlieren könnten. Wer heute in dieser radioaktiv übersättigten Atmosphäre gezeugt oder geboren wird, muß von anderer Beschaffenheit sein, um leben zu können. Auf jeden Fall steht in zwanzig Jahren ein anderer Typus da. Wie der sich zu uns und dem Unsrigen verhält, ist unklar. Bestimmt anders. Bruch mit allem, was war. Zertrümmerte Kontinuität. Vielleicht ein Geschlecht von Pillendrehern (bei Gott, was werden sie essen, woraus sich aufbauen?). Von den Tieren zu schweigen, in denen ja unsere bisherige Gestalt vorbereitet war. Oder wird die Erde nunmehr den Insekten gehören? Ihnen bekommen ja die chemischen und anderen Veränderungen des Weltstoffes. Sie gedeihen besser denn je. Also bitte, Kluck, wie verhält sich Ihre Selbstverwirklichungslehre dazu?«

Nein, so fang' ich ihn nicht. Muß es anders versuchen. Etwa so: »Geben Sie zu, daß die Sprache am Ende ihrer Möglichkeiten steht. Poesie kann nichts Gegenwärtiges mehr bezeichnen. Machen Sie mal ein Gedicht, das die Weltlage erfaßt.

Das Göttliche, durchaus beheimatet in der Logoswelt, müßte neu geortet werden. Aber selbst wenn das gelänge, vermöchten wir aus ihm die Kraft zu beziehen, um uns heil aus der Giftbrühe zu retten, die über uns zusammenschlägt? Verändert uns diese Brühe nicht laufend (sozusagen) im Urbestand unserer physischen und damit zugleich auch psychischen Beschaffenheit? Sehen Sie, ich habe Ihnen hier einen Zeitungsausschnitt mitgebracht. Die Weihnachtsbotschaft von Radio Moskau, die 1960 ausgestrahlt wurde: ›Unsere Rakete ist am Mond vorbeigeflogen. Sie nähert sich der Sonne. Und wir haben Gott noch nicht entdeckt. Wir haben Lichter am Himmel gelöscht, die kein Mensch wieder anzünden wird. Wir zerbrechen das Joch des Evangeliums, des Opiums der Völker. Laßt uns vorwärtsschreiten, und Christus wird in das Reich der Mythologie verbannt werden.‹ Denken Sie darüber nach und machen sich dabei klar, daß wir vor der einundzwanzigsten in die Atmosphäre hineingedonnerten Atomexplosion stehen, der sich noch beliebig viele anschließen können oder werden. Kulturpessimismus, sagen Sie? Das ist ein literarischer Begriff und hat nichts mit der Wirklichkeit zu tun. In der Wirklichkeit werden Änderungen am Bios selbst vollzogen. Mit Worten kommen wir dagegen nicht mehr an. Mit was aber? Warnungen, Verhaltensvorschläge, Wunderpillen, Schutzbunker, eingemachter Same, um neue Menschen, wenn's vorüber ist, aus der Konserve zu züchten. Wer aber ist der alles Überlebende (Überstehende), der die Züchtung dann noch vorzunehmen imstande wäre?

Die Sprache selbst ist ja übersprungen. Die Worte, in denen wir hier den Tatsachen nahezukommen versuchen, sind ungenau. Neue Begriffe fehlen. Daher die sagenhafte Ignoranz, die bei den meisten herrscht. Die Wahrheit dessen, was geschieht, ist dem menschlichen Geist nicht mehr faßbar. Das Wort, das geeignet wäre, Gott in die Situation hineinzulocken, ist noch nicht erfunden. Wie wollen Sie das große Metaphysikum anzapfen, das die Welt durchädert? Wie ist ihm Hilfe abzugewinnen? Ein Schwamm aus Schwärze wird uns aufs Gesicht gepreßt. Das wird unser Tod sein. Bedrucktes Papier, das Wirkungen zeitigt: vorbei. Die Versternung der Erde, wie Däubler sie, poetisch philosophierend, voraussah, sie begibt sich als Selbstverbrennung. Nun, bitte, was wissen Sie zu antworten?«
Nein, denke ich, auch damit kriege ich ihn nicht. Ich werde ihm sagen, daß wir uns vor allem eines schuldig sind: Die Sprache muß bereinigt werden, muß Kristallcharakter bekommen, muß sich in Genauigkeitsentsprechungen verschränken lassen, damit wir im Kern bezeichnen können, was ist.

So etwa – plane ich –, sollte sich das Gespräch mit Kluck entwickeln. Ach, und jetzt schon weiß ich: nichts von alledem werde ich sagen. Einfach deswegen, weil der alte Inseldenker mich überrauschen wird mit seinen Konzeptionen, weil ich kein Wort werde einklemmen können, denn er erlebt sich im sterilen Einsamkeitswürfel seines Hauses nur als Selbstgeräusch.

Nein, die Sprache hält keine Worte bereit für die neue Lage.

Die besten Bezeichnungen, wie sie bisher ausreichend waren, erpreßte die Not. Ja, in allen Sprachen der Welt erpreßte die Not die brauchbarsten Wendungen. Das könnte man beweisen. Etymologie deckt die Geschichte dieses Notstandes in seinen verschiedenen Schichtungen auf. Etymologie ist die Geschichte der früheren Notstände. Heute versagen sogar Computergehirne, sofern es sich um Worte, nicht um Formeln handelt. Ist die Formel die Sprache von morgen? Robotertum? Endgültigkeit? End-Gültigkeit des Ausdrucks? Sagen wir: Grammatik auf Physio-Chemie übertragen. Keine Schwebung mehr. Keine Däubler-Ahnungshaftigkeit mehr. Kein Rilke, kein Barlach mehr. Vielleicht nur an den Rändern, an den äußersten Spitzen berührend, etwas . . . nun, was? Ich weiß es nicht.

Yvonne wiederholt: »Ich komme nicht mit hinein.« Sie bleibt am Weg zurück. Da ist sogar eine kleine Kaffee-Bar für die Migliara-Pilger entstanden. Sie wird dort warten, von sinkender Nachmittagssonne gestreichelt, während ich Kluck stelle.

Stellte ich ihn? Weit gefehlt. Ich trete zuerst an die Balustrade, die den felsverschluchteten Abgrund von der kleinen Plattform trennt, mit der der Weg endet. Ich lehne mich rücklings an, betrachte das Kluck-Häuschen, den Einsamkeitswürfel in seinem Gewand von angezehrtem Weiß. Von dort aus zu sehen, auf dem Hang zum Monte Solaro hinauf, steht das Holzkreuz, die bekannte Absprungstelle der Selbstmörder bezeichnend. Ja, eigentlich sie inserierend: Hier ist die beste Rampe, um ins Nichts einzugehen. Hier steht das Insel-Pentagramm offen für den Eintritt gefährlicher oder gefährdeter Geister. Hinein kann man wohl. Hinaus nicht mehr. So will es die Ordnung, die über den luziferischen Geist verhängt ist. Ach, Worte unserer Sprache, in die wir verfangen sind, Erinnerung, in der wir gründen, durch die wir uns erfahrbar sind. Sprache, eingefangene Erinnerung. Und heute: Zukunft ohne Worte.

Sinnentleert blicke ich, den Migliara-Abgrund hinter mir

Blick vom Gipfel-Restaurant des Monte Solaro aus auf die Faraglioni im Abendlicht. Foto: Herbert List

verspürend, über das abfallende Gelände gen Westen. Überall ähnlich kubische Häuschen mit der kleinen, sinnlichen Wölbung auf dem Flachdach. Das Rundeckige, von tausend Jahreszeiten Zernagte, der Blick der Fensterlöcher, schwarz und nichts verratend. Alte Heimat der Treppen, der Mauern, die wie Schriftzüge verlaufen. Die Feigenbuscharabeske. Die Ölbaumwünschelrute, die den Himmel anhebt. Die Disteln, Aronstäbe, Zwergorchideen, wilden Alpenveilchen, Wermut- und Menthebüsche, Schlangenverschlüpfsteine, meersalzdurchtränkten Gräser, die lehmrote Erde, die ich fressen möchte vor Verliebtheit, oder wenigstens küssen, oder wenigstens zwischen den Fingern zerbröseln, mit gedankenverlassener Mimik, den Blick ins Leere gerichtet, eine Leere, die voll ist, sobald man das Auge einstellt wie ein Richtfernrohr.

Mich umwendend, visiere ich über die Balustrade gebeugt den Migliara-Abgrund, präge mir die von der Abendsonne gefleckten Felsnadeln ein, die sturmkranken Wacholderbüsche, das tiefe Rauschen der Brandung, das von Strömungen schraffierte Meer. Hieß es nicht einst (von Cerio spöttisch verbreitet), daß Kluck hier seine weltverwandelnden Aufzeichnungen – ein Konvolut von Tausenden von Blättern – hinuntergeworfen habe? Sein »Werk« sollte nur in seinem Kopf bestehen, da er, der erste der Capri-Äternisten – alles Vergängliche von sich streifen wollte.

Langsam, damit meiner »inneren« Kamera nichts entgehe, schwenke ich den Blick wieder auf das Würfelhaus. Die Läden sind geschlossen. Geballtes Schweigen von innen her. Meditiert er?

Ich gebe mir einen Stoß, gelange mit zögernden Schritten vor die Tür. Das eiserne Vorgitter scheint geschlossen. War es nicht angelehnt, als ich vorhin daran vorbeiging?

Zwischen den dicken Eisenstäben etwas Weißes, ein Brief. Übersah ich ihn? Träumte ich ihn?

»Ich wußte, daß Sie kommen würden, bin aber nicht willens, mich mit ihren Fragen zu befassen. Däubler ist vorbei. Das Nordlicht ist in der Atombombe aufgegangen. An diesem Punkt befinden wir uns. Von ihm aus habe ich weitergedacht und dabei – trotz allem – eine Zukunft für uns entdeckt und betretbar gemacht, die als ewige Gegenwart unsichtbar gegeben ist. Sind Sie auf Rettung bedacht, wird auch Ihr Weg – in letzter Konsequenz – dorthinführen.«

Mein Grab ist keine Pyramide,
mein Grab ist ein Vulkan.
Mein Hirn ist eine Funkenschmiede –
das Werk der Umkehr sei getan.
Kein Friede klingt aus meinem Liede,
mein Wollen ist ein Weltorkan.
Mein Atmen schaffe klare Taggestalten,
die, kaum erschaut, den Ararat zerspalten . . .

Bei Sett'anni ist sonntäglicher Hochbetrieb. Wir werden diesmal kaum beachtet, kriegen sogar – so wirken sich Befreundungen auf Capri aus – mit spürbarer Benachteiligung und Zurücksetzung zuletzt serviert. Da man uns jetzt kennt und sowieso mit uns rechnet, dürfen wir es als Ehre einschätzen, daß man – mit unserem Verständnis rechnend – erst nach den speisewütigen Zufalls-Besuchern an uns denkt. Sogar das Essen wirkt wie zusammengefegt von abgetragenen Platten. Um uns herum wird in allen Sprachen parliert, hauptsächlich französisch. Unternehmen eines Reisebüros, das seine Klienten nur für zwei Tage über die Insel verteilt. Danach halten wir ausführlich Mittagsschlaf, dem aufkommenden Regen zuliebe. Sogar den Zeitunsstand haben wir gemieden, obwohl er mit vielen Schlagzeilen winkte und flatterte. Gegen fünf Uhr dann, mit der Spätnachmittagsaufhellung, spazieren wir – so warm angezogen, wie es uns die mitgenommenen Sachen erlauben – die Via Tragara entlang. Vor einem neuen Regenhusch flüchten wir in die Villa Discopoli, prozeßumstrittener Besitz der Torre-della-Guardi-Baronin, die ihre strom-, wasser- und telefonlose Einsamkeit vis-à-vis der Aussicht auf Ischia, Procida und Cap Miseno (Sterbeort des Caesar Tiberius), mit den Initialen ihres berühmten Namens deckt. Villa Discopoli: wir spähen erst durch das Torgitter, und da wir es angelehnt finden, gehen wir auf dem gepflasterten Weg hinein. Bezirk bunten Zerfalls. Keramische Kacheln, deren Ornamentmotive von der Alhambra zu stammen scheinen. Ein sarazenischer Zackenfirst läuft um das langgestreckte Flachdach. Die Fenster sind bunt verglast. Neben der Hauspforte sehen wir einen italienischen Namen mit der Berufsbezeichnung »Dentista«. Drinnen lassen sich im Dämmerschein einer Schreibtischlampe ungetüme Möbel aus den neunziger Jahren erkennen. In dem mächtigen Koniferenhain ringsum harft der Regen. Ganze Flächen abgefallenen Verputzes liegen im Staudengestrüpp des Gartens. Die Feuchtigkeit verleiht der Weiße des Mauerwerks etwas Abgeschminktes. Zugleich steigert sie die Farben der Kachelbänder: die Halbwelt der Spätromantik, wie sie auf Capri während Rilkes Aufenthalt gang und gäbe war. Mich brennt und versengt die Neugier, ob hier wohl in abgelegenen Kammern oder Abstellräumen noch Rilke-Nachlaß zu finden wäre. Während ich kühn den (imitiert) antiken Türklopfer hebe, werden wir durch unerwartete Aufmerksamkeit überrascht: in der langen verglasten Vorhalle, die zwei Gebäudetrakte querhin miteinander verbindet, wird plötzlich Licht. Jugendstilornamente schimmern in den Bogenfenstern auf. Die Haustür öffnet sich rasselnd (man hat eine Kette innen entfernt) und eine Dame in weißer Anstaltstracht, voraussetzend, daß wir Zahnbeschwerden anzumelden haben, teilt uns mit, daß jetzt keine Sprechstunde sei. Ich erkläre, daß wir auf der Suche nach Signor Rilke seien.

»Hat hier nie gewohnt«, behauptet die Dame, »wir sind seit zweiundzwanzig Jahren im Haus.«

»Nein, nein«, korrigiere ich das Mißverständnis, »es handelt sich um den Poeten Rainer Maria Rilke, der hier in den Wintermonaten 1906/07 als Gast lebte. Und da wollte ich höflichst gefragt haben, ob sich hier noch irgendwelche Hinterlassenschaften, Bücher, Manuskripte, Fotos oder dergleichen von ihm befinden.«

Mißtrauisch erstauntes Gesicht: Nie habe man davon gehört. Ein Poet sei hier nicht bekannt. Sicher sei ich an die falsche Adresse geraten. Gleichzeitig wird die Tür langsam bewegt mit dem Ziel, uns auszuschließen. Vielleicht blinkt ein Verdacht auf, daß wir Abgesandte der Baronin seien. Ich verbeuge mich gegen den immer enger werdenden Türspalt hin und murmele eine Entschuldigung wegen der anscheinend sehr unerwünschten Störung. Aus hallenden Hintergründen des Hauses fragt jetzt eine Männerstimme, was los sei. Sofort rasselt, jede weitere Erörterung abschneidend, die Kette. Das Rilkehaus verabschiedet uns in die Regendunkelheit.

Yvonne gibt ein Lachen von sich, das als Verspottung meiner Ambition gedacht ist, aber in Heiserkeit endet.

Ich murmele etwas dergleichen, daß jeder Moment, der sich begibt, eine noch nie erfahrene Welt enthülle.

53 DEN ABSCHIED REGELN

Der lähmenden Kälte halber, und weil in Italien die Züge bis tief in den Herbst hinein ungeheizt fahren, haben wir gestern im Reisebüro an der Via Vittorio Emanuele Schlafwagenplätze bis Milano bestellt. Absurd teuer. Ergrimmte mich vor den Augen des gelangweilt dreinschauenden CIT-Beamten. Neben uns wurde für ein junges Hochzeitsreisepaar nach Flugplätzen herumtelefoniert. Sie legten ihre zehnmal höhere Schuldigkeit mit einer Gelassenheit hin, die etwas Strafendes für uns enthielt. Zusammengedrängt verließen wir das Büro. Das Ereignis zeitigte Entladungen. Alles war mit drin: die Jahre der Emigration, Beklemmungen dieser oder jener Art, Lasten und Pflichten und jene Dinge, die nie zu regeln sind – das Geldverdienen, die Beziehungen, meine literarischen Absichten, steuerpolitische Beängstigungen. Das Private hatte mich im Bann. Aus nichtigstem Anlaß waren wir zum schimpfenden »Urpaar« geworden.

Die Nacht gehörte uns. Durch lastende Kälte zueinander gedrängt, ruhten wir in tröstlicher Harmonie. Gegen Morgen löste ich mich von der endlich doch eingeschlafenen Yvonne, zog mich an, schlich auf die Terrasse und kletterte im Rankenwerk der dickstämmigen Bougainvillea hinab, um Abschied zu nehmen von dem Ort, der uns endlich gewährt hatte, was zu suchen wir gar nicht ausgezogen waren: nämlich ein tiefes Bewußtsein unserer immerwährenden Zusammengehörigkeit.

Die Riesenklötze der Hotels ragten in verregnetem Weiß. Aus dumpfen Schlafkammern tönte das Husten der Insulaner in allen Tonarten.

Erste Arbeitsgeräusche aus den Bäckereien. Ich stieg die enge Treppe zu Castello hinauf. Die Holzläden waren dicht. Schnarchen zeugte von der Anwesenheit des Freundes. Ich ließ Verzicht zurück, wo ich ging und stand.

Soll ich noch zu Madame Bismarck hinaufpilgern? Mit dem erschreckten Ausruf »Helwig« würde sie in ihren Morgenrock schlüpfen, die kleine Tür entriegeln, den wunderlichen Gasofen in Gang setzen, den ich »Flammenwerfer« nannte. Ich geh' nicht mehr hinauf. Das Unternehmen wäre zu langwierig. Yvonne würde allein aufwachen, und der Gewinn unserer Nacht würde sich in Befremdung verzehren.

Auf der Piazza morgenfahle Helligkeit. Die Belvedere-Terrasse läßt den Vesuv sehen, bekleidet mit einem grauen Umhang, dessen Säume im Meer vergehen. Ein Vorgebirge, von Osten her mit duftiger Helligkeit umrandet. Dort liegt Cap Misenum: der Ort, wo Caesar Tiberius starb:

Der grause Herrscher bedachte, daß Liebe, aber nicht Haß geheuchelt werden könne, schrieb, vieles andeutend, Tacitus in seinen Annalen. Und über sein Ende: *Am 16. März (37 nach Christus) glaubte man ihn wegen einer Ohnmacht gestorben. Schon ging der neue Caesar im gedrängten Zulauf der Glückwünschenden herum, um die Regierung anzutreten, als plötzlich gemeldet ward, Tiberius erhalte Stimme und Gesicht wieder und man rufe nach Speise zur Erquickung des Ermatteten. Schrecken auf dieses hin über alle. Das Gefolge entfernte sich in Einzelne aufgelöst und heuchelte Trauer oder Unwissenheit. Gaius Caligula, in starrem Schweigen, gewärtigte nun statt des Throns den Tod. Nur Makro befiehlt unerschüttert, den Alten durch übergeworfene Kleider zu ersticken und sich aus dem Gemach zu entfernen. So endigte Tiberius im 78. Jahr seines Alters.* Der Passus, ungeschickt aber wuchtig von einem vergessenen Gelehrten übersetzt, ist mir geläufig.

Frühstück in der Sonne, wie am ersten Morgen nach unserer Ankunft. Als letztes, alle Abschiede hinter uns, werden wir heute zur Höhle des Mithras pilgern.

Johannisbrotbäume, Steinlinden und Steineichen beugen sich – leise zitternd – über den graugenarbten Pfad.

Ich sage etwas von den Toten, die unsere Anteilnahme brauchen, um sich im Unendlichen, dahin sie versetzt wurden, zurechtzufinden. In ihrem Erbe leben, bedeutet Orientierung für sie in einer Lage, auf die sie schlecht vorbereitet sind. Sie fühlen sich dort verlassen, und ihre Unzufriedenheit arbeitet an unsern Stunden. Das langsame Nachläuten, das die Kirche den Toten zugesteht, um ihnen die »Schritte des Übergangs« zu erleichtern, bedarf wirksamer Ergänzungen von den Überlebenden her.

Indem ich mich in solchen Gedanken verliere, nach klärenden Worten suchend, werden wir durch ein befremdliches Geräusch verwirrt. Den Kurvenweg entlang, uns entgegen, kommt ein sonderbares Lautgebilde gewandelt. Es übertönt die Grillen, den Sausewind, das atmende Schnaufen des Meeres und verdichtet sich schließlich zu zwei Spaziergehern gleich uns. Der Jüngling trägt einen hübschen Transistor am Riemen. Man versteht Worte eines Schlagersängers, der mit lodernder Stimme in Frage stellt: »Where is the telephone. Is here no telephone?« Das Mädchen, ganz verschränkt in ihren Begleiter, summt die Melodie mit. Zugehörige wahrscheinlich jener Reisegesellschaft, die gestern angekommen ist und denen bis Mittag eine Ausgehstunde zugestanden wurde. Blindlings ziehen sie vorbei, hinterlassen ein Kielwasser, darin wir wie fragwürdige, über Bord geworfene Gegenstände schaukeln. Um unsre Abschiedsstunde zu retten, fahre ich fort:

»Däubler erreichte uns mit seinem Brief, dessen Unabgeschicktsein ihn mit feinen Peinigungen wachhielt. Ich spüre, daß es ihm jetzt besser geht. Auf mich ist er eingestellt. Und vielleicht noch auf andere, die es noch nicht wissen, denen jetzt aber der Widerschein meiner Entdeckung zum Seezeichen wird. Es wird wieder einen Däubler geben, auf den man zustrebt, so wie man auf Rilke, auf Barlach zustrebt und ihr Nachleben frisch hält. Däubler, der war mir auferlegt. Frieg ist in seine Altersnot verstrickt. Sein letzter Gruß: ›Sieh an meiner Schrift: ich befinde mich im tiefsten Stand meines Lebens.‹ Darunter die Nachschrift: ›Ja, wäre ich in Anacapri.‹ Ich antwortete ihm, daß wir ihn hier erwarten würden.«

»Davon hast du mir nichts gesagt«, stellt Yvonne überrascht fest. Sie bleibt einen Moment stehen.

»Die Geständnisse kommen immer am Ende«, antworte ich kleinlaut, »außerdem war ich sicher, daß ihm die Zeit nicht reichen würde.«

»Keine Caprisekunde hätte uns mehr gehört«, sagt sie. »Du bist der Freund deiner Freunde . . . Wann bist du der Mann deiner Frau?«

»Atme so tief wie möglich«, beschwichtige ich sie. »Keiner kann gegen sein Denkmal an.«

Wir halten auf einer Felsnase, die balkonartig über den sausenden Abgrund ragt. Unten erscheint das rotgetünchte Flachdachhaus des toten Dichters Malaparte: ein Mann, dem wir nichts schulden, außer, daß wir wissen: er war der Freund Castellos, er starb im Bekenntnis zur Kirche, vermachte aber seinen Capribesitz Herrn Mao Tse-tung. Der Aufbruch Chinas in den Materialismus hinein zu erleben, war der Gewinn seiner letzten Asienreise. Danach erkrankte er und starb.

Das wunderliche Anwesen entschwindet hinter Büschen, während eine Villa aus Abgründen verwilderter Flora weiß und erstorben emporsteigt. Auf der Türschwelle seiner gleichsam zugerosteten schmiedeeisernen Pforte lesen wir wieder – und es ist, als hätten wir es nicht anders erwartet – CERIO. Seine allenthalben über die Insel verstreute Unterschrift.

»Wird auch ihm das hilfreiche Gedenken der Nachwelt zuteil?« fragt Yvonne spitz.

»Er hat Capri zu seinem Tadsch Mahal gemacht.«

»Und Axel Munthe?«

»Der auch.«

»Und Caesar Tiberius?«

»Der auch.«

»Wir spazieren also auf den Rändern eines dreistufigen Sarkophags?«

»Sie haben nur der Insel eingestaltet, was die Insel ihnen gab. So können sie von ihrem Jenseits aus ihre Rechte auf sie behaupten.«

»Enteignete, die von fern auf ihren verlassenen Besitz starren.«

»Durch Gitter hindurch, wie wir auf diese Häuser, in denen wir ganz gern leben möchten.«

Sonne und Bläue fangen an, zu lasten. Man wird müde, sucht den Schatten, bekommt Appetit. Mir kommt in den Sinn, was ich da im Kaufnetz herumschleppe. Man könnte es durch Verzehren vermindern.

Unter einem Lorbeerbaum ist ein bequemer Platz. Ruffino stärkt uns. Über die Brötchen verteilen wir den Aufschnitt. Picknickend verspeist man zugleich Landschaft. Nicht lange ruhen wir, an weiße Mauerbrocken gelehnt, da nähert sich schon wieder so ein phonisches Gewölk.

Ein Jüngling mit Bubikopf, den Transistor gegen sein Ohr haltend. Sein Mädchen mit ägyptisch stilisierten Augen. Junge Franzosen.

Gemächlich kreisen sie, mit der gleichen Ablehnung wie die vorigen, an uns vorbei. Trotz den hämmernd anschwellenden Sportmeldungen sind sie in Geplauder verstrickt. Es geht ihnen – soviel können wir verstehen – um Kabinenprobleme ihres Reisedampfers. Gehören wahrscheinlich jenem neuen Stand an, der davon lebt, täglich in tadellos gepflegten Büros Papiere hin und her zu reichen oder Computer zu bedienen. Eine Arbeit, die leer ist, gegenstandslose Peristaltik. Sie dient der Bedürfniserregung und fördert das Erregungsbedürfnis. Von Sport bis Mord.

Ein nachglimmernder, schminkroter Zigarettenstummel blieb auf ihrer Spur. Hinter uns steigt der Pfad zur Mithras-

Die vermeintliche Mithras-Grotte Matromania mit Resten römischen Mauerwerks. Hier zelebrierte Baron Fersen in antiker Kostümierung seine heidnischen Feste, die ihn mit der Polizei in Konflikt brachten. Foto: Herbert List

grotte empor. Die Pinie dort oben ist ebenso winzig wie das Boot zwischen den Klippen unten. Wir kommen uns vor wie Statuen, die in einem Gewirr von eingestürzten Tempeln übriggeblieben sind. Das Licht preßt uns in die Form eines gleichsam ewigen Vorhandenseins.

Laut plaudernd kommt ein drittes Pärchen die Stufen herab. Diesmal Italiener, der Aussprache nach Römer. Sie scherzen mit der Weltminute und lassen die Mittagsnachrichten durch das Tal dröhnen. Sogar die Zikaden schwirren auf und suchen neue Ruhepunkte.

Die Superbombe, heißt es, sei hochgegangen. Das entscheidende Experiment hat stattgefunden.

Das zweite Tal, hochumzirkt, vergeht im Licht. Der dunkle Eingang zur Mithrasgrotte wird sichtbar. In der Felswand gegenüber entbindet der Schattenfall ein Gewirr von zufälligen Bildern. Der Blick formt die Konturen nach. Schädelwesen erscheinen wie eine Trinität von Thronenden in der zerfurchten Fläche. Sie sind von Mitren gekrönt, von priesterlichen Prunkgewändern lotterig umhangen. Hohlen Blickes übergreifen sie von ihrem Platz aus die Weite des Tyrrhenischen Meeres. »Nein«, sage ich vor mich hin, »keiner kommt zurück. Die Dichter sind tot. Mit ihnen sind ihre Bücher gestorben. Sie sind an ihren Büchern gestorben. Was jetzt anhebt, gehört nicht mehr uns. Wir gehören ihm.«

55 ABER DAS HERZ IST WACH . . .

16h30 stiegen wir an Bord des SPAN-Dampfers. Es ging dann – man kennt das – plötzlich sehr schnell. Die Zeit verliert sich, wie der Wasserrest in einer Wanne. Wir haben – so scheint es – mehr Zeug zu verstauen, als wir mitbrachten. Eine Rolle Bilder von Castello, das dicke Paket der Däubler-Hinterlassenschaft: jedes beansprucht seinen Platz und macht ihn andern Dingen streitig.

Castello half uns. Mit jedem Schritt waren jetzt Vertäuungen loszureißen. Ich verfehlte bei der Umarmung Castellos Backe und küßte ins Leere. Über die Laufplanke an Bord; von der Reling aus sahen wir noch einmal sein Gesicht. Es wirkte mürrisch. Schneller, als erwartet, mit Miene und Schulterbewegung eines Menschen, der das Seine geleistet hat, verschwand er im Hafengetümmel. Nach Madame Bismarck hielten wir vergeblich Ausschau.

Ich hatte zweite Klasse gelöst. Aber der Dampfer war so überfüllt, daß wir nach vorne in den Erster-Klasse-Salon gehen mußten. Viele Caprigäste waren auf die Idee gekommen, daß einigermaßen ruhige Meer für die Abreise zu nutzen. Gespräche, die sich um das Sintflutwetter der letzten Tage drehten. Das Schiff, weiß und gepflegt, nahm über Sorrent Kurs nach Napoli.

Wir sitzen zwar bequem, aber auf »Nadeln.« Bestellen etwas, um eine Legitimation zu haben. Das Gedeck auf unserem

Tischchen, so hoffen wir, wird die Aufmerksamkeit des Kontrolleurs von uns ablenken.

Hauptsächlich Reiseamerikaner, graumeliert und behäbig, haben sich hier niedergelassen. Wir geben uns Mühe, ihnen ähnlich zu scheinen.

Ich schaue mich nach etwas zu lesen um. Nein, kein Däubler – eine frische Zeitung wäre mir Labsal. Doch ist keine zu haben. Hie und da ragt zwar eine *New York Times* aus der Tasche eines großkarierten Jacketts. Aber keiner schlägt sie auf und gibt uns damit Gelegenheit, Schlagzeilen einzusehen. Man ist anders beschäftigt. Caprigemäß sozusagen. Man diskutiert die Vor- und Nachteile der bekanntesten Inselhotels. Der würzige Duft von Lucky Strike schafft eine Atmosphäre durchwärmter Sicherheit.

An allen Tischen wird teuer und reichlich konsumiert. Dabei hat der Lärm etwas Gedämpftes. Das Reden der Damen tönt in dieser bequemen Sprache etwas heller. Es ergießt sich in den geschmeidigsten Modulationen. Von Handtasche bis Schal walten Gepflegtheit und Qualität. Nur eben »hübsch« sind die Sachen nicht. Überzeugend wirken sie nur, weil sie völlig der mit ihnen beschäftigten und auf ihre Dienlichkeit angewiesenen Person angepaßt sind.

Eine Damengruppe an der Stirnwand spielt Bridge. Der Schreibblock, der, man ahnt es, gewohntermaßen dazugehört, ist in Wildleder gefaßt, und der Stylo, mit dem die Verluste und Gewinne in langen Kolonnen notiert werden, wirkt auch kostbar.

Draußen gleitet Landschaft vorbei. War es erst noch die Sireneninsel, die wir grau im gelben Nachmittagslicht verbleichen sahen, so ist es jetzt die felsige Küste von Sorrent. Die Bewegung des Meeres hat etwas großzügig Tragendes, ist ganz ohne Gewaltsamkeit. Die Garçons (weiße Jacke, schwarze Hose) haben keine Schwierigkeit mit ihren immer voll besetzten Tabletts. Wir sind die einzigen, die nicht mehrmals bestellen. Sehr zu unserm Kummer wird unser Geschirr abgetragen. Wir sitzen nun auffällig entblößt vor unserm leeren Tischchen.

Gott sei Dank helfen uns Nachbarn aus der Klemme, indem sie für sich eine riesige Kaffeemahlzeit mit allem Zubehör an Kuchen und Bisquits bestellen, die wegen mangelnden Platzes teilweise bei uns abgeladen wird. Wir betrachten sie jetzt genauer. Ein Ehepaar mittleren Alters. Beide wahrten bisher verkniffene Schweigsamkeit, als ob wir störend wären. Staunenswert erscheint uns die Bluse der Dame. Da ist nämlich ein schwarzer Pudel im Disneystil draufgestickt. Ihn ziert ein Halsband von ebenfalls aufgestickten, zweifellos echten Perlen. Diese Perlenreihe verlängert sich als Hundeleine zur Schulter der Dame hinauf. Ein erschütternder Einfall.

Als der Zigarettenboy (ein ältlicher kleiner Mann mit schon gelichtetem Scheitel) mit seinem Bauchladen vorbeitänzelt, nehmen wir, um wenigstens etwas für den Umsatz getan zu haben, ein Päckchen Tre Stelle.

Ein Aschenbecher wird uns sofort nachgeliefert, und nun haben wir wieder einen kleinen Ankerplatz auf dem Tischchen. Zwischendurch gehen wir hinaus auf das Mitteldeck, nicht ohne unsere Plätze mit Sachen belegt zu haben.

Capri liegt schon weit hinter uns. Ischia erscheint als Scherenschnitt vor einer langen Linie Gold, auf der graue Wolken zusammenrücken. Vorreiter eines Gewitters bewegen sich bereits auf Capri zu, und ich preise Yvonne, die unsere Abreise durchgesetzt hat.

Im Osten ein milchtrüber Vollmond. Er scheint auf einer Dunstschicht zu schweben, die sich zwischen dem Vesuv und den Höhen von Sorrent hinzieht.

Merkwürdig, die Salongesellschaft hat alle unsere Sorgen zerstreut. Megatonnen-Bomben, gibt es das wirklich?

»Kann man sich ein Gemüt vorstellen«, frage ich Yvonne, »das sich darin erschöpft, eine so gräßliche Bluse zu erfinden?«

»So also sind die Leute beschaffen, von denen der Bestand des Westens abhängt«, sagt Yvonne.

»Sie kultivieren eine ihnen köstliche Langeweile und haben mit der Wirklichkeit nur über ihr Bankkonto Kontakt.«

»Diese verrückte Krokodilledertasche.« –

»Hast du die Kartenspielerinnen am Mitteltisch bemerkt?«

»Sie spielen um Geld. Ich sah, wie sie abrechneten«, sagt Yvonne, »die Gewinnerin lachte zwar verschämt, aber die Münzen verschwanden dann doch in ihrem silbergehäkelten Geldtäschchen.«

»Und schon mischten sie wieder. Was haben die von Capri gesehen, was vom Golf, was sehen sie in diesem Moment?«

Und damit zeigte ich auf die Küste, an der jetzt in langer Linie die Glitzerpunkte der Ufersiedlungen hervortreten.

Auf den flächig spiegelnden Wogen begleitet uns ein Hadesdampfer. Wir erkennen unsere Schatten. Die Kabinenlichter streuen ein irritierendes Glitzern darüber. In Richtung der Fahrt nimmt das leuchtende Napoli an Umfang immer mehr zu.

Dann tönt hinter uns ein befremdliches Geräusch. Es hängt nicht mit dem gleichmäßigen Pumpen der Schiffsmaschine zusammen. Auch andere haben es vernommen. Man drängt sich zu den Eingängen des Salons. Italienische Ausrufe durchkreuzen englische. Drinnen ist etwas geschehen. Der ältliche Zigarettenboy ist hingestürzt. Neugierige umstellen ihn in weitem Kreis. Auch wir sind darunter. Der Mann liegt sonderbar flach auf dem Teppich, grün im Gesicht und am ganzen Körper bebend. Herzanfall, wahrscheinlich.

Der ganze Inhalt seines Bauchladens ist verstreut. Der Inhalt der Blechdose, in der er sein Wechselgeld verwahrt, ist bis unter die Füße der Gäste gerollt. Ein unbotmäßiger Fall. Der Cameriere, dem die Aufsicht im Salon – er läßt es durch energisches Vorgehen verspüren – zusteht, macht ein grimmiges Gesicht. Er will den Erkrankten anscheinend zur Ordnung rufen, das peinliche Vorkommnis schleunigst beheben, ungeschehen machen, die Wogen der Aufgeregtheit glätten, den untadeligen Zustand des Salons schleunigst wiederherstellen. Aber er kommt nicht durch.

Neben dem Ohnmächtigen und in Krämpfen unnatürlich Bewegten knien plötzlich Fremde. Es sind – ich erkenne es am schwarzen Pudelhund mit dem Perlenhalsband – unsere Tischnachbarn. Mein Beobachtungsimpuls registriert, daß sogar auf der Rückenseite der Bluse der wunderliche Schmuck aufgestickt ist. Die Dame – ich sehe die helle Sohle ihres Schuhs – ist eifrig dabei, die vielen runden Metallknöpfe auf der Livree des Zigarettenboys aufzuknöpfen. Sie ruft, den Kopf zurückdrehend, ihrem Mann etwas zu, der halb gebückt neben ihr verharrt. Er erhebt sich. Man macht ihm Platz. Er holt die Handtasche seiner Frau: das krokodillederne Glanzstück, das wie eine Trennungsmauer zwischen ihnen und uns auf dem Tisch gestanden hatte. Er reicht sie über die Köpfe weg seiner Frau. Sie zieht ein Glasröhrchen hervor. Belladonal, wie ich feststelle. Sie verlangt – wieder über alle Köpfe hinweg – nach Mineralwasser, erhält es von der Bar, bückt sich, richtet den Zigarettenboy halb auf. Ein gallengrüner Faden Speichel hängt ihm am Mundwinkel. Der Amerikaner zieht sein Kavalierstüchlein hervor, reicht es seiner Frau, sie tupft den Speichelfaden ab.

Inzwischen ringt das Schiffspersonal vergeblich um Zutritt. Man will den »Fall« auf die Seite schaffen. Doch die beiden Amerikaner beherrschen den Moment. Vielleicht ist er Arzt. Sie haben nun den Gestürzten so weit zu sich gebracht, daß er etwas Wasser trinken kann, die Tablette schluckt, und sich dabei ganz den Maßnahmen seiner Helfer ergibt. Dies nicht allein: auch die »gräßlichen« Damen vom Spieltisch sind aktiv geworden. Sie drängen den Kreis der Neugierigen auseinander, sammeln mit vogelhafter Beweglichkeit den ganzen Inhalt des Bauchladens wieder ein, arrangieren die Päckchen, füllen die Blechkassette mit den Münzen. Ich sehe – Beschämung erfaßt mich –, wie die eine Dame ihren ganzen Spielgewinn aus der silbergehäkelten Börse dazuleert.

Jetzt erst gelingt es dem Personal, befohlene Maßnahmen zu treffen. Der Kreis weicht noch mehr auseinander. Ein Schiffsoffizier in weißer Uniform gibt Befehl, den Boy abzutransportieren. Aber der Amerikaner gibt Zwischenanweisung, wie er zu tragen ist. Man nimmt ihn unter den Armen hoch. Man faltet Hände unter seinen Knien und trägt ihn, unterm Geleit des Amerikaners, aus dem Salon und in eine Kabine, wo für ihn die Decke von einem Lager zurückgeschlagen wird. Die eifrigen Damen folgen mit dem frisch geordneten Bauchladen. Die Menge zerstreut sich. Das Stimmengewirr rinnt auseinander, verliert seinen Zusammenhang. Man findet sich als Einzelne wieder. Durch die sich schließende Tür werfen einige noch letzte Blicke. Aber schon ist nichts mehr zu sehen. Die Garçons, die nun wieder die Oberhand im Salon haben, flitzen hin und her, ordnen, was noch zu ordnen ist, tragen Geschirr. Einige ziehen die Vorhänge vor die Sichtfenster, da man von draußen noch auf die leere Stätte des Unfalls starrt.

Trotzdem nun Napoli ganz nahegerückt ist und wie eine schwarze Riesenburg vor den roten Bränden des Westens erscheint, nimmt man die gewohnten Plätze wieder ein. Gespräche sind mit dem Vorfall beschäftigt. Wir machen uns zu Hütern des zurückgebliebenen Besitzes unserer Tischnachbarn. Die Krokodilledertasche steht klaffend da und gibt ihren ganzen Inhalt preis: goldene Armringe, eine ebenfalls krokodillederne Börse, Pässe und andere Wichtigkeiten: sie haben das unbesorgt im Stich gelassen, um dem kleinen alten Mann beizustehen.

Und während die Garçons schon wieder bedienend oder kassierend herumeilen, wird draußen das Schiff mehr und mehr von den Lichterarmen des großen Hafens umfangen. Durch die Vorhangspalten sehen wir andere festlich illuminierte Schiffe vorbeigleiten. Anscheinend ist amerikanischer Flottenbesuch da. Der Westen verliert sein Brandrot, verflüchtigt sich in rauchigen Lachsfarben. Das elektrische Lichtnetz der Straßen gibt der Nacht Gestalt. Wir bleiben, Tasche und Gepäck unserer Tischnachbarn getreulich überwachend, am Platze, bis die Anker niederrasseln.

Als sie zurückkehren, haben ihre Gesichter den beruhigten Ausdruck von Menschen, die ihre Pflicht getan haben. Ohne einen Blick in ihre Handtasche zu werfen – auch darin taktvoll –, läßt die Dame die Bügel zuschnappen. Sie ziehen die Mäntel über. Ich sehe zum letztenmal den gestickten Pudel mit dem Perlenhalsband. Freundlich, aber mit gewahrter Distanz, nicken sie uns zu, bevor sie sich zum Gehen anschicken.

»Wahrscheinlich stehen keine Bücher an ihren Wänden und statt dessen hängen goldgerahmte Jagdstilleben da.«

»Aber sie kennen ihre Menschenpflicht, wenn es drauf ankommt. Sie tun, was zu tun ist, machen nicht viel daraus und verbieten durch ihre Art der Gemessenheit den andern, etwas daraus zu machen.«

»Auch wenn sie es nicht so meinten oder für sich begriffen: sie ließen uns verstehen: das Letzte, was bleibt, ist, liebe deinen Nächsten.«

»Bestimmt wären sie entsetzt, wenn wir es ihnen sagten.«

56 SCHATTENSTRÖMUNG

Mario zum Gedächtnis

Gastwirt von den Faraglioni, als solchen kannten wir dich.
Leichten Schrittes glittest du über die Klippen
jenes echoschallenden Ufers, das die Brücke bildet
zu den Kanzeln der Faraglionifelsen.
Kanzeln, auf denen jene Mächte predigen,
die ihr Geheimnis wahren.
So predigen sie schweigend. Das Schweigen donnert
im Herzen jener, die zu hören verstehen.
Du verstandest zu horchen, Mario. In deinem feingezeichneten
Vatergesicht waren Wissen und Anmut beisammen.
Dein Lächeln
schenkte Wärme jedem, dem es galt. Deine Schänke war ein
Stück vorsichtiger Poesie im Umkreis des Großartigen.

Wir waren deine Gäste. Hätte uns eine gemeinsame Sprache verbunden,
wieviel näher wären wir einander gekommen.
Helläugig
tratest du an unsern Tisch. Da war auch ein liebender Spott
in dir, der uns durchschaute in unseren Verstrickungen.
Wissend wurdest du durch das Medium der Einsicht.
Nichts konnte dir entgehen. Aber du entgingst uns,
da ein Schlag dich traf, wie ihn die grausamen Götter
für ihre Lieblinge bestimmen. Mario, das Herz deiner späten Tage
war der Sohn. Ihn löschten sie aus. Du starbst ihm nach.
Uns bleibt die Reue, dir nicht mehr Aufmerksamkeit geschenkt zu haben.
Verzeih uns von dort her, wo du bist. Und gib uns die Kraft,
dich nie zu vergessen.

Cortenzo Spadaro

Du warst, Meister des zierlich gehobenen Fußes,
bis zuletzt der ausübende Demonstrant
jener kreisenden Selbstberauschung, die
Tarantella genannt wird. Tanz,
den die Antike schon kannte, Bildnis der wirbelnden
Dinge, die den Raum erkunden, indem sie ihn austasten.
Ältester Tänzer der Insel und letzter
Kenner der nun verblassenden Form, hast du Wissen gehütet
und in dir zusammengefaßt, austeilend davon
an die Freunde, deren Verehrung dir half.
Urnen drehtest du in die Luft von feiner
barocker Gestalt, Gebärden auswerfend
wie Schlingen zu anderen Ufern, um Ungeahntes damit in den
Bann deiner Kunst zu ziehen. Was du schenktest,
bleibt ewig dein eigen. Wir müssen, um daran teilzuhaben,
uns dir ganz verbinden. So besitzt du uns stets,
auch wenn es dich nicht mehr gibt. Solange jene leben,

die dich erlebten, bist du zugegen. Als Kern der
Erinnerung währt es fort, durch die Erben hin, bis zu jenem
Moment, wo das verirrte Sein
zu neuer Tarantella sich bindet.

Raffaele Castello

Dein helles, junges Gesicht
hell und jung wie es immer war,
ich sehe es flüchtig in die Erde gezeichnet, –
die Erde, noch nicht fest geworden
über deinem Grab. Kann es sein?
Es kann nicht. Und gleichwohl ist es.
Ich sehe deine schnelle Gestalt
knabenhaft über die Piazza gleiten,
das zurückgelehnte Haupt
unter viele Gesichter gemischt,
aus ihnen hervorgehend, in sie sich mischend:
dennoch: die volle Piazza ist leer
ohne dich. Die Worte weigern den Dienst,
ich kann sie nicht sammeln zu jener Gestalt,
die du warst, die du bist, die nicht mehr ist.
Freund während vierzig Jahren, Castello, malend
und denkend und Musik empfindend in
schnellen Linien. Hat es jemand schon gegeben,
der sich verstand? Sich selbst in diesem
Schicksal: zu verlieren, was
als Leben sich zum Körper rankte, zusammenwuchs,
fest wurde, ein Baum voll Raunen, ein
Zikadenbaum, Baum aus Sprache, von Wortlaub
dicht umrauscht. Jetzt summt es nur noch
in der Luft, die von großen Lippen, gewölbt-
geschlossen, summt
und weiß sich nicht.

R. M. Rilke

Mit dem schleppenden Hymnenschritt,
die Füße nachziehend, schwer, durch Tang
und Seegras der Sprache, so gehend
am Ufer entlang des Unfaßlichen,
das grau und dicht sich wälzt, – da wird
das Herz wie ein Vogel und hüpft
und nimmt Anlauf gegen den Sturm,
und mit den langen Möwenflügelschlägen
erhebt es sich, die Höhen zu prüfen.
Des Wissens dämmernde Silbergebirge,
in der Stille des Bluts
lagern sie quer durch die Brust und
halten der Rückkehr die Horste hin,
gehüllt ins feine Licht der Furcht.
Traf aber der Wurf deiner Worte
in die Mitte des Verständnisses nur eines
Menschen, dann folgt dem gefährlichen Sagen
kein scheppernder Schall,
darin Klang und Sinn in Scherben stürzen,
den Sager zu begraben.
Drum singe empor, Seele, den Leib des Gedichts,
winde den Wind zum Zügel und fahre das Meer,
nimm Nacht um die Stirne und suche
blindlings den Pfad. Und hinters Ohr
falte den Spruch: – Den Stein durchwest
fremde Macht, die wecke nicht, denn furchtbar wächst
im lockren Bereich unsrer Gestalt,
was lange eingekernt lag.
Wünsche sind in der Welt, jahrtausendalte,
die fürchte. Denn manches, das du befreist
faßt der Gärkrug nicht mehr

und auseinandergesprengt
verwirkst du den Stern,
und jenes wartende Tor,
das schon so nah sich dir hob,
verwittert im Regen.
. . . . . . und nie benenne dich,
das flicht dir die Schlinge.

Will Frieg

Erreiche ich dich mit diesen Worten, Freund,
mit diesen Worten, die mir ein Moment eingibt, plötzlich
aufkommend, in einer Stimmung zwischen
Nachmittag
und Musik, an einem kalten
Apriltag des Jahres 1970? Ich
weiß es nicht. Immer weniger, scheint mir,
weiß ich. Mich selbst schon lange nicht mehr,
seit Sprache und Sinn sich wandelten. Die Zeit
verneint uns und was wir
meinten. Wars der Unfug
einer subjektiven Verführung, ungekonnt
hingespielt, im Geiste dessen,
was wir wähnten? Voll von Welt
schien es uns. Und bindend, verbindlich
auf Zukunft hin. Wo ist sie?
Ich weiß nicht einmal, ob
Nachkommen hinter dir anstehen. Du warst
der letzte deines Namens. Deinen Tod
bemerkte kaum einer, außer mir. Und doch
bleibe geliebt im Gefühl einer
Verwandtschaftlichkeit,
gemischt aus Wissen und
Spekulation. Dir lebte Däubler, der Wortreiche

ich lebte dir. Und zuletzt
du mir, als dein Enden
spürbar wurde. Vergeblichkeit, laß nach
mich zu plagen. Ernte
kann trotzdem sein. Die Insel,
die uns zusammenführte, ist nicht mehr.
Nur noch in mir. Verzeih . . .

Theodor Däubler

Eingesperrt ins All:
Dein Körper – in Goldmischungen ausgeformt
und nackenabwärts voll von reicher Sprache.
Erlosch vor dir
das Strafgericht der Götter?
Den Weg zur Unterwelt entlang
granitene Wände. Dort
Nackte, vorm Totenrichter, –
knieumflehende Hände, die Häupter
rückgewendet, dem fernen Höhleneingang zu.
Draußen; die Kurve des Monds,
der geduckte Feind, des Messers Klinge
am Daumenballen abziehend.
Fügungen, alles das,
im Schütteln der Schellen entstanden.
Silben, von Sistren geschaffen,
Wortgebilde erzwingend,
im Leib des Löwen Rätsel reimend.
Das Blut aber der Erschlagenen,
wie es die Felder überflutet,
dampft in zerbrechlichen Säulen auf,
während der Abendweg des Stirnauges »Sonne«
das Gelbe im Roten erschöpft . . .
Er war – Herr der Worte – ein Krösus.
Sein Vers erkannte die Menschen nicht mehr.

Unmögliches darzuleben
war dir gegeben. Dein Wille
machte dir untertan
die Sprachen der Welt. Schlüssel
dich nach Innen zu verriegeln, wo
mehr war als die Welt, die du
ausschlossest. Der Menschen Letzter
und Erster, Einziger und
Endgültiger, schufst du
ein Gefängnis der Freiheit. Sie
gehört dir, deiner Verfügung
untergeben: Ich, der Einzige, Erste und
Letzte. Wer kann, folge mir. Und da keiner
konnte, folgtest du dir allein.
Verehrung deinem Hohn, deiner Gewißheit,
zu besitzen, was keiner fähig war
zu halten. Mein Glaube
begleitet dich, mein
Leben löste sich von meinem Glauben.
Sei gegrüßt und
unvergessen, Hirte der Begriffe,
Experimentator des Unerreichbaren,
Schlüsselbewahrer des Nichts. Und
von weltjenseitiger Heiterkeit erfüllt.
Immer zu dir hin
strebt etwas in mir. Und versandet, wenn
ich dir begegne. Nimm es hin und
verzeih.

Yvonne Germaine

Es hat mich aus meiner Mitte gerissen. Yvonne.
Es hat die Mitte aus mir gerissen: mein Herz. Yvonne.
Über meinen Fall haben alle ähnlichen Fälle,
auf die man mich tröstend hinweist,
keine Macht. Ich empfinde nur, daß ich allein
im Absturz stehe. Die Abrechnung geht nur mich an.
Ich bin ein Ausgeschiedener. Alle Dinge um mich herum
sind erstarrt. Wie und worin soll ich mich halten.
Yvonne ist von mir abgeschnitten durch einen Hieb
mit der Scharfrichteraxt. Für immer unerreichbare
Vergangenheit geworden. Von einer Sekunde
auf die andere: 38 Jahre Ehe, das langsame,
prüfungsreiche Wachstum, das den Menschen aus mir
werden ließ, der ich heute bin. Der Mensch Yvonnes,
nun ohne Yvonne. Wie kann er bestehen?
Du warst der Falter, der mich, den Falterjäger, fing.
Was muß ich werden, um das aushalten zu können.
Wie wieder mich anschließen an jene Jahre, die
vor unserer Begegnung lagen. Unmöglich.
Unmöglich, der wieder zu sein, der ich war.
Trauern ist eine schwere Arbeit. Wer werde ich sein,
morgen, übermorgen, wer? Ich kenne ihn nicht, der ich
sein werde. Er hält mir die Hand nicht hin.
Aber ich würde sie auch nicht nehmen, hielte er sie hin.
Es erschiene mir wie Verrat. Verrat an Yvonne, die nichts
mehr von sich weiß. Abgerissen von mir
mitsamt der Lebenshaut, die uns beide barg.

Aus Däublers *Nordlicht*

Mein Abenteuer stellt sich bei den Menschen ein.
Ich darf der Bettler auf der eignen Treppe sein.

–

Was viele haben, aber oft verschmähen, bring ich dar.
Gewitterfrische, Bäume, seltne Träume, Selbstbefehle.
Im Wesen gleicht sich der Gesichte wandelbare Schar.
Seit allen Jahren mein Gedicht: ob Sänger preisen, beichten.
Wie wunderbar, daß wir uns nie zu *einem* Traum erreichten.

–

Aus dem Schäumen des Gesagten und den Rhythmen,
die mich trugen,
Aus den Wogen des Gewagten, die mich
leidenschaftlich schlugen . . .

–

Seitdem der Reim in mein Gedicht geflogen,
hat mein Gespenst den Daseinsflug erwogen.

–

In herrschenden Seelen vernebeln die Zeiten . . .

–

Die Seelen streben wie Gewitter nach dem festen Norden.

–

Die Toten sind. Wir zeigen es durch Taten.

–

Der Mächte runder Wirbelbund hat dich gestürzt.

–

Orpheus ist in einen schwarzen Schlafsarg eingesunken.

–

Der Feind ist unsere eigene Frage als Gestalt.

–

O Menschheit, die sich spinnenartig rings verbreitet,
Die alle Erdenbrunst in das Bewußtsein leitet.

–

Du mußtest dich aus Zufall in dich selbst ergießen,
Nun lebst du, doch von fremden Führungen umspurt.

Ihr sollt euch den geheimen Winken still erschließen:
Bedenkt, ihr Menschen, ob ihr recht mit euch verfuhrt.

–

Es lacht die Nacht. Der »Wagen« wagt. Es wacht die »Waage«.

–

Christi Tod auf Golgatha ist mehr als eine Lehre.

–

Es wird der Geist sich wieder an das Wort gewöhnen.

–

Erkenne dich in deinen gelben Seelenhallen,
in denen du die Sonnenherkunft tief erlebst.

–

Zwei dunkle Sonnen, das Bewußtsein und der Schlummer
sind nicht mein Eigentum, doch Pfade oder Brücken.

–

Wie schwer wird der Geist unserm Meer
Und dem Geiste die Schöpfung wie leer . . .

–

Es leben die Quellen, die rascheln und rauschen:
So trinkt doch, erschöpft uns, um Menschen zu taufen.

–

Wir strömen schlafend in die Zuflucht der Kristalle.

Die sagenhaften Faraglioni-Felsen im Mittagsglanz. Foto: Herbert List

Chroniken, Historisches und Biographisches

Lou Andreas-Salomé. Lebensrückblick
Grundriß einiger Lebenserinnerungen. Aus dem Nachlaß herausgegeben von Ernst Pfeiffer. it 54

Arnold Böcklin. Leben und Werk in Daten und Bildern
Herausgegeben von Lutz Tittel. it 284

Bertolt Brecht. Leben und Werk in Daten und Bildern
it 406

Hans Carossa, Leben und Werk im Bild
Herausgegeben von Eva Kampmann-Carossa. it 348

Duff Cooper. Talleyrand
Aus dem Englischen übertragen von Karl Lerbs. Mit Bilddokumenten, einem Nachwort, einer Bibliographie und einer Zeittafel. it 397

Gespräche mit Marx und Engels
Herausgegeben von Hans Magnus Enzensberger. Mit einem Personen-, Elogen- und Injurienregister sowie einem Quellenverzeichnis. Zwei Bände. it 19/20

Johann Wolfgang Goethe. Reise-, Zerstreuungs- und Trostbüchlein
Herausgegeben von Christoph Michel. it 400

Adele Gundert. Marie Hesse
Ein Lebensbild in Briefen und Tagebüchern. Mit einem Essay von S. Greiner. Illustriert von Gunter Böhmer. it 261

Hermann Hesse. Dank an Goethe
Betrachtungen, Rezensionen, Briefe. Mit einem Essay von Reso Karalaschwili. it 129

Hermann Hesse. Leben und Werk im Bild
Von Volker Michels. Mit dem »Kurzgefaßten Lebenslauf« von Hermann Hesse. it 36

Carl Hofer. Leben und Werk in Daten und Bildern
Herausgegeben von Elisabeth Furler. it 363

Hölderlin
Chronik seines Lebens mit ausgewählten Bildnissen
Herausgegeben von Adolf Beck. it 83

Chroniken, Historisches und Biographisches

Hölderlin. Dokumente seines Lebens
Briefe, Tagebuchblätter, Aufzeichnungen. Herausgegeben von Hermann Hesse und Karl Isenberg. it 221

Ödön von Horváth. Leben und Werk in Daten und Bildern
Herausgegeben von Traugott Krischke und Hans F. Prokop. it 237

Erhart Kästner. Leben und Werk in Daten und Bildern
Herausgegeben von Anita Kästner und Reingart Kästner. it 386

Heinrich von Kleist. Leben und Werk in Daten und Bildern
it 371

Adolph Freiherr von Knigge. Über den Umgang mit Menschen
Mit Illustrationen. it 273

Hernán Cortés. Die Eroberung Mexicos
Eigenhändige Berichte an Kaiser Karl V. 1520–1524. Mit zeitgenössischen Darstellungen und einer Karte. it 393

Gertrud von le Fort. Leben und Werk in Daten, Bildern und Zeugnissen. Von Gisbert Kranz. it 195

Werner Helwig. Capri. Magische Insel
Mit Fotos von Benedikt Blatter und Herbert List. it 390

Carl von Linné. Lappländische Reise
Mit Zeichnungen des Autors. Aus dem Schwedischen von H. C. Artmann. it 102

London. Das Bild einer europäischen Metropole
Herausgegeben von Norbert Kohl. Mit vielen zeitgenössischen Illustrationen. it 322

Novalis. Dokumente seines Lebens und Sterbens
Herausgegeben von H. Hesse und K. Isenberg. it 178

Paris
Die Bildung einer Republik. Herausgegeben von Karsten Witte. it 389

Proust-Album. Leben und Werk im Bild
Zusammengestellt und erläutert von Pierre Clarac und André Ferré. Aus dem Französischen von Hilda von Born-Pilsach. it 328

Chroniken, Historisches und Biographisches

Eduard Pöppig. In der Nähe des ewigen Schnees
Eine Anden-Reise im 19. Jahrhundert. Mit zeitgenössischen Illustrationen. Herausgegeben von Dieter Kühn. it 166

Rainer Maria Rilke. Leben und Werk im Bild
Mit einer biographischen Einführung und einer Zeittafel. Von Ingeborg Schnack. it 35

George Sand. Geschichte meines Lebens
Auswahl aus ihrem autobiographischen Werk. Herausgegeben von Renate Wiggershaus. it 313

Schiller. Leben und Werk in Daten und Bildern
Ausgewählt und erläutert von Bernhard Zeller und Walter Scheffler. it 226

Madame de Sévigné. Briefe
Herausgegeben und übersetzt von Theodora von der Mühll. it 395

Voltaire. Leben und Werk in Daten und Bildern. it 324

Richard Wagner. Leben und Werk in Daten und Bildern.
Herausgegeben von Dietrich Mack und Egon Voss. it 334

Robert Walser. Leben und Werk in Daten und Bildern
Herausgegeben von Peter Hamm. it 264

Oscar Wilde. Leben und Werk in Daten und Bildern
Herausgegeben mit einem Essay von N. Kohl. it 158

Heinrich Zimmer. Yoga und Buddhismus
Indische Sphären. Mit zwölf Tafeln. it 45

Literatur der Moderne

Hermann Hesse. Schmetterlinge
Erzählungen, Betrachtungen, Gedichte. Mit kolorierten alten Kupferstichen. it 385

Hermann Hesse. Knulp
Mit 16 Steinzeichnungen von Karl Walser. it 394

Henrik Ibsen. Nora (Ein Puppenheim)
Dramentext mit Materialien und einem Essay. it 323

Jens Peter Jacobsen. Niels Lyhne
Mit Illustrationen von Heinrich Vogeler. Nachwort von Fritz Paul. Aus dem Dänischen von Anke Mann. it 44

Jens Peter Jacobsen. Die Pest in Bergamo
und andere Novellen. Aus dem Dänischen von Mathilde Mann, Anka Matthiesen, Erich von Mendelssohn und Raphael Meyer. Mit Illustrationen von H. Vogeler. it 265

Erhart Kästner. Griechische Inseln
Mit einem Nachwort von Heinrich Gremmels. it 118

Erhart Kästner. Kreta
Aufzeichnungen aus dem Jahre 1943. Mit einem Nachwort von Heinrich Gremmels. it 117

Erhart Kästner. Die Lerchenschule
Aufzeichnungen von der Insel Delos. it 57

Erhart Kästner. Ölberge, Weinberge
Ein Griechenland-Buch. Mit Zeichnungen von Helmuth Kaulbach. it 55

Erhart Kästner. Die Stundentrommel vom heiligen Berg Athos. it 56

Marie Luise Kaschnitz. Die Wahrheit, nicht der Traum.
Das Leben des Malers Courbet. it 327

Federico García Lorca. Die dramatischen Dichtungen
Deutsch von Enrique Beck. it 3

Insel taschenbücher
Alphabetisches Verzeichnis